房莉杰　梁　晨　王　晶　李振刚　张文博／编辑组

SOCIAL POLICY REVIEW VOL.7

社会政策评论

反贫困社会政策

总第七辑

王春光／主编
梁 晨 房莉杰／本辑执行主编

社会科学文献出版社
SOCIAL SCIENCES ACADEMIC PRESS (CHINA)

卷首语

梁 晨

反贫困行动正在我国如火如荼地进行，在世界范围内，反贫困也是永恒的话题。无论在发达国家还是发展中国家，贫困都是存在的，反贫困以及应对贫困带来的社会问题是一项巨大的挑战。本辑关注的核心议题即反贫困社会政策，以及不同国家在反贫困社会政策方面的实践。

本辑的文章中有六篇围绕反贫困社会政策展开。笼统地说，反贫困政策可以分为保障型社会政策与发展型社会政策。保障型社会政策是反贫困政策的基础，是工业化和现代国家打破传统庇护关系之后建立起的国家保障体系中的一环，它着重于"托底"，即构筑社会安全网，将陷入贫困的社会成员托在网内，避免其流离失所，比如我国的最低生活保障制度就是保障型反贫困社会政策。发展型社会政策主要关注贫困者和贫困地区如何通过提升自身能力来提高收入水平，从而摆脱贫困生活状态。其背后是"发展型社会政策"理念。不同于传统的社会福利思想，发展型社会政策既强调发展成果惠及所有社会阶层，又注重福利项目的生产性和投资性取向，认为经济和社会是发展不可分割的组成部分。其核心理论是将社会政策看成一种社会投资行为，认为社会政策对提高劳动力的素质有直接的作用，社会政策是对人力资本的投资。从20世纪六七十年代开始，发展型社会政策指导下的农村发展项目在拉美、东南亚和非洲地区逐渐开展，而我国广大农村地区的扶贫项目也在90年代之后成为农村反贫困政策的主流。事实上，这两种反贫困政策并未完全割裂，在同一国家通常是综合使用的，如越来越多的发达国家在其最低生活保障制度中加入发展型理念，将贫困者提升能力的努力与获得最低生活保障挂钩，鼓励他们摆脱贫困状态。尤其在现代社会向后现代社会的过渡中，贫困现象变得越来越复杂，而反贫困政策也将迈向多元化。

本辑的第一篇文章是申秋和熊跃根对中国农村扶贫政策演进过程的研究。文章从历史制度主义的视角，结合政策文本阐释20世纪70年代末以来中国农村扶贫政策的演进与发展，回顾了我国农村扶贫政策从救济型到发展型，从粗放瞄准到精准瞄准的变化。从扶贫对象的"目标瞄准"这一主要机制出发，文章结合制度变迁过程进行分析，对当前精准扶贫的内容及政策体系进行了完整的描述和分析，从制度变迁中阐释政策变化的逻辑。

在第二篇文章中，李振刚和梁晨集中讨论了农村最低生活保障制度的核查机制。我国农村低保虽然已经融进精准扶贫的政策体系中，但依然由民政系统单独实施。而家庭经济状况核查是农村低保工作的重要环节，是确定低保对象资格和救助标准的重要依据。文章通过系统梳理中央、地方相关政策法规，总结基层工作的实践经验，主要从界定核查内容、明确核查方法、规范核查程序、确定核查主体四个方面对现有农村低保家庭经济状况核查进行讨论并提出了完善农村低保申请家庭经济核查机制的政策建议，同时也对当下精准扶贫中的瞄准机制有一定启发。

本辑的专题论文中有三篇来自国外学者，是对发达国家的反贫困政策的研究。美国的黄健忠教授和朱莉安娜·威克斯教授对美国20世纪60年代开始的"向贫困宣战"战略的有效性进行了分析和检验。文章认为，美国的社会福利体系趋向于实物救助而不是直接给予现金，并且，这个福利体系的适用范围已经扩大到医疗、食品、税收等领域。同时，它对不同群体产生了不同的效果，这些反贫困政策的效果主要集中于老年人和残疾人，而对于单身母亲及其孩子的贫困问题的关注乏善可陈。美国"自由主义"福利制度并不是一种普惠型制度，由于奉行市场化原则，所以总体来看，美国的社会福利制度给付是相当保守的，并伴随污名化。

韩国的鲁大明教授关注韩国的劳动贫困层（working poor）和面向他们的反贫困政策。他首先从理论上明确了劳动贫困层的定义、发生环境和决定因素。接下来，探究劳动贫困阶层的主要特征及反贫困政策。研究认为，韩国的劳动贫困层主要由两大群体构成，一是就业贫困层，即反复经历就业过程的周期性贫困群体；二是待业贫困层，即由于各种原因不就业的长期性贫困群体。现有的劳动贫困层支援政策主要致力于促进失业者就业，但是由于种种原因，劳动贫困层的脱贫效果是微不足道的。文章最后还指出了韩国的劳动贫困层研究和脱贫政策对其他东亚国家的意义和借鉴价值，在经济新常态下的今天值得我们认真品读。

日本的五石敬路教授则分析研究了日本社会保护制度的历史、现状以及最近几年的改革动向。社会保护制度是与传统社会保障有所联系也有所区别的新制度，是指能够维护人民生活安宁，或者能够提高人民生活水平的政策和制度，更强调全面保护人民的生活福祉，其具体内容除了社会保障（社会保险、社会扶助、福利机构），还包括劳动市场制度、住宅、保健和医疗。文章介绍了日本社会保护制度建立的社会和经济环境背景，梳理了日本社会保障制度的历史变迁，分析研究了具体社会保障制度的内容、组织制度、财源，以及近几年的改革动向。文章对我们理解发达国家的保障型反贫困政策的新发展有所帮助。

专题文章中的最后一篇是学者对谈，这是本辑推出的新形式。我们以贫困治理与反贫困政策实践为主题，邀请了中国社会科学院社会学研究所王晓毅和王春光研究员，以及郑少雄、张浩等青年学者参与对谈，就贫困治理理念以及其中存在的问题，当下扶贫制度的设计与现实的张力，贫困理论研究，反贫困政策实践过程中的各主体和乡村的主体性，未来扶贫工作的方向等主题进行了深入的讨论。

在专题论文之外，本辑中还有一篇文章，是丹麦的社会政策研究大家彼得·亚伯拉罕松教授对社会政策理论的精彩论述。他从描述性意义和规范性意义的角度对福利多元主义进行了全方位的论述，梳理了福利多元主义、混合福利经济、福利组合和公私组合等概念的不同规范性和描述性意义。

目 录

专题论文

时间中的社会政治：中国农村扶贫政策的演进过程
　　——一种历史制度主义的分析视角
　　　　申　秋　熊跃根 / 3

完善农村低保申请家庭经济状况核查机制的研究报告
　　　　李振刚　梁　晨 / 41

向贫困宣战：美国反贫困项目的有效性分析
　　　　黄健忠　朱莉安娜·威克斯 / 72

韩国的劳动贫困层和脱贫政策：未完成的改革
　　　　鲁大明 / 101

日本社会保护研究
　　　　五石敬路 / 123

学者对谈：贫困治理与反贫困政策实践过程
　　　　王晓毅　王春光 等 / 166

非专题论文

福利多元主义
　　　　彼得·亚伯拉罕松 / 185

专题论文

时间中的社会政治：中国农村扶贫政策的演进过程

——一种历史制度主义的分析视角

申 秋[*] 熊跃根[**]

摘 要： 农村扶贫是中国政府长期以来的工作重点，政府主导的扶贫工作经历了不同的历史阶段。近年来，以精准扶贫政策为基准的脱贫攻坚是中国在 2020 年全面建成小康社会的重中之重，形成了多部门、全社会广泛参与的扶贫格局。本文提出了"中国的扶贫政策是如何演变的"这一核心问题，从扶贫政策对象的"目标瞄准"这一主要机制出发，回顾了中国扶贫开发政策的历史演进过程，分析了当前精准扶贫的内容及政策体系，从制度变迁中政策变化的逻辑对"精准扶贫"的政策意涵进行了阐释。

关键词： 农村扶贫 精准扶贫 演进过程 历史制度主义

一 问题的提出

近年来，以精准扶贫政策为基准的脱贫攻坚战略成为中国在 2020 年全面建成小康社会的重中之重。众所周知，中国农村系统性的扶贫政策源于改革开放早期，是国家经济—社会发展的一项核心政策，对农村发展和保障农民的基本生活有着不可忽视的意义。本文试图从历史制度主义的视角，结合政策文本阐释 20 世纪 70 年代末以来中国农村扶贫政策的演进与发展。改革开放以来，中国的经济实现了从计划经济向市场经济的转变，

---

[*] 申秋，中国国际发展知识中心，助理研究员。
[**] 熊跃根，北京大学社会学系，教授。

由强调权力集中转向遵循市场逻辑和国际合作。这一巨大转型的第一个标志，就是 20 世纪 80 年代"家庭联产承包责任制"的提出。这一制度放弃了农业集体的生产模式，重新给予农户对农业生产的自治权。在这一制度的推进下，亿万农民获得了处理他们自己所种植农产品的权利和责任。他们不再受制于产粮指标的限制，摆脱了参与半军事性工程建设的负担，而是根据市场变化规律，自由选择种养农产品的品种，自行决定农产品的用途和流向。同时，农民或农民子女可以参加非农业工作，进入乡镇企业或者外出打工，寄钱回家。这一制度性转变，极大地改善了中国的粮食供给情况，促进了农村地区经济的发展，也显著地提高了农民的平均收入，数以亿计的农民因此摆脱了贫困。

在农业改革的基础上，中国城市的手工业和服务业高速发展，新时期的扩大内需，耗资巨大启动基础设施建设，都起到了经济发展反哺农村的作用。有学者称改革开放以来的经济发展是"有益于穷人的发展模式"（刘坚，2009）。然而，改革开放后的前十年，在农村经济持续增长的大背景下，并不是每一个人都能参与其中，分享发展的成果（黄承伟，2016）。而这些在经济发展过程中落后的部分群体需要得到帮助和扶持。因此，1986 年，国务院成立扶贫开发领导小组，设置扶贫开发领导小组办公室，专门针对贫困落后地区进行扶贫工作。自此，中国的扶贫开发工作进入到组织化、制度化的运行模式阶段。扶贫办的扶贫政策手段在与实践的互动中不断丰富多元。政策对象也先后由农村地区，到划定集中连片特困地区、确定贫困县，贫困村的整村推进，再到新时期的精准扶贫等，进行着动态更新和瞄准。在整个政策演进过程中，扶贫开发政策通过结合全球反贫困经验和中国自身的发展实际，确立了自身鲜明的特点，其成果也受到全世界，尤其是发展中国家的关注。

本文将从宏观角度回答：作为一种时间中的政治，改革开放以来中国的扶贫政策是如何演变的这一核心问题。美国政治学家保罗·皮尔逊在其著作中提出，时间作为一个重要的事件发生的顺序节点，政策经验通过长期的实践过程反映了路径依赖或积极反馈的结果积累，也是制度缓慢变迁的一个例证（Pierson，2004：90~96）。本论文从扶贫对象的"目标瞄准"这一主要机制出发，阐述中国扶贫开发政策的历史演进，结合制度变迁过程进行分析。论文试图描述和分析当前精准扶贫的内容及政策体系，从制度变迁中阐释政策变化的逻辑。

二 农村扶贫政策的历史发展和目标瞄准机制的形成过程

国内外学者已从不同的视角对扶贫政策的历史进行了阶段性的划分（黄承伟，2016；汪三贵，2010；郑杭生、李棉管，2009；徐月宾等，2007；张磊，2007）。本研究主要结合扶贫开发领导小组对扶贫开发工作的阶段划分，以及不同时期扶贫政策特点和参与主体，从"目标瞄准"这一主要维度出发，将中国扶贫政策的历史大致划分为五个阶段。下文将《中国扶贫开发年鉴》（2009~2015）、《中国农业年鉴》（1980~2016）、《中国精准扶贫发展报告》（2016）等官方材料，以及相应不同时期的学术研究成果作为分析资料，分时期简要回顾中国扶贫政策的变迁过程，并分析扶贫政策在变迁过程中政策网络的变化和扶贫规划的"精准化"取向。

对一项制度或政策进行历史阶段的划分并不容易。制度的发展不是人为控制的结果，而是在一定条件下，在所处环境中以及结构内部自我发展和演化的结果。因此，不能简单地把政策发展的历史阶段根据具体的政策文本推出的时间来进行划分，虽然某些意识形态影响下的政策文本确实能够调整政策方向，但这种调整依然受到路径依赖和制度化的政策范式的影响。因此，把握政策发展的历史阶段需要特定的视角或"抓手"。若将国家出台的重要战略性文件作为阶段划分的依据，可将中国扶贫政策的历史划分为"八七扶贫攻坚阶段""扶贫开发纲要的实施阶段"和"脱贫攻坚阶段"；若将扶贫开发工作与国家的经济发展计划挂钩，则可以按照不同的"五年计划"时期进行总结。本研究则从政策对"目标瞄准"的要求这一主要维度出发，尝试对扶贫政策的历史发展阶段进行描述和划分。

通过分析历年扶贫开发的重要文件、汇报文献和统计数据，并主要参考《中国农业年鉴（1986~2011）》和《中国扶贫开发年鉴（2010~2015）》，本研究将新中国成立以来的农村扶贫政策划分为以下五个阶段：计划经济时期农村的极端贫困和制度基础形成阶段、体制改革下的救济式扶贫阶段、开发式扶贫制度化和八七扶贫攻坚阶段、"大扶贫"格局的形成和发展阶段，以及新时期的精准扶贫阶段。以下将对各个扶贫阶段进行简要回顾和特征描述。

1. 粗放式扶贫：计划经济时期农村的极端贫困和制度基础形成阶段（1949~1977年）

新中国成立以后，政府采取的是强调权力集中和控制的国有计划型经济体制。政府为了迅速实现工业化，采取的是城市和工业优先发展的政策。由于缺少资本积累，中国以工农业产品剪刀差的方式从农业源源不断地抽取资本，服务重工业（武力，1999）。农产品没有自由市场，把生产和销售都纳入国家计划之内的统购统销政策，使农业生产明显下降，农业市场要素发展缓慢。此外，在人口流动和就业方面，国家对农民进城做出了严格规定，1958年开始建立城乡对立的户口制度，强化了城乡二元结构。农村人口被锁定在土地上，农村劳动力增多，生产效率却一直下降，农村的贫困问题在此快速积累（郤建立，2002）。再加上国共内战后的生育潮和资源分布问题，耕地扩张导致了自然条件的恶化。新中国成立后二十多年，一系列政治运动和计划经济对农业控制的负面效果，严格的粮食指标体制，使得农村地区长期处于贫困状态。

针对当时农村地区的普遍性贫困和极端贫困问题，政府并没有提出明确的反贫困计划，也没有专门的扶贫机构。但这一时期的土地制度改革、农村基础设施建设和农村公共服务体系建设为后来中国经济发展提供了必要条件。首先，1950~1953年的土地改革激发了农民耕作的积极性，促进了农业生产的迅速恢复和发展。虽然人民公社化运动再次将土地集体化，但是土地改革时期对农村土地的权属认定和划分为1979年以后实施家庭联产承包责任制奠定了制度基础。其次，人民公社时期的集体所有制和公共资源集中调配，对农村地区的基础设施建设、农业生产条件改善和交通设施建设起到了一定的积极作用。大量与农户紧密相连的基层组织为农村金融服务网络、科技推广网络、政策实施网络提供了组织基础。再次，在人民公社时期，公共事业在政府有限的扶持下，由农村社区自发性地组织发展。通过政府和集体共同分担的方式，中国用十分有限的资源，建成了世界上规模最大的农村教育体系；形成了集体与个人相结合，互帮互助的合作医疗体制；建立了社区五保制度和以特困人群为主要对象的社会救济制度，为部分极端贫困的农户解决了最低水平的生活保障（刘坚，2009）。虽然农村地区贫困问题十分普遍和严重，但这一系列在农村社区建立起来的制度，为改革开放后农村地区的发展和政策实施提供了重要的制度基础。

2. 瞄准农村集中贫困地区：体制改革下的救济式扶贫阶段（1978~1985年）

改革开放后，人民公社逐渐解体，建立了以家庭联产承包经营为基础的双层经营体制，放开农产品价格和市场，乡镇企业得到快速发展，极大地解放和发展了生产力，使农村贫困问题大面积缓解，同时为进一步解决农村贫困问题奠定了基础。中国早期高速的经济腾飞虽然得益于手工业和服务业的高速发展，但实际上这都是建立在20世纪80年代农业改革的基础上的。在经历了多年的农村集体化、各种运动和政治宣传之后，农民终于得到了他们的一部分自主权。农村这一巨大的发展并不是主要由基础设施的投资、教育的发展或公共投入的增加决定的，而是取决于中国政府领导在观念上的转变。邓小平有一句名言，"不管黑猫白猫，能抓到老鼠就是好猫"。这种务实的精神，使得农民能够充分获得经营的自主权，从而实现了农业的发展。

而对于贫困现象，在改革开放前政府从未在官方文件中提出中国存在大规模的贫困问题这一事实。直到1978年十一届三中全会审议通过的《中共中央关于加快农业发展若干问题的决定（草案）》，以及1984年发布的《关于帮助贫困地区尽快改变面貌的通知》，反映了中国政府对贫困问题的认识以及治理贫困问题的决心。这一阶段的扶贫政策目标主要以区域瞄准为主，关注"老、少、边、穷"地区[①]的贫困问题，将其作为各级政府工作的重点，以尽快改变这些地区的贫困面貌。除了上述经济政策，政府还实施了一系列扶贫措施，其中包括：1980年，中央财政设立"支援经济不发达地区发展资金"，支持老革命根据地、少数民族地区、边远地区和贫困地区发展；1982年，将全国最为贫困的甘肃定西、河西和宁夏西海固集中连片地区作为"三西"专项建设列入国家计划，进行区域性的专项扶贫工作；1984年，划定了18个集中连片贫困区[②]

[①] 老少边穷地区，主要指革命老区、少数民族自治地区、陆地边境地区和欠发达地区。
[②] 18个集中连片贫困地区包括：秦巴中高山区、陕北白于山区、黄河沿岸土石山区、中西部山区和丘陵地区，沂蒙山区，闽西南、闽东北地区，努鲁而虎山区、太行山区、吕梁山区、秦岭大巴山区、武陵山区、大别山区、井冈山和赣南地区，定西干旱山区、西海固地区。

进行重点扶持。该阶段的扶贫制度和政策的目标瞄准聚焦于具有普遍性贫困特征的农村地区,以及极端贫困集中的连片贫困区,具有明显的区域性色彩。采用的是直接转移资金的"输血式"的扶贫方式,具有救济性特征。

在这一阶段,农村的极端贫困人口①从 2.5 亿减少到 1.25 亿,贫困发生率从改革初期的 30.7% 下降到 1985 年的 14.8%(张磊,2007)。农民人均收入增长了 2.6 倍,平均每年极端贫困人口减少了 1786 万人。而且这一阶段的城乡收入差异也开始缩小。这一减贫成果主要来自农村体制改革的边际效应,对于那些自然条件、地理环境以及基础设施都处于劣势地位的农村地区而言,经济腾飞距离它们仍很遥远。区域瞄准和救济式的扶贫方式远无法帮助它们脱离经济、文化非常落后的状态。

3. 瞄准贫困县:开发式扶贫制度化和八七扶贫攻坚阶段(1986~2000 年)

20 世纪 80 年代中期,中国市场经济改革继续展开,针对农村体制改革的边际效应下降,与前一阶段相比,农民实际人均收入的年增长率大幅度下降,仅达到 3.6%。中西部和东部沿海地区农民的收入差距逐渐扩大,农村内部收入不平等程度加剧,而城乡收入差距也从 1988 年开始再次拉大(汪三贵,2007)。为提高减贫效果,政府开始实施有组织、有计划、大规模的开发式扶贫,其标志是 1986 年从中央至地方政府"扶贫开发领导小组"的成立②。这是中国首个以减贫为职责的政府专设机构,具有典型的自上而下的行政组织体系特征。其最高领导机构是国务院扶贫开发领导小组,一般由一名国务院副总理任组长,下设扶贫开发领导小组办公室(以下简称"扶贫办"),协调领导小组内各成员单位开展扶贫开发工作和政策制定工作。相应地,在省、市、县三级政府都有同样的建制。在此基础上,政府设置了专门的财政专项扶贫资金,大幅度增加了资金投入,制定了一系列扶持、优惠政策,对此前的扶贫工作进行了根本性的改革和调整,明确提出从救济式扶贫转向开发式扶贫。

这一时期的另一大特征是目标瞄准采用了县级瞄准机制。1986 年,中央政府首次确定国定贫困县标准,将 331 个贫困县列入国家重点扶持范围。从此,以县为单位使用扶贫资源、开展具体扶贫工作成了中国扶贫开

---

① 在中国政府官方语境中被称为"未解决温饱的贫困人口"。
② "国务院扶贫开发领导小组"原名"国务院贫困地区经济开发领导小组",1993 年改用现名。

发政策的重要特点（陆汉文、黄承伟，2016）。1994年，国务院制定并颁布《国家八七扶贫攻坚计划》，明确提出，"力争用七年左右的时间，基本解决8000万农村贫困人口的温饱问题"。贫困县的数量调整为592个，国家扶贫开发投入大幅度增加，明确了资金、任务、权利、责任"四个到省"的扶贫工作责任制。这些贫困县具有相似的地理特征，其中的大部分都处于交通欠发达山区，没有一个国定贫困县坐落于中国的沿海地区。因为沿海地区的农村和城市都有天然的经济优势，例如它们距离港口很近，这些港口对中国高度重视的外向型经济非常重要，而内向型经济发展的核心，也都向这些地区靠拢。

这一阶段的主要政策措施是：重点关注"老、少、边、穷"地区，组织劳务输出，推进开发式移民、改善贫困地区的基础设施；制定和规范对贫困地区的"定点扶贫"制度，建立东部沿海地区支持西部欠发达地区的"对口帮扶"的协作机制，发动社会力量缓解农村绝对贫困。到2000年底，贫困县农民人均纯收入由1993年的483.7元增加至1321元，绝对贫困人口由8000万人减少到3209万人，贫困率从14.8%下降到3%左右。除了少数社会保障对象、生活在自然环境恶劣地区的特困人口以及部分残疾人，全国农村贫困人口的温饱问题基本解决，《国家八七扶贫攻坚计划（1994-2000年）》确定的战略目标基本实现①。

4. 瞄准贫困村："大扶贫"格局的形成和发展阶段（2001~2013年）

"八七扶贫攻坚计划"实施后，国定贫困县②贫困人口的数量和比例下降非常迅速。2001年，国定贫困县贫困人口占全国贫困人口的比例下降到61.9%（李小云等，2005）。中国贫困人口的分布从区域分布逐渐转向点状分布，贫困人口在空间上逐渐分散。2001年，国务院颁布并实施《中国农村扶贫开发纲要（2001-2010）》。纲要将扶贫开发的重点从贫困县转向贫困村，同时明确指出城乡间人口流动是扶贫的重要途径，劳动力转移培训、整村推进、产业扶贫作为三项重大扶贫措施在全国普遍推广。

这一阶段的主要特点在于中央政府开始实施村级瞄准机制，在全国确

---

① 资料来源：《中国农业年鉴》（1986~2011）。
② 2001年后被称作"扶贫工作重点县"，但由于政策和内涵不变，下文仍然使用"贫困县"以便统一。

定了14.8万个贫困村作为扶贫工作重点,强调以村为单位调动农民的参与性,进行农村扶贫综合开发。这些重点村覆盖了全国83%的绝对贫困人口和65%的低收入人口。以贫困村为对象、村级扶贫规划为基础的整村推进,是我国开发式扶贫的一个重要举措。在这一举措下,被确定为贫困村的村集体可以在上级政府的领导下,自下而上地进行扶贫规划,申请项目,使贫困村的农户在短期内因获得大量的投资而在生产和生活条件方面迅速改善,收入水平也因产业的发展和生产率的提高而增加。这标志着国家扶贫开发进入以村级瞄准为重点的综合性扶贫阶段。

这一阶段的另一个特点是扶贫政策的"大扶贫格局"的形成和发展。2005年,十六届五中全会发布了《中共中央关于制定国民经济和社会发展第十一个五年规划的建议》,其中重点提到了"社会主义新农村"建设,要求农村的发展不仅仅意味着农村经济的发展,而是"要统筹城乡经济社会发展,推进现代农业建设、全面深化农村改革,大力发展农村公共事业,千方百计增加农民收入",这意味着农村教育、文化、医疗、社会保障、基础设施建设等民生工程也成为"十一五"时期经济社会发展的主要指标。提出这一系列要求的重要目标之一就是消除贫困,因此,扶贫开发领导小组内的成员单位需要共同对农村地区施加政策影响,使政策资源更多地向农村地区,尤其是贫困村倾斜。

在这一阶段中,2007年的新型农村合作医疗以及2009年的农村最低生活保障制度、农村社会养老保险制度相继建立。这对于贫困地区的扶贫开发来说,在以往注重基础设施建设、开发性扶贫的基础上,更重视对弱势群体的保护,形成了保障性扶贫的制度基础。多部门的政策进入农村,形成了"大扶贫"格局。

2011年,《中国农村扶贫开发纲要(2011–2020年)》指出,"我国扶贫开发已经从以解决温饱问题为主要任务的阶段转入巩固温饱成果、加快脱贫致富、改善生态环境、提高发展能力、缩小发展差距的新阶段"。其含义是,我国面临的扶贫工作挑战由过去的普遍性、绝对贫困转变为现在的以收入不平等为特点的转型性贫困。在继承《中国农村扶贫开发纲要(2001–2010)》主要政策手段的基础上,这一时期,我国的扶贫开发主战场再次转向了国务院扶贫开发领导小组认定的集中连片特困地区,14个集中连片特困地区分别制定了扶贫攻坚规划,进入了片区攻坚阶段,以缩小区域间的发展差距。

2001~2013年，伴随着中国经济的腾飞，大量农民进入城市工作，随着土地政策的改革，农业税的减免和一系列民生政策的惠及，中国的农村贫困现象持续得到缓解。中国率先完成了千年发展目标，为世界减贫做出了贡献。在扶贫开发工作的两份重要纲领性文件的指引下，扶贫政策逐渐制度化，形成了多部门参与农村扶贫的"大扶贫"格局。

5. 瞄准贫困户：精准扶贫阶段（2013年至今）

以2013年11月国家主席习近平提出"精准扶贫"为起点，中国扶贫开发逐渐进入了以"六个精准""五个一批"为重点的精准扶贫和精准脱贫阶段。在此之后，中央层面多次阐述了精准扶贫的内涵、外延，形成了一系列政策。精准扶贫这一思想和方法论被放到了扶贫开发工作乃至国家新时期发展战略中的最核心位置，强调"精准"和贫困户、贫困村、贫困县"脱贫摘帽"成为新时期扶贫工作的最大特征。2014年国家开始贯彻落实《关于创新机制扎实推进农村扶贫开发工作的意见》，印发了《建立精准扶贫工作机制实施方案》，制定了《扶贫开发建档立卡工作方案》和《扶贫开发建档立卡指标体系》，对建档立卡工作做出全面部署。2015年12月，《中共中央国务院关于打赢脱贫攻坚战的决定》指出："我国扶贫开发已进入啃硬骨头、攻坚拔寨的冲刺期。中西部一些省（自治区、直辖市）贫困人口规模依然较大，剩下的贫困人口贫困程度较深，减贫成本更高，脱贫难度更大。实现到2020年让7000多万农村贫困人口摆脱贫困的既定目标，时间十分紧迫、任务相当繁重。必须在现有基础上不断创新扶贫开发思路和办法，坚决打赢这场攻坚战。"

总体来讲，精准扶贫是以精细管理、综合协同、持续再生为理念，运用统筹、协调、分类的科学方法，变"大水漫灌"为"精准滴灌"，坚持全过程责任式管理，对扶贫对象实施精准识别、精准施策、精准扶持、精准管理的综合治理贫困新方式。精准扶贫的起点在于明确贫困居民的致贫原因，从而针对特定的原因制定特定的扶贫措施。精准扶贫的核心内容是做到"真扶贫、扶真贫"，使扶贫资源真正地瞄准贫困目标人群。精准扶贫的实质是提高贫困人口自身的发展能力。精准扶贫的主要内容包括贫困人口精准识别、扶贫资源精准帮扶和精准管理三个方面。精准扶贫的最终目的在于减少贫困人口和消除贫困，实现全面脱贫、全面小康、全面发展（张占斌，2015；刘占勇，2016）。

```
瞄准集中贫困地区    瞄准贫困县：开发式扶贫的制度化过程    瞄准贫困村：整村推进    瞄准贫困户：精准扶贫
●                    ●                                ●                    ●           ●
1978                1986                            1993      2001       2011  2013   2015
```

制度变革下经济增长拉动扶贫	政府主导的开发式扶贫	扶贫攻坚战	巩固和攻坚	脱贫攻坚战	
• 土地政策	• 扶贫办成立	•《国家八七扶贫攻坚计划》	•《农村扶贫开发纲要（2001-2012）》巩固、解决温饱问题	•《农村扶贫开发纲要（2011-2020）》	•《关于打赢脱贫攻坚战的决定》
• 农产品流通	• 贫困县确立	• 解决8000万人温饱问题	• 西部地区	• 脱贫致富	• 精准扶贫、精准脱贫
• 收入分配改革	• 政策和资金向贫困县倾斜	• 政治目标	• 瞄准贫困村	• 生态环境	• 实现全部脱贫
• 对农村、农民的"特殊照顾"		• 社会动员	• 整村推进	• 发展能力	• 贫困县全部摘帽
		• 运动式治理	• 结合三农	• 缩小差距	• 解决区域性整体贫困
			• 融入农村社会保障	• 公共服务	
			•"大扶贫"格局形成		

图 1　中国农村扶贫政策演进

三　农村扶贫政策目标瞄准过程的分析：历史制度主义的视角

　　通过从目标瞄准和工作机制的视角对扶贫政策的发展进程进行回顾，可以发现中国的扶贫政策主要有两个方面在发生变化：一是扶贫政策对象的目标瞄准方式的变化；二是扶贫政策的内容的变化。从1978年关注农村普遍性的贫困问题，到聚焦贫困连片地区，确定扶贫县，再到贫困村，最后强调建档立卡的贫困户。这一目标瞄准的变化并不是自发形成的，而是在国家和农村经济社会发展过程中，扶贫政策不断嵌入大的背景，在政策实践过程中发现问题，并对问题做出回应的一套机制。这一系列政策变迁可以通过新制度主义的分析方式进行解释。

　　1. 扶贫政策变迁是国家和农村社会经济制度变迁的必然结果

　　从宏观上看改革开放以来中国经济和农村问题的发展主题，20世纪80年代的主题是改革开放，90年代的主题是经济增长和结构转型，2000年后主题转变为和谐社会和新农村建设，2011年后的主题是反腐败、经济结构转型和精准扶贫。随着不同时代社会经济主题的演变，农村扶贫政策也在不断变迁。

　　计划经济时代政府经济发展的基本战略是优先发展重工业，为此制定了三项制度安排：农村人民公社化确保了农民完全按照政府要求的品种、数量生产农产品，并将生产资料有效投入农业；户籍制度保证城市里享受低生活费用的人数固定、保障农业劳动力供给；统购统销制度保证了对农产品实行低价格，人为压低了工业部门职工的工资和生活成本，逐步阻断了城乡产品流通渠道。

人民公社制度下的产权是一种共有产权形式，农民是集体经济的主人。因此，农民生存发生困难，必然由政府提供基本的救济，帮助他们渡过难关，计划经济下农业资源的利用效率和农业自身的积累能力严重弱化，致使农产品供给匮乏，国内市场狭窄，农民生活贫困，农业成为整个国民经济发展的"瓶颈"。20世纪70年代末，安徽省部分农民为贫困所迫，率先搞"包产到户"，进行制度创新，当年即获得前所未有的粮食大丰收。到1981年，家庭联产承包责任制已经在中国农村绝大部分地区推广。人民公社制度由此解体，促进了农产品购销制度改革，1985年国家取消粮、棉等主要农产品的统购派购，代之以合同收购，密切了农业生产与市场之间的联系。这时，农村贫困由普遍的制度性贫困迅速演变为区域性贫困，将目标瞄准从农村地区向贫困区域和贫困县的过渡，以及开发式扶贫的确立正是应对农村整体经济制度的变迁而产生的扶贫制度变革。

20世纪90年代，在政府的扶贫开发工作中，贫困县几乎等同于"农村贫困地区"，几乎所有的扶贫专项资源都集中在贫困县，国家鼓励的部门定点扶贫和东西对口帮扶政策也都是指向贫困县。因此贫困县获得了前所未有的资源和发展机遇，贫困县这顶"帽子"的"含金量"越来越高。这一时期，在扶贫政策的制定和实施过程中，计划经济的制度惯性依然对扶贫政策产生影响，专项扶贫资金等针对贫困县的公共物品供给依然是有计划地由中央到地方的直接供给为主。与此同时，市场经济的理念也已经深入农村地区，有劳动能力的农民开始具有市场意识，希望能够更快融入市场经济发展的进程。因此，乡镇企业的发展、农民的进城打工，也对农村的经济发展和减贫起到了重要作用。此时国家的扶贫战略主要以开发式扶贫和劳动力转移培训为主，帮助农民更好地融入市场经济。在政府官方文件《国家八七扶贫攻坚计划》中，确立了"坚持以开发式扶贫为主，弘扬自强不息，艰苦创业的精神"这一主导策略。

进入21世纪后，中国加入世贸组织（WTO），计划经济体制延续下来的粮食保护价政策逐步丧失政策空间，公共物品供给制度也在缓慢发生变迁。计划经济下原有的以集体经济为依托的公共物品供给体系完全丧失，需要和能力之间的反差不停地促使公共物品供给制度做出反应来弥补自身的不足，以改变制度体系的失衡状态。供给制度由政府供给型向政府主导型转变，私人供给模式和民间合作模式应运而生。在农村整体的政治、经济制度体系不完善、存在制度的波动与反复的宏观背景下，微观的农村扶贫政策中，出现了依靠加大资金投入的传统方式与注重贫困人口参与等新方式并存的现象。

从2002年起，中国逐步取消非关税壁垒，加之有些粮食品种的质量和价格与国外同类产品相比不具优势，粮食进口量增加。这意味着中国将失去通过对配额外的粮食进口征收高关税以提高国产粮食价格优势的可能，这会造成国内粮食市场价格的回落，使传统农业本身带来的减贫作用明显降低。农村整体状况与城市相比日益恶化，城乡差距进一步加大。同时，随着中国经济更多地卷入世界经济一体化，城市的发展急需大量的劳动力，因此农村向城市的移民浪潮越来越大。这一阶段对农村人口流向城市的制约因素越来越少，迎合和接纳新时期"农民工"的各项政策制度逐渐建立。在城乡一体化的政策指引下，城市化的趋势越来越明显。东部和南部沿海地区省份的城乡差距比中西部地区的差距要小。这表明，东南部沿海地区有更强的溢出效应，农村地区能从城市工业发展的经济增长中获益。贫困地区农村居民收入增长的很大一部分来自外出打工人员往家中的汇款。在宁县的调研中，有熟悉情况的政府工作人员反映，随着宁县基础设施的改善和交通的日益便利，县城以及周边乡镇外出打工人数持续增加。相应地，县农商银行的存款大量增加，主要来自当地居民外出打工或经商的收入向家乡汇款。同时，由于县域内没有大型工业企业，也没有很好的投资渠道，县内银行出现存款多但贷不出去的情况。

而无法进入市场经济的那部分农村人口，主要是身处偏远地区、交通不便地区的农村人群，或者因为各种原因无法离开农村的群体，例如老人、儿童、病人或残疾人。对于家中没有劳动力的农村家庭来说，经济状况的恶化，也导致了农村内部贫富差距的拉大。因此，2003年政府开始关注"三农"问题，2005年提出社会主义新农村建设，都要求将政策的关注点转移到以行政村为单位的社会经济建设上来。相应地，这一阶段的扶贫政策的目标瞄准也由县级瞄准转为村级瞄准，确立了以"整村推进"为重点的扶贫开发模式，并逐渐形成了自下而上的扶贫制度创新多元化与自上而下的多种农村扶贫政策共存的"大扶贫"格局。实际上，这一时期，整村推进的扶贫模式是建立在项目制治理的基础上的。村委会和乡镇政府向上级申请项目，获得政策资源，推进村庄的建设和发展。这一扶贫治理方式的转变是与中国的单位制治理向项目制治理的转变过程相契合的。

新时期的精准扶贫理念与广东省 2009 年开展的"规划到户、责任到人"（以下简称"双到扶贫"）有许多联系。时任广东省委书记的汪洋提出新时期扶贫开发应实施"靶向疗法"，他认为在扶贫开发工作中应该建立一种瞄准机制，只有将扶贫资源对接到户，精准扶贫，才能取得好的效果。世界银行发布的一份专题研究报告认为，虽然广东省在过去 30 年取得了显著的经济增长，但绝对贫困仍然是广东农村的一个严重问题，机会不平等的现象普遍存在，而收入不平等已经达到了应引起警惕的程度（倪慧群等，2011）。实际上，"双到扶贫"就是"精准扶贫"理念的前身，都关注顶层的精心设计和规划，明确重点扶贫对象，明确具体目标任务。精准扶贫理念在中国最发达省份之一的广东省被提出，当然也有其制度意涵。精准扶贫理念正是在贫富差距拉大，公共资源分配不均，发展成果难以全民共享的背景下产生的，发达省份的不均现象更为突出。同时，精准扶贫理念的实现需要非常强有力的行政组织体系，强大的资源动员和规划能力，以及现代化的数据管理能力，这些条件在发达省份更为成熟。在汪洋担任国务院扶贫开发领导小组组长一职后，这种以"精准扶贫"为基础的扶贫理念得以在全国范围推广。

总之，在农村反贫困进程中，国家、农村整体的制度变迁，影响了扶贫制度变迁。随着社会进步、经济发展、国力增强，扶贫制度的变迁仍会继续受到国家、农村整体制度变迁的影响。

2. 扶贫政策目标瞄准的变化来自对问题的回应机制

改革开放后，扶贫政策并没有瞄准某一具体区域或贫困人口。农民的人均纯收入在体制改革背景下实现了翻倍。事实上，城乡的收入差距也在 1978 年至 1988 年这 10 年间有所缩小。然而，1989 年以后，城乡收入差距则一直在上升。此外，不仅是城乡之间，区域之间的差距也在明显增大（见图2）。可以说，数亿中国农村人口的收入在 1978 年以后有明显的提高。然而城乡之间的收入差距在经历了 10 年的逐渐缩小后又在逐渐拉大，但不同省份情况有所不同。

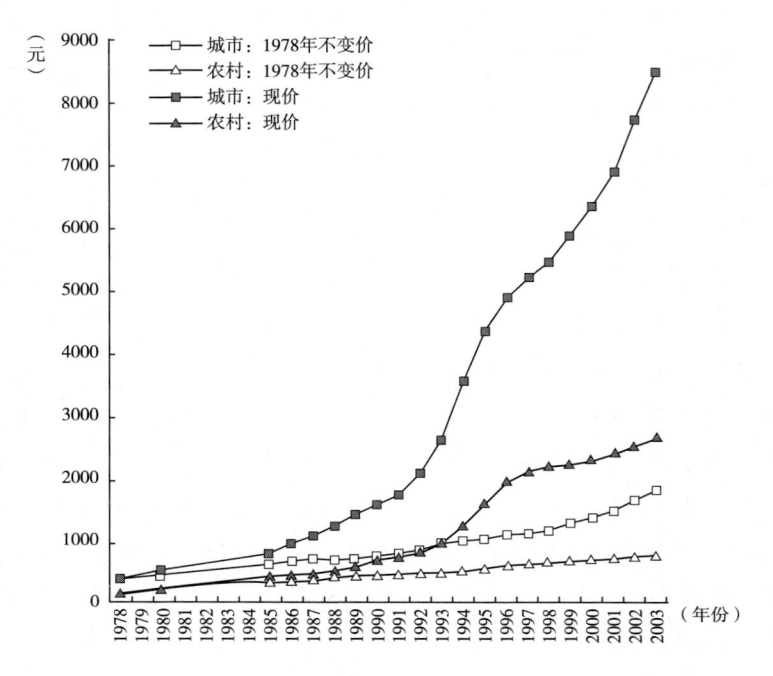

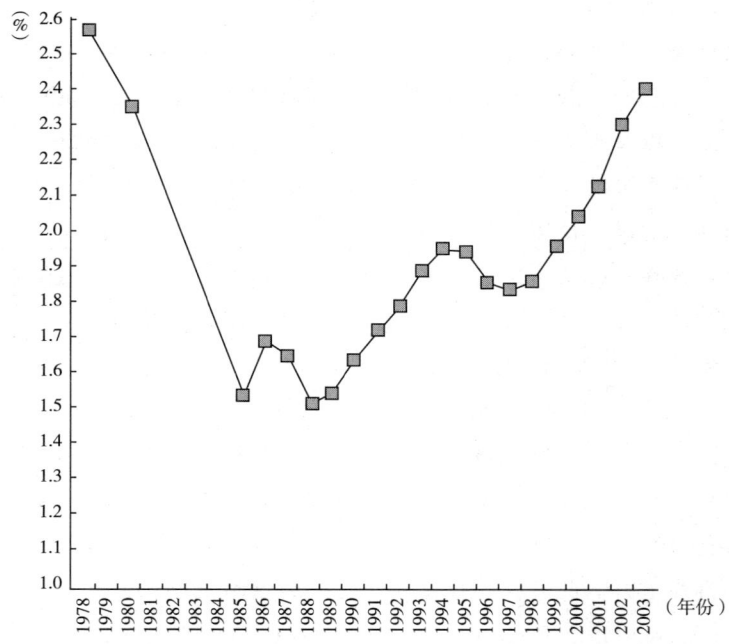

图 2 城乡家庭人均年收入和城乡收入差距对比
（转引自 Heilig et al., 2006）

为了避免城乡之间、区域之间的收入差距继续扩大，国家开始进行区域瞄准的尝试，首先确定了 14 个"老、少、边、穷"的连片贫困地区，然后确定了 331 个国家重点贫困县，1994 年增至 592 个，这个数字基本沿用至今。确立贫困县后，历年贫困县（在政府报告中用的是"贫困地区"）农村居民收入的增幅都要高于非贫困地区的农村居民。但是，这一阶段，以县为单位组织实施的贫困人口甄别机制没有统一的收入标准，只有一个凭直观确定的、非量化的生活质量标准："食不果腹，衣不遮体，房不蔽风雨"，简称"三不户"。这时的扶贫政策是一个只讲"意图"和"精神"，要求地方根据中央意图灵活掌握，以适应各地不同消费水准的典型的"中国式"社会政策。通过瞄准贫困县来瞄准贫困人口，对国定贫困县提供扶贫资金、优惠政策，集中有限资源重点解决贫困问题相对严重地区的贫困问题。这种瞄准机制在扶贫开发的初始阶段作用较为明显，在贫困县贫困人口所占比例很大的情况下，以县为瞄准对象的扶贫机制是十分有效的，在一定程度上降低了扶贫的管理成本。但是，这些扶贫重点县并没有覆盖中国全部贫困人口。据统计，1992 年 8000 万贫困人口中有 2300 万人生活在非贫困县中，2000 年全国 3000 万绝对贫困人口中只有不到 60%分布在国定贫困县中（汪三贵，2008）。还有相当数量的贫困人口生活在非国定贫困县。另外，扶贫资金仅投放到国定贫困县，致使有些国定贫困县非贫困人口享用了扶贫资源，而非扶贫重点县的贫困人口却没有得到扶贫资源。

为了回应这一现实问题，进入 21 世纪后，国家不仅把"贫困县"更名为"扶贫工作重点县"，更是将扶贫工作的重点从县转向了行政村。整村推进是以贫困村为基本单元，以贫困人口为重点扶持对象，以改善生产生活条件和增加农民收入为主要内容，以广大群众全程参与为主要方法，以整合扶贫资源为主要手段，以提高干部群众能力为重要途径，以可持续发展为最终目标的农村扶贫开发方式。其目的是通过制定村级扶贫开发规划，整合各类扶贫资源，力争在较短时间（2~3 年）内改变贫困村基础条件、培育增收产业，使贫困村从整体上摆脱贫困，进而为实现小康社会奠定基础。这一时期，通过整村推进对大量的农村地区进行基础设施、公共服务、精神文化、基层组织的改善。但是在政策实施过程中，仍然存在很多不精准的问题。在资源投入有限、扶贫周期短、贫困村认定机制难以有效运转的情况下，贫困村的整村推进主要变成了"基础设施推进"。帮扶单位更倾向于选择投入力量改善那些见效快的项目，例如修建学校、公路、农田水利设施等，而轻视了对具体贫困户需求的关注。贫困村的指标在每个五年计划中都会调整，由于很多村的贫困程度和基础条件差异不大，在整村推进的实践中出现了"轮流坐庄"或者"跑政策"的现象。而被认定为贫困村的村庄在接下来五年与未被认定的村庄相比在基础设施、产业发展上的提高会有巨大的差异，于是导致村领导和乡镇领导"用足政策"和"哭穷"的行为，这一系列现象都导致了整村推进过程中对象认定和帮扶方式上的不精准的问题。

在第一个农村扶贫纲要实施以后，农村贫困问题在中国经济腾飞的10年中得到了较好的解决。农村的整体面貌，尤其是基础设施和交通路网的建设得到大幅改善，在通勤上的方便和城乡一体化的加强使得更多有劳动能力的农村贫困人口可以进城务工。而这个阶段，城乡之间、区域之间，以及农村内部的贫富差距也在不断加大（尹虹潘、刘姝伶，2011）。此时，扶贫工作的挑战是应对由绝对贫困向以不平等为特点的转型性贫困的转变。因此，2011年以后，国家的扶贫目标发生了两次转向，一是《中国农村扶贫开发纲要（2011－2020）》提出的解决区域性整体贫困，缩小区域间差距，规划片区攻坚；二是2014年开始的"精准扶贫"，要求将更多的政策资源投向建档立卡的贫困户。"片区"和"贫困户"这两个看上去背道而驰的关注点从理念上来看都指向的是通过对最贫困人群的扶贫开发，实现贫困区域的整体发展，从而缩小区域间和农村内部的贫富差距。新时期精准扶贫试图实现的正是由以往较为"粗放式"的、"大水漫灌式"的、不精准和不高效的扶贫政策方式，转变为全程责任式管理，对扶贫对象更精准的识别、更精准的实施和管理的综合治理式的扶贫方式。

精准扶贫是否能够实现精准，以往粗放和低效的扶贫工作方式是否能够得到有效转变，贫困人口和贫困地区是否能够通过综合治理式的扶贫开发工作实现可持续性的脱贫？这都需要一套能够有效融入农村贫困地区，能够与其他涉农制度相协调的，符合乡土价值理念的制度设计。中国政府在政策制定和制度变迁过程中的问题回应机制和快速的应对能力，需要在精准扶贫的工作中得到充分体现。

3. 扶贫理论和观念的变化要求农村扶贫政策的创新

中国扶贫开发的过程是对贫困问题认识不断深化、与国际反贫困进行接轨的过程。国际上对现代化贫困问题的理论性思考起始于20世纪五六十年代，贫困被认为是需要通过外界干预进行改善的社会问题。20 世纪 60 年代中期，世界银行提出要将减贫作为发展的目标之一，对以往经济增长就是发展有了新的理解。70 年代，全球减贫的理念聚焦于解决贫困人口的"基本需求"。80 年代，新自由主义思潮的兴盛，提出通过市场机制促进经济增长以实现减贫目标。此时中国也正经历社会主义市场经济体制改革，扶贫的理念也受此影响，倡导开发式的减贫理念（development oriented poverty reduction）。90 年代以后，对贫困问题的认识向多维度发展，能力贫困、权利贫困、社会排斥、贫困文化等概念在反贫困的理论和实践中受到更多的重视，无论是国际社会还是中国国内对反贫困的理解都在不断更新。新时期中国的扶贫开发方式也由"自力更生"、开发式为主调整为重视贫困人口和贫困地区自身发展的能力建设、基础设施建设和保障政策相结合的多维度贫困治理。

以政府为主导的中国扶贫开发模式具有特殊性，其在基本理念和政策措施方面不断变迁。这些变迁不仅来自吸收、借鉴国际社会反贫困理论经验，也来自在实践中对自身的理论和经验不断地创造和总结。由于中国举世瞩目的减贫成果，其理论和经验受到全世界的关注，并与全世界进行分享。随着中国政府治理能力的提高和信息化建设的快速发展，中国的扶贫工作的理念和要求从粗放转向精准，也借鉴学习了市场、金融、企业管理的经验，促进了政策的不断创新。

除了政府在政策理念上对贫困问题和扶贫的认识的变化，农村居民和贫困人口本身对贫困的意识和观念也在不断发生变化。早期农村居民对贫困者往往采取的是同情、施舍或视而不见的态度，基层组织对贫困家庭更多采取的是临时性的救济。在"包产到户"之前，农民普遍贫困，农民普遍的反贫困意识并未萌芽。而改革开放以后，反贫困意识随着农村经济的发展迅速觉醒，工业化、现代化、城市化等一系列改革浪潮都一次次地激发和冲击着农村人口的观念、意识和生活形态。劳动力流动、乡镇企业和产销一条龙、对教育的渴望、开始采取维权手段，农村的传统习俗、惯例也随着生活方式的转变发生了重大变化（田珍，2007）。随着农村内部贫富差距的拉大，农村人口也清晰地意识到并看到农村的贫困问题。笔者在调研期间，问及贫困，富裕的村民往往引用邓小平的"先富带后富"的理念，或者将贫困者的贫困原因归结于"懒惰"，而贫困者常提到"不公平""低保给富人，我没有"等，说明反贫困意识已经逐渐在农村普及。

随着农村的税费改革,基层政府向上收缩,加之生活条件改善后农村婚丧嫁娶的大操大办、攀比炫富和封建迷信抬头,农村的非正式制度也在一定程度上影响了扶贫政策的实施。政府一直推崇的现代化、信息化、制度化的政策实施在乡村社会总是出现政策偏离,难以实现有效运转。因此,中国政府不断强调基层能力建设,希望通过正式制度与非正式制度有效结合,调动农民自身的反贫困动力。这一系列努力不仅会与农民的反贫困观念相互形塑,同时也需要为一系列自下而上的政策创新所推动。在中国,农村扶贫政策的演化既是国家治理发展的一种策略延续,也是政府发展地方经济的一种历史实践积累。通过对改革开放以来我国农村扶贫实践的描述与分析,我们可以将其视作一种自计划经济时期建立和发展起来的农村经济—社会发展的制度设置,是一整套基于乡土社会的行政实践与农村居民日常生活的经验总和。将"时间"维度纳入到不同时期扶贫政策演变的分析中,可以有助于我们深入探讨农村扶贫政策的实践发展所呈现出的不同特征,并解释政策延续与变化背后的逻辑。在历史制度主义的政策分析中,理解理念、政策文化和官僚个人经历对现行政策的延续或变革具有重要的意义(熊跃根,2012)。在农村扶贫政策领域,实践的发展以时间为轴向的逻辑变化既反映了时代政治经济环境的变迁,也反映了一贯的体制对政策型塑的刚性作用。

四 新时期农村精准扶贫政策的发展: 关键时间中的社会政治

新时期的精准扶贫策略依然延续了过往扶贫政策的运行机制,在"大扶贫"格局形成后,多部门共同参与扶贫事业并进行了更紧密的合作。那么,精准扶贫具体包括哪些内容,它的政策外延在哪里?哪些部门是扶贫工作的"主力军"?精准扶贫政策具有哪些具体的特点?本部分将通过对 2015 年 11 月发布的《关于打赢脱贫攻坚战的决定》(以下简称《中央决定》)这一新的扶贫工作纲领性文件以及其他相关配套文件进行文本分析,回答上述问题。

1. 精准扶贫的目标、手段和组织机构

《中央决定》明确提出了 2020 年以前脱贫攻坚战的总体目标:

> 到 2020 年，稳定实现农村贫困人口不愁吃、不愁穿，义务教育、基本医疗和住房安全有保障①。实现贫困地区农民人均可支配收入增长幅度高于全国平均水平，基本公共服务主要领域指标接近全国平均水平。确保我国现行标准下农村贫困人口实现脱贫，贫困县全部摘帽，解决区域性整体贫困。

与《中国农村扶贫开发纲要（2011-2020 年）》（以下简称《纲要》）的总体目标进行对比：

> 到 2020 年，稳定实现扶贫对象不愁吃、不愁穿，保障其义务教育、基本医疗和住房。贫困地区农民人均纯收入增长幅度高于全国平均水平，基本公共服务主要领域指标接近全国平均水平，扭转发展差距扩大趋势。

可以发现，虽然二者都将目标实现的截止期定在 2020 年，但《中央决定》和《纲要》的目标有部分差别。首先是政策对象上，"农村贫困人口"和"扶贫对象"相比，前者比后者更为精确，指的是"建档立卡的农村贫困人口"，而《纲要》中的"扶贫对象"指的是"在扶贫标准以下具备劳动能力的农村人口"。其次，在"两不愁、三保障"中，前者强调"住房安全"，指对贫困人口的住房提供最基本的安全保障，也比后者更加具体。第三个差异较为明显，《中央决定》中的目标删除了《纲要》中"扭转发展差距扩大趋势"，取而代之的是更具体的"确保我国现行标准下农村贫困人口实现脱贫，贫困县全部摘帽，解决区域性整体贫困"。

《中央决定》设定的总体目标比 2011 年发布的《纲要》更为精确，而且在目标中更加强调了全部"脱贫摘帽"的任务。可以说，《中央决定》的内容是从 2015 年底开始将《纲要》的内容进行覆盖，并且对总体工作目标进行了扩充。其中，在目标群体的范围上，《中央决定》瞄准的是所有建档立卡的贫困户。这无疑是对政策目标瞄准的再一次强调，正如上文所说的，提出了从农村、贫困地区、贫困县、贫困村到贫困户的转

---

① 官方简称为"两不愁、三保障"。

变。虽然"扶贫到户""政策入户"自1996年的扶贫工作中就被反复强调,但此前的一系列扶贫政策对于政策入户来说,在体制机制上并没有进行实质性的改革,仍然停留在对区域或集体的瞄准之上。此次《中央决定》重点强调建档立卡的贫困户,是试图将一系列扶贫政策的目标群体进行更精确的锁定。

此外,将目标锁定为建档立卡的贫困户,相比于《纲要》中的"扶贫对象"来说,包含的范围更广。《纲要》中目标的提出是从部门逻辑出发的,即从扶贫部门的角度,将其以往的"扶贫标准以下具备劳动能力的农村人口"视为政策对象。对于过往的扶贫工作来说,那些失能或半失能的、没有劳动能力的,家庭年收入在贫困线以下的贫困人口,则应该由民政等其他部门进行帮扶。而最新提出的扶贫目标,将贫困线以下所有的贫困人口包含在内,也表明了要重新发掘扶贫办综合协调,形成政策合力,集中各部门力量消除农村贫困的决心。从理论上讲,这种将目标瞄准聚焦于所有贫困户的方法的确是"脱贫"的关键,只有解决了贫困户的脱贫问题,贫困村退出、贫困县摘帽,解决区域性整体贫困才能有效实现。提出"精准"二字,是中国政府对扶贫开发工作的整体反思和责任担当的体现。

2. 精准扶贫的实现手段

在重新调整扶贫工作目标的基础上,需要确定实现目标的途径。《中央决定》对实现脱贫攻坚目标的途径提出了明确的要求,即实施精准扶贫方略,加快贫困人口脱贫;加强贫困地区基础设施建设,加快破除发展瓶颈制约;强化政策保障,健全脱贫攻坚支撑体系;广泛动员社会力量,合力推进脱贫攻坚;大力营造良好氛围,为脱贫攻坚提供强大精神动力;切实加强党的领导,为脱贫攻坚提供坚强政治保障。在脱贫攻坚目标的实现途径当中,精准扶贫的实现是关键。其余五项途径都是围绕精准扶贫的实现来进行的。

在落实精准扶贫战略思想方面,最关键的前提就是"精准识别(贫困户)"和"建档立卡",《中央决定》称其"为打赢脱贫攻坚战打好基础,为推进城乡发展一体化、逐步实现基本公共服务均等化创造条件"。在此基础上,按照"六个精准"的要求,通过"六项措施",形成"九条路径",实现精准脱贫。

其中,"六个精准"指的是:扶贫对象精准、项目安排精准、资金使用精准、措施到户精准、因村派人精准、脱贫成效精准；"六项措施"① 指的是：产业扶持、转移就业、易地搬迁、教育支持、医疗救助、社保政策兜底；"九条路径"是"六项措施"的具体扩展，指的是：发展特色产业脱贫，引导劳务输出脱贫，实施易地搬迁脱贫，结合生态保护脱贫，着力加强教育脱贫，开展医疗保险和医疗救助脱贫，实行农村最低生活保障制度兜底脱贫，探索资产收益扶贫，健全留守儿童、留守妇女、留守老人和残疾人关爱服务体系。精准扶贫的"六个精准""五个一批""四个问题"，以及"六项措施""九条路径"并不是孤立存在的，而是相互联系、相互促进的。

除了上述精准扶贫的一系列手段，针对贫困地区（《纲要》中提出的14个集中连片特困地区）基础设施相对滞后成为发展瓶颈的问题，政府提出：应加快交通、水利、电力建设；加大"互联网+"扶贫力度；"加快农村危房改造和人居环境整治"。为了保证精准扶贫政策目标的实现，政府加强了财政保障的力度，提出"加大财政扶贫投入力度"和"加大金融扶贫力度"，在开发用地政策和人才政策方面也向扶贫工作倾斜。对于扶贫部门长期参与动员的"社会扶贫"则依然得到保持，甚至强化。其中包括东西部对口帮扶、部门定点扶贫和社会力量参与。在组织保障方面，更加强化了党的领导，强化了"脱贫攻坚领导责任制"。加强贫困地区乡镇、村级领导班子建设和考核。

3. 精准扶贫的行政体系

国务院扶贫开发领导小组

国务院扶贫开发领导小组成立于1986年5月16日（1993年以前名为"国务院贫困地区经济开发领导小组"），并在各省（自治区、直辖市）、地（市、州）、县（市、旗）也分别建立了相应的组织机构。领导小组下设办公室，即国务院扶贫开发领导小组办公室，是领导小组的常设办事机构，具体负责与扶贫有关的日常工作。国务院扶贫开发领导小组是国务院的议事协调机构，领导小组的组长通常由国务院副总理或国务委员兼任，副组长由扶贫办主任、国务院办公厅、总政治部、中央农办、国家发展改革委、民政部、财政部、农业部的副部长（副秘书长、副主任）和人民银行的副行长担任。其组织目标是：拟定扶贫开发的法律法规、方针政策和规划；审定中央扶贫资金分配计划；组织调查研究和工作考核；

---

① 在2014年的文件中提出的是"五个一批"，后在《中央决定》中进行了修改。

协调解决扶贫开发工作中的重要问题；调查、指导全国的扶贫开发工作；做好扶贫开发重大战略政策措施的顶层设计。

领导小组的成员是来自 30 个左右国家党政相关组织和部门的副职官员。自扶贫开发领导小组成立至今，可以查到国务院曾 4 次调整领导小组成员。1993 年，国务院贫困地区经济开发领导小组更名为国务院扶贫开发领导小组，强调它是国务院的议事协调机构，组成成员制度化，包括国务院办公厅、国家计委、经贸委、财政部、人民银行、教育部、科技部、国家民委、民政部、劳动和社会保障部、国土资源部、交通部、水利部、农业部、卫生部、计生委、环保总局、统计局、林业局、农业银行、全国总工会、团中央、全国妇联、供销总社、中国残联等有关部门的官员。

2003 年第一次公布成员调整时，副组长只有 6 人，成员 22 人。2006 年时，调整了部分副组长和成员的人选。2013 年的第三次调整发生了较大变化，除了因机构改革有一些合并撤销外，还新增了一些人员，副组长从 6 人增加到 9 人，新增的 3 人中 2 人来自总政治部和中央农办，民政部人员则由成员升格为副组长。成员从 22 人增加到 28 人，因民政部升格，取消了西部开发办和扶贫办的成员资格，卫生部和人口计生委合并，所以实际新增 10 人，分别来自外交部、工信部、住建部、文化部、国资委、新闻出版广电总局、旅游局、国研室、能源局和全国工商联。仅两年后，该小组队伍再次大幅扩充。成员数从原来的 28 人增加到 37 人。新增的 9 位成员分别来自中组部、国新办、统战部、中直机关工委、中央国家机关工委、铁路总公司、证监会、银监会和保监会。截至 2015 年，小组成员单位名单如下：国务院办公厅、总政治部、国家发展改革委、民政部、财政部、农业部、人民银行、中央组织部、中央宣传部、中央统战部、中央直属机关工委、中央国家机关工委、外交部、教育部、科技部、工信部、国家民委、人力资源和社会保障部、国土资源部、环保部、住建部、交通运输部、水利部、商务部、文化部、卫生计生委、国资委、新闻出版广电总局、统计局、林业局、旅游局、国研室、银监会、证监会、保监会、能源局、中国铁路总公司、农业银行、供销合作总社、全国总工会、共青团中央、全国妇联、中国残联、全国工商联等。

扶贫工作涉及的面很宽，经济社会发展的各个方面都与扶贫有关。不断扩充扶贫开发领导小组的队伍说明国家对扶贫工作重视程度不断增强，希望可以从更高层面更顺畅地推进扶贫工作。例如，新增中组部作为成员单位，是因为扶贫工作涉及干部考核，特别是由于贫困地区的干部考核发生了很大转变，从 GDP 考核逐渐转到以民生改善为主的考核，但是这个工作扶贫部门没有权限，只能由中组部来进行；增加中央统战部应是希望动员更多的力量参与扶贫，包括民主党派、党外人士、海外人士，等等；增加证监会、银监会和保监会体现了经济社会发展的变化，需要相关主管部门支持协调开展"金融扶贫"。此外，扶贫主要包括精准扶贫和片区开发，在片区开发中就有很多基础设施方面的大项目，需要铁路总公司参与谋划。

扶贫部门的行政体系

相关省、自治区、直辖市和地（市）、县级政府也效仿中央政府成立了相应的组织机构①，负责本地的扶贫开发工作（见图3）。中国的扶贫开发实行分级负责、以省为主的行政领导扶贫工作责任制。各省、自治区、直辖市，特别是贫困面积较大的省、自治区、直辖市，都把扶贫开发列入重要议程，根据国家扶贫开发计划制定本地区的计划，实行扶贫资金、权力、任务、责任"四个到省（自治区、直辖市）"。所有到省的扶贫资金一律由省级人民政府统一安排使用，并由各有关部门规划和实施项目。

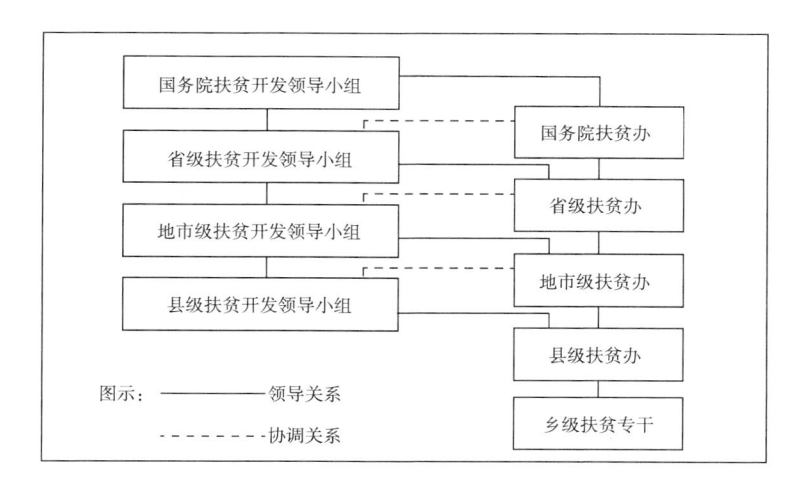

图3 扶贫部门行政体系②

县级政府是扶贫工作的主力军，在扶贫政策的实施和扶贫资金使用上起着关键作用。自新时期精准扶贫的要求下达以来，一些扶贫任务重的地

---

① 各地名称未必统一，但内容、性质和成员单位结构基本一致。
② 引自国务院扶贫办网站：www.cpad.gov.cn。

市在传统扶贫开发建制的基础上,增设了"精准扶贫工作领导小组",并下设办公室。以江西省赣州市为例,精准扶贫工作领导小组办公室设在市扶贫和移民办,专门从事精准扶贫相关的日常事务性工作。相应地,赣州市下属各县区也相继成立县级精准扶贫工作领导小组。但不同县区领导小组的结构不尽相同,主要取决于是否国定贫困县以及扶贫工作任务是否繁重。例如国定贫困县宁县的精准扶贫工作领导小组的组长一般是县委书记兼任,并且设多个副书记和副县长作为副组长。而非贫困县的重县①则由县委副书记担任组长,县政府、县人大、县政协的副职官员担任副组长。小组成员单位则效仿上级政府,成员由各个部门的主要负责人担任。县级精准扶贫工作领导小组办公室的工作人员一般从县直单位、部分乡镇抽调干部,抽调人员集中在县扶贫和移民办办公,扶贫和移民办主任为领导小组办公室主任。办公室的工作职责主要在于处理精准扶贫工作相关的日常事务,联络协调,下发文件,安排调研点,撰写调研报告,编发工作简报和对外宣传等。从各地增设临时机构的情况来看,既体现了各级政府对精准扶贫工作的重视,也说明精准扶贫过程中工作任务的繁重。

政府内部精准扶贫的主要参与部门

上文提到,精准扶贫的六项措施是:产业扶持、转移就业、易地搬迁、教育支持、医疗救助、社保政策兜底。2016 年,中共中央办公厅、国务院办公厅发布了《贯彻实施〈中共中央、国务院关于打赢脱贫攻坚战的决定〉重要政策措施分工方案》(以下简称《分工方案》),对《中央决定》提出的各项措施进行了具体分工,明确了"牵头单位"和"主要参加单位"。从这份文件中,我们可以发现中央层面在新时期脱贫攻坚的工作中各部门的参与情况,以及和其他部门的联系程度(见表 1)。

表 1 脱贫攻坚各部门主要工作职责

国家部门	脱贫攻坚工作职责
国务院扶贫办	核心部门。制定扶贫规划,还需要在精准识别、建档立卡、监督评估、转移就业、易地搬迁、资金管理、社会扶贫、结对帮扶、整村推进、基础设施建设等工作中担任牵头或参与工作
国家发展改革委	在扶贫规划、易地搬迁、产业扶持、基础设施建设等工作中都承担或参与了大量工作,是在《分工方案》中出现频率最高的部门之一

---

① 重县为化名。

续表

国家部门	脱贫攻坚工作职责
农业部	主要承担了产业扶持和参与涉农基础设施建设的工作
教育部	主要承担了农村贫困人口从幼儿园到职业教育和大学教育的扶持工作
国家卫计委	负责实施健康扶贫工程,帮助贫困人口改善健康状况,提高医疗水平等
人社部	主要承担了转移就业、就业培训等工作
民政部	主要负责农村最低生活保障制度的实施以及其他救助项目的开展
财政部	涉及所有政府部门在扶贫工作中财政的资金预算、拨付和监督。因此在《分工方案》中也是参与工作最多的部门

4. 精准扶贫的政策体系

一直以来,在国家层面有各项涉及农村地区的土地、经济和社会的政策。对于政府指定的贫困地区、贫困县、贫困村、贫困户,除了受到一般性农村政策的影响外,还有来自国务院扶贫办的"专项扶贫"政策,主要内容包括:易地扶贫搬迁、整村推进、以工代赈、产业扶贫、就业促进、扶贫试点、革命老区建设等。来自其他部门,有益于扶贫开发事业的政策被称作"行业扶贫",主要有:发展特色产业、开展科技扶贫、完善基础设施、发展教育文化事业、改善公共卫生和人口服务管理、完善社会保障制度、重视能源和生态环境建设等。来自政府部门定点帮扶、社会组织、军队、企业等组织或个人的资源投入,被称作"社会扶贫",主要包括:定点扶贫、东西部扶贫协作、军队和武警部门、企业和社会各界参与扶贫等(见表2)。

表2 扶贫部门划分的扶贫政策类型①

扶贫政策类型	扶贫政策内容
专项扶贫	易地扶贫搬迁、整村推进、以工代赈、产业扶贫、就业促进、扶贫试点、革命老区建设等
行业扶贫	发展特色产业、开展科技扶贫、完善基础设施、发展教育文化事业、改善公共卫生和人口服务管理、完善社会保障制度、重视能源和生态环境建设等
社会扶贫	定点扶贫、东西部扶贫协作、军队和武警部门、企业和社会各界参与扶贫等

① 根据《中国扶贫开发年鉴》(2010~2015)内容整理。

经过过去三十多年减贫实践的演进发展，中国形成了多部门参与扶贫开发事业的"大扶贫"格局。在扶贫部门的叙述中，扶贫工作分类包括专项扶贫、行业扶贫和社会扶贫。行业扶贫即指扶贫工作相关部门在自身行业内部的扶贫安排。过去的行业扶贫与扶贫办的专项扶贫之间联系并不紧密，沟通较少，导致政策出现冲突，资源出现浪费的现象。新时期精准扶贫除了受到国家高度重视外，也进行了一系列制度设计，试图保障精准扶贫政策体系实施的协调和效率。但在精准扶贫方略实施以前，部门各自制定扶贫计划。行业扶贫部门有专门的扶贫政策（如科技部门的科技扶贫），也有一般性的政策（如农村低保、新农合）。这些行业部门分头制定的政策之间存在许多壁垒，体现在政策目标、政策对象、资源供给方式等方面。

在此过程中，扶贫开发领导小组由于种种原因（如过去扶贫工作的战略地位不够高，扶贫办的行政级别低半级，部门之间利益难协调等），没有充分起到部门协调和资源整合的作用。精准扶贫方略实施后，由于扶贫被置于最高的国家战略高度，由最高领导人做出重要指示，形成了力量更加凝聚、互动更加频繁、思路更为统一的政策网络。从政策对象来说，明确了将政策资源向"建档立卡贫困户"的集中。从政策资金和资源来说，在各个部门资源投入力度加大的基础上，提出了涉农资金优化整合的制度改革。让扶贫开发相关的资金汇聚到一起，由县级政府统筹使用。从政策的组织保障来说，从中央到省再到乡镇，党政一把手的目标责任制要求更加严格。有的地方专门成立了"精准扶贫工作办公室"，参与扶贫工作的相关部门的协调会议数量大幅增长。

中国的农村扶贫是一项系统性工程，需要在经济发展、基础设施、医疗卫生、教育、就业、兜底保障、技术创新、环境治理等多领域倡导多部门的共同协作和参与。其中，解决贫困人口温饱问题始终是被放在首位的。扶贫的最终目的不仅是将贫困人口的收入提高到贫困线以上，还要通过综合手段促进贫困者和农村贫困社区整体的可持续发展。新时期脱贫攻坚的要求除了提出贫困对象全部脱贫摘帽外，还提出要做到"两不愁，三保障"，即扶贫对象不愁吃、不愁穿，保障其义务教育、基本医疗和住房。这些都是精准扶贫政策努力的方向。为了实现这些政策目标，需要建构一套相互协调，高效运行的政策体系。新时期的脱贫攻坚主要包括两方面内容，一是片区开发，二是精准扶贫。片区开发主要考虑的是集中连片特困地区的整体发展，尤其是基础设施方面的改进。而精准扶贫主要针对的是建档立卡的贫困户。对于贫困户，要想帮助不同原因致贫的家庭摆脱贫困，就需要不同类别的政策组合起来施加影响。对应上文提到的九条路径，尤其要着力加强教育脱贫，开展医疗保险和医疗救助脱贫，实行农村最低生活保障制度兜底脱贫，探索资产收益脱贫，健全儿童、留守妇女、留守老人和残疾人关爱服务体系。

产业脱贫

解决区域性的贫困问题，发展经济是根本途径，贫困地区发展需要产业带动。脱贫攻坚阶段，由农业部牵头，联合国家发展改革委、财政部、商务部、国家林业局、全国供销合作总社、国务院扶贫办、全国妇联制定贫困地区特色产业发展规划。鼓励贫困村、贫困户因地制宜发展种养业和传统手工业等。依托贫困地区特有的自然人文资源，发展旅游业。实施贫困村"一村一品"产业推进行动，扶持建设一批贫困人口参与度高的特色农业基地。建立贫困村农民专业合作社、种养大户信息交流综合服务平台，为农户提供及时精准的价格行情、农产品市场信息，加大对贫困地区农产品营销支持力度，为贫困地区积极牵线搭桥，引导贫困村参与网上销售、农超对接等多种销售平台，促进产销对接。支持贫困地区发展农产品加工业，加快一、二、三产业融合发展，让贫困户分享农业全产业链和价值链增值收益。加强贫困地区农民合作社和龙头企业培育，发挥其对贫困人口的组织和带动作用，让贫困人口分享产业发展红利。引导中央企业、民营企业分别设立贫困地区产业投资基金，到贫困地区从事资源开发、产业园区建设、新型城镇化建设等，带动贫困地区的综合发展。

就业脱贫

解决农村贫困人口的就业问题，是帮助贫困家庭脱贫的重要手段。由人社部、教育部共同牵头，加大职业技能提升计划和贫困户教育培训工程实施力度，引导企业扶贫与职业教育相结合，鼓励职业院校和技工学校招收贫困家庭子女。由人社部牵头，加大就业专项资金向贫困地区的转移支付力度，提高贫困地区劳动就业和社会保障服务水平。由国家发展改革委牵头，鼓励"农转非"，对在城镇工作生活一年以上的农村贫困人口，输入地政府要承担相应的帮扶责任，并优先提供基本公共服务，促进有能力在城镇稳定就业和生活的农村人口有序实现市民化。

实施易地搬迁脱贫

由国家发展改革委牵头,对居住条件恶劣、生态环境脆弱、自然灾害频发地区的农村贫困人口,加快实施异地扶贫搬迁工程。与就业扶贫相结合,推进新型城镇化,对已搬迁的群众,帮助其尽快实现就业,享有与当地群众同等的基本公共服务。

生态保护脱贫

将贫困户增收和加强生态建设结合起来,国家实施的退耕还林还草、天然林保护、防护林建设、石漠化治理、防沙治沙、湿地保护与恢复、坡耕地综合整治、退牧还草、水生态治理等重大生态工程,在项目和资金安排上要进一步向贫困地区倾斜,提高贫困人口参与度和受益水平。加大贫困地区生态保护修复力度,增加重点生态功能区转移支付。结合建立国家公园体制,创新生态资金使用方式,使当地有劳动能力的部分贫困人口转为护林员等生态保护员。

教育脱贫

由教育部牵头,将国家教育经费向贫困地区、基础教育倾斜;健全学前教育资助制度,帮助农村贫困家庭幼儿接受学前教育;乡村教师的扶持计划向贫困地区基层倾斜;改善贫困地区中小学校的基本办学条件;普及高中阶段教育,率先对贫困家庭中的困难学生免除学杂费;保障贫困家庭学生上重点高校的长效机制,加大对贫困家庭大学生的资助力度,提供就业支持。

健康脱贫

由国家卫计委牵头。财政对贫困人口新农合个人缴费部分进行补贴;新农合和大病保险制度对贫困人口实行政策倾斜,门诊统筹率率先覆盖贫困地区,加大医疗救助、临时救助、慈善救助等的帮扶力度,将贫困人口全部纳入重特大疾病救助范围;加大对农村贫困残疾人康复服务和医疗救助力度;建立贫困人口健康卡;对贫困人口大病实行分类救治和先诊疗后付费的结算机制;加强贫困地区医疗服务机构水平,鼓励贫困地区医疗人才培养;全面实施贫困地区儿童营养改善、新生儿疾病免费筛查、妇女"两癌"免费筛查、孕前优生健康免费检查等重大公共卫生项目。

兜底保障脱贫

由民政部牵头。坚持应保尽保、应兜尽兜的原则,认真贯彻落实农村最低生活保障制度,充分利用医疗救助、临时救助、特困人员供养、社会福利、慈善帮扶等制度兜底保障脱贫。要统筹协调农村扶贫标准和农村低保标准两项制度的衔接，加大其他形式的社会救助力度。完善农村最低生活保障制度，对无法依靠产业扶持和就业帮助脱贫的家庭实行政策性保障兜底。加大农村低保省级统筹力度，低保标准较低的地区要逐步达到国家扶贫标准。尽快制定农村最低生活保障制度与扶贫开发政策有效衔接的实施方案。进一步加强农村低保申请家庭经济状况核查工作，将所有符合条件的贫困家庭纳入低保范围，做到应保尽保。加大临时救助制度在贫困地区的落实力度。提高农村特困人员供养水平，改善供养条件。抓紧建立农村低保和扶贫开发的数据互通、资源共享信息平台，实现动态监测管理、工作机制有效衔接。加强儿童福利院、救助保护机构、特困人员供养机构、残疾人康复托养机构、社区儿童之家等的服务设施建设和人员队伍建设，不断提高管理服务水平。

金融扶贫和资产收益脱贫

由财政部牵头，在不改变用途的情况下，将财政专项扶贫资金和其他涉农资金投入设施农业、养殖、光伏、水电、乡村旅游等项目形成的资产，具备条件的可折股量化给贫困村和贫困户，尤其是丧失劳动能力的贫困户。资产可由村集体、合作社或其他经营主体统一经营。要强化监督管理，明确资产运营方对财政资金的保值增值责任，建立健全收益分配机制，确保资产收益及时回馈持股贫困户。支持农民合作社和其他经营主体通过土地托管、牲畜托养和吸收农民土地经营权入股等方式，带动贫困户增收。在贫困地区进行的水电、矿产等资源开发，要赋予土地被占用的村集体股权，让贫困人口分享资源开发收益。

由银监会牵头，支持农村信用社、村镇银行等金融机构为贫困户提供免抵押、免担保扶贫小额信贷，由财政按基础利率贴息。加大创业担保贷款、助学贷款、妇女小额贷款、康复扶贫贷款等的发放力度。

关爱服务体系建设脱贫

对农村"三留守"人员和残疾人进行全面摸底排查，建立翔实完备、动态更新的信息管理系统。加强儿童福利院、救助保护机构、特困人员供养机构、残疾人康复托养机构、社区儿童之家等的设施和队伍建设，不断提高管理服务水平。建立家庭、学校、基层组织、政府和社会力量相衔接的留守儿童关爱服务网络，加强对未成年人的监护。健全孤儿、无人抚养儿童、低收入家庭重病重残等困境儿童的福利保障体系。健全发现报告、应急处置、帮扶干预机制，帮助特殊贫困家庭解决实际困难。加大贫困残疾人康复工程、特殊教育、技能培训、托养服务实施力度。针对残疾人的特殊困难，全面建立困难残疾人生活补贴和重度残疾人护理补贴制度。对低保家庭中的老人、未成年人、重度残疾人等重点救助对象，提高救助水平，确保基本生活。引导和鼓励社会力量参与特殊群体关爱服务工作。

5. 扶贫政策的实践步骤

（1）建档立卡

精准扶贫政策目标的设立和政策体系的形成已经为整个政策构建了宏观的框架，要求对贫困户进行精准识别，从而从政策体系中选择适合的政策项目进行精准帮扶。精准识别工作的立足点就是"建档立卡"。

国务院扶贫办早在 2005 年 4 月 27 日就发出了《关于进一步加强贫困人口建档立卡和扶贫动态监测工作的通知》，开展贫困人口建档立卡工作，目标是为中国扶贫开发工作"提供更准确、更全面的基础数据，同时，也将成为落实扶贫项目、帮扶措施和扶贫优惠政策的重要依据""让贫困人口直接受益"①，并于 2006 年选择了 8 个省份作为试点。之后，全国性的建档立卡软件培训（2009）、建档立卡工作培训（2010）相继展开。

但是，界定贫困户需要非常高的行政成本和制度成本。建档立卡工作主要由地方的扶贫部门进行统计，具体实施是通过将工作任务下发至乡镇，再由乡镇敦促各行政村进行贫困认定。认定标准的不统一和乡村社会关系、权力结构都会对认定产生影响，因此很难做到精确认定。此外，由于农村低保政策和扶贫政策都是以反贫困为目标的政策，在对象认定的标准、手段和过程方面必然会产生不一致的情况，这也增加了两项制度衔接的行政和制度成本。

建档立卡工作在推进过程中遇到了困难，与低保制度的衔接也始终没有得到很好的效果。事实证明，直到 2014 年，建档立卡工作才开始出台具体的工作方案和操作办法。2014 年 4 月，国务院扶贫办发布《扶贫开发建档立卡工作方案》（以下简称《工作方案》），在全国范围内推进建档立卡工作。这份工作方案明确了建档立卡的对象和工作目标——"建档立卡对象包括贫困户、贫困村、贫困县和连片特困地区。通过建档立

---

① 国务院扶贫办网站：www.cpad.gov.cn。

卡,对贫困户和贫困村进行精准识别,了解贫困状况,分析致贫原因,摸清帮扶需求,明确帮扶主体,落实帮扶措施,开展考核问效,实施动态管理。对贫困县和连片特困地区进行监测和评估,分析掌握扶贫开发工作情况,为扶贫开发决策和考核提供依据。2014年底前,在全国范围内建立贫困户、贫困村、贫困县和连片特困地区电子信息档案,并向贫困户发放《扶贫手册》。以此为基础,构建全国扶贫信息网络系统,为精准扶贫工作奠定基础。"同时,对贫困户、贫困村、贫困县、贫困地区的建档立卡提出了明确的工作方法和工作步骤。以下就《工作方案》中提出的贫困户建档立卡的方法和步骤进行摘录:

贫困户建档立卡方法和步骤①
(一)工作方法

1. 标准。以2013年农民人均纯收入2736元(相当于2010年2300元不变价)的国家农村扶贫标准为识别标准。各省、自治区、直辖市(以下简称各省)在确保完成国家农村扶贫标准识别任务的基础上,可结合本地实际,按本省标准开展贫困户识别工作,纳入全国扶贫信息网络系统统一管理。

2. 规模。原则上以国家统计局发布的2013年底全国农村贫困人口规模8249万人为基数(2013年各省贫困人口数量及贫困发生率见附件1)。省级统计数大于国家发布数的,可在国家发布数基础上上浮10%左右;个别省级统计数与国家发布数差距较大的,上浮比例可适当提高;具体识别规模经省级扶贫开发领导小组研究确定后,由省扶贫办报国务院扶贫办核定。

3. 做法。采取规模控制,各省将贫困人口识别规模逐级分解到行政村。贫困户识别要以农户收入为基本依据,综合考虑住房、教育、健康等情况,通过农户申请、民主评议、公示公告和逐级审核的方式,整户识别。

4. 登记内容。《扶贫手册》包括家庭基本情况、致贫原因、帮扶责任人、帮扶计划、帮扶措施和帮扶成效等六个方面内容。登记的标准时点为2013年12月31日,标准时期为2013年1月1日—2013年

---

① 国务院扶贫办网站:www.cpad.gov.cn。

12月31日。

(二) 工作步骤和时间安排

第一步：规模分解。按照《贫困人口规模分解参考方法》（见附件2），各省将报国务院扶贫办核定后的贫困人口识别规模逐级分解到行政村。

第二步：初选对象。在县扶贫办和乡镇人民政府指导下，按照分解到村的贫困人口规模，农户自愿申请，各行政村召开村民代表大会进行民主评议，形成初选名单，由村委会和驻村工作队核实后进行第一次公示，经公示无异议后报乡镇人民政府审核。

第三步：公示公告。乡镇人民政府对各村上报的初选名单进行审核，确定全乡（镇）贫困户名单，在各行政村进行第二次公示，经公示无异议后报县扶贫办复审，复审结束后在各行政村公告。以上工作在2014年5月底前完成。

第四步：结对帮扶。在省级人民政府指导下，各县应统筹安排有关帮扶资源，研究提出对贫困户结对帮扶方案，明确结对帮扶关系和帮扶责任人。

第五步：制定计划。在乡镇人民政府指导下，由村委会、驻村工作队和帮扶责任人结合贫困户需求和实际，制定帮扶计划。以上工作在2014年7月底前完成。

第六步：填写手册。在县扶贫办指导下，由乡镇人民政府组织村委会、驻村工作队和大学生志愿者对已确定的贫困户填写《扶贫手册》。

第七步：数据录入。在县扶贫办指导下，乡镇人民政府组织村委会、驻村工作队和大学生志愿者等将《扶贫手册》录入全国扶贫信息网络系统，并进行数据审核。《扶贫手册》由国务院扶贫办统一监制，各县负责制发，贫困户、村委会各执一册。以上工作在2014年8月底前完成。

第八步：联网运行。由各省扶贫办负责，将录入数据在本省内试运行，并在2014年10月底前完成。

第九步：数据更新。贫困户信息要及时更新，并录入全国扶贫信息网络系统，实现贫困户动态调整。此工作在县扶贫办指导下，由乡镇人民政府组织村委会和驻村工作队在次年1月底前完成。

建档立卡的工作目标明确提出，要为精准扶贫奠定基础。而精准扶贫政策最终是否能够精准实施，实现政策目标的达成，也取决于建档立卡工作的完成程度。在工作方案中，有三个需要注意的地方。

第一，各省建档立卡的人数是由国家统计局测算出的贫困人口数和贫困发生率决定的。

第二，贫困人口规模的测算采用自上而下、逐级分解的方法。到市到县的贫困人口规模分解可依据国家统计局调查总队提供的乡村人口数和低收入人口发生率计算形成；到乡到村的贫困人口规模由于缺少人均纯收入等数据支撑，可依据本地实际抽取易获取的相关贫困影响因子计算本地拟定贫困发生率，结合本地农村居民年末户籍人口数算出。

第三，需要根据贫困户的具体情况进行《扶贫手册》的填写，通过贫困类型或致贫原因分类，制定帮扶方案和计划。

（2）脱贫责任书：精准扶贫的目标管理责任制

中央政府强调，"脱贫攻坚任务重的地区党委和政府要把脱贫攻坚作为'十三五'期间头等大事和第一民生工程来抓。要层层签订脱贫攻坚责任书、立下军令状。要建立年度脱贫攻坚报告和督察制度，加强督察问责。要把脱贫攻坚实绩作为选拔任用干部的重要依据，在脱贫攻坚第一线考察识别干部"①。

强化脱贫攻坚领导责任制是精准扶贫工作中的一项重要任务，细化了各级政府在扶贫工作中的责任：党中央、国务院主要负责统筹制定扶贫开发大政方针，出台重大政策举措，规划重大工程项目；省级党委和政府对扶贫开发工作负总责，抓好目标确定、项目下达、资金投放、组织动员、监督考核等工作；市级党委和政府做好上下衔接、域内协调、监督检查工作，把精力集中在贫困县如期摘帽上；县级党委和政府承担主体责任，书记和县长是第一责任人，做好进度安排、项目落地、资金使用、人力调配、推进实施等工作。

中国多地省区提出"省市县乡村五级书记一起抓，各级党委书记签'脱贫责任书'；有扶贫任务的省、市、县均由党委主要领导担任扶贫开发组织协调机构负责人；贫困县的党政一把手在脱贫摘帽前不得调动岗位等"。

---

① 新华网：《22省区市签下脱贫攻坚责任书》，2015年11月29日。

"目标管理责任制"就是将上级党政组织所确立的行政总目标逐步进行细化、分解，形成一套目标和指标体系，以此作为各级组织进行"管理"的依据，并以责任状的形式通过上下级之间科层体系层层签订（王汉生、王一鸽，2009）。在扶贫政策的实施工作中，目标管理责任制的特点非常明显。在中央的指导下，各地出台扶贫开发工作成效考核办法，建立年度督查问责机制，对未完成年度减贫任务的省份的党政主要领导进行约谈。对贫困县也出台了绩效考核办法，大幅提高减贫指标在贫困县经济社会发展实绩考核指标中的权重，建立扶贫工作责任清单。对限制开发区域和生态脆弱的贫困县取消地区生产总值考核要求。

非政府组织第三方评估的作用日益受到重视。精准扶贫实践中多种评价与激励方式结合。评价主体主要有政府专门的评价组织、社会评价组织、第三方中介评价组织等，评价方式有内部评价、外部评价、内外结合的评价方式。对于在脱贫攻坚绩效考核中表现优异的地方、组织或个人，有财政、人事晋升和荣誉表彰奖励。对于表现不好的地方、组织或个人，对主要负责同志进行约谈并不予优先评优，影响提拔重用。

（3）项目开发与资金整合：精准扶贫的资金预算和资源输送

参与扶贫开发事业的资金类别有许多，仅从扶贫部门看就包括财政专项扶贫资金、涉农资金和社会扶贫资金。此外，还有其他各个部门用于扶贫开发事业的资金等。财政专项扶贫资金是指国家为改善贫困地区生产和生活条件，提高贫困人口生活质量和综合素质，支持贫困地区发展经济和社会事业而设立的财政专项资金。涉农资金是指中央、省、市、县安排用于农村经济社会发展的专项资金，主要包括农村公路修建、基本农田建设、农业综合开发、农村饮水安全、沼气建设等农村基础设施建设资金，粮食直补、农资综合直补、良种补贴、农机具购置补贴等涉农补贴资金，种植业、养殖业项目资金，扶贫、救济、农村五保供养、农村低保、危房改造资金，退耕还林等生态建设资金，"雨露计划""阳光工程"等农村劳动力培训资金及用于农村教育、卫生、文化、科技事业发展的资金等，资金管理方式通常是成立县涉农资金监管工作领导小组，负责全县涉农资金监管工作。社会扶贫资金包括一些社会互助、捐赠或筹资性质的扶贫资金。

近年来，扶贫资金投入大幅增加。2015年中央用于支持贫困地区、贫困人口农业生产及改善生活条件、发展社会事业等综合扶贫投入近

5000亿元；就财政专项资金来看，2016年安排补助地方资金规模达到660.95亿元，比上年增加43.4%。扶贫专项资金的供给和分配是根据对全国范围内贫困人口的测算数量和分布决定的。国家统计局每五年（有时不定期）会对全国的贫困人口总量和分布进行测算，然后按照测算结果将扶贫指导数向各地政府进行分解，再由各地政府层层分解到行政村。

针对以往扶贫工作中资金使用受部门条块分割局面的影响，导致使用效率不足、分配不合理的问题，在新的扶贫工作中，中央对财政涉农资金使用进行了充分授权，县级政府可将涉农资金统筹使用。这项工作由财政部牵头，联合国家发展改革委、国务院扶贫办，建立健全脱贫攻坚多规划衔接、多部门协调长效机制，整合目标相近、方向类同的涉农资金。按照权责一致原则，支持国定贫困县围绕本县突出问题，以扶贫规划为引领，以重点扶贫项目为平台，把专项扶贫资金、相关涉农资金和社会扶贫资金捆绑集中使用。资金下放由省到县，市级只进行审批监督上报，不走账。资金到达县以后，产业类资金跟着项目走，乡村自下而上申报项目，县市审批后资金到账。信贷资金跟着乡镇企业、合作社或贫困户走。除了涉农资金外，其他资金，例如新农保、社会救助、教育补助、就业补助等还是按照以往的条状下拨的形式，根据统计上报的"人头数"拨款。

五 结论与讨论

从新中国成立初期至今，农村扶贫问题一直是中国政府的工作重点，政府主导的扶贫工作经历了不同的历史阶段。在目标瞄准上，中国农村扶贫政策的目标单位正在逐渐缩小，由过去的农村地区、贫困地区，到当前的瞄准贫困户；在扶贫模式上，由早期的制度变革、高速经济增长背景下的开发式扶贫，发展为开发式与农村社会保障式相结合的扶贫；在扶贫理念上，由标准相对单一的经济贫困，到后期认同的多维贫困，体现在参与式扶贫和精准扶贫政策目标的提出上。中国农村扶贫政策始终体现出其对中国社会经济发展过程的嵌入性特征。扶贫政策目标瞄准单位的变化来自中国政府对农村贫困新情况、新问题的回应机制；扶贫政策的变迁是国家、农村整体经济制度不断变迁引发的必然结果；扶贫理论和观念的变化要求农村扶贫政策的创新。

扶贫是一项综合性的社会实践，涉及政府多部门的沟通协作，通过整合资源，形成某种政策合力。2014年精准扶贫工作机制开始逐步形成，由更多部门组成的中央扶贫开发领导小组从不同领域出台了更多行业扶贫政策，试图形成政策合力，全国各地的扶贫政策网络中的部门关联日益紧密，互动频繁。政府在目标定位上，抓住了"建档立卡的贫困户"，让资源集中向贫困人口倾斜。在监督和实施机制上，运用党政一把手的目标责任制，抓住了财权和人事权，强化了政策实施的动员能力。在扶贫资金方面，各地开始探索涉农资金统筹使用，县级政府在资金的投入和使用方面有了更大的自由，资金的使用效率有所提高。对于减贫成果的评估，除了政府内部的绩效考核评估外，加入并强化了第三方评估和社会评估的作用。

通过对中国农村扶贫政策的演进过程的回溯，以及对当前精准扶贫政策体系的特征描述，可以看出精准扶贫中所强调的"精准"，具有多重政治和学术意涵。

首先，精准作为一种政策理念，其与普惠性的福利政策相反，要求采用目标瞄准的方式，将有限的政策资源集中用于被定义的政策群体。中国政府在扶贫工作的重要文件中多次强调，要改变过去"大水漫灌""撒胡椒面"的扶贫资源供给方式，转而形成"精准滴灌"的扶贫方式。这种补缺型的、瞄准型的政策理念与20世纪90年代以来国际社会在反贫困领域的主要理念相一致。这种减贫理念被认为可以达到公平、高效和经济的反贫困效果。

其次，精准作为一种技术手段，即通过严密的科学方法，界定贫困和贫困户，力求用最经济、高效的方式向最贫困的人群分配更多的扶贫政策资源。中国政府当前的贫困界定采用的是划定贫困线的方式，而贫困线的标准与国际上的贫困线（界定绝对贫困）基本接轨，生活在贫困线以下的人群属于贫困人口。由于中国农村居民的收入和就业特点，无法准确衡量其收入和支出水平，在贫困户的认定方面基层政府采用了多种生计调查方法相结合的模式，例如群体分类（年老、疾病、残疾）、资产界定（新建房屋、汽车）、特殊需求（地理位置、生态环境）等。但具体如何界定贫困和贫困户，各地的标准和方式都存在差异。

再次，精准作为对地方政府行政和治理能力的更高要求，需要扶贫工作的主体——政府，改变过去相对粗放的行政管理手段和治理方式，转向更加高效率、高质量的政策实践模式。随着20世纪90年代分税制的改革、农业税的减免以及大量的农村人口流动，中国地方政府对农村的控制力下降，涉农政策进入农村后经常出现实施的变异。因此，精准扶贫中要求地方政府提高自身的行政和治理能力。因为，实现政策实施的精准，需要非常强的数据信息系统和稳定、先进的制度做保障。

最后，精准作为一种政治目标，中国政府通过全国性政治动员的方式，目标在非常短的时间内集中全社会的力量实现 2020 年全国性的"脱贫摘帽"。实际上，中国扶贫开发制度的政治化特征是从 20 世纪 80 年代建立以来就一直存在的，这也延续了中国古代的济贫政治思想。扶贫开发制度在建立初期，不仅承担了帮助农村贫困地区和贫困人群摆脱贫困的社会和经济功能，还承担了显著的政治功能。在 20 世纪 90 年代的"八七扶贫攻坚"和新时期的"脱贫攻坚"两次大型的扶贫开发工作中，中国扶贫制度的不断完善成为中国政府宣传并实践其政治诉求、巩固其执政根基的政治手段。前者的目标是"解决八千万贫困人口的温饱问题"，后者是"补上全面建成小康社会的最后一块短板；使中国贫困人口全部脱贫"。此外，随着国际上对反贫困的共识不断加强，中国在国际经济体中的地位不断提高，中国过去的扶贫经验和扶贫成果在国际上获得了肯定，扶贫制度的国际政治功能也在日渐凸显。中国政府提出 2020 年实现精准脱贫，也是对联合国 2030 年可持续发展议程中"消灭贫困"的目标做出的一种积极的政治回应，在某种程度上可看作对国内政策积极经验的一种制度延续。

参考文献

黄承伟，2016，《中国扶贫开发道路研究：评述与展望》，《中国农业大学学报（社会科学版）》第 5 期。
李小云、张雪梅、唐丽霞，2005，《当前中国农村的贫困问题》，《中国农业大学学报》第 4 期。
刘坚，2009，《中国农村减贫研究》，中国财政经济出版社。
刘占勇，2016，《精准扶贫思想内涵特征及对扶贫实践的启示》，《江汉学术》第 4 期。
陆汉文、黄承伟，2016，《中国精准扶贫发展报告（2016）：精准扶贫战略与政策体系》，中国科学出版社。

倪慧群、黄宏、钟耿涛等，2011，《对广东省"双到"扶贫开发模式的思考》，《广东农业科学》第 17 期。

田珍，2007，《城市化与农民生活方式演进的互动机理研究》，《农业经济》第 1 期。

汪三贵，2010，《中国特色反贫困之路与政策取向》，《毛泽东邓小平理论研究》第 4 期。

汪三贵，2008，《中国扶贫资金的管理体制和政策评价》，《老区建设》第 3 期。

汪三贵，2007，《中国的农村扶贫：回顾与展望》，《农业展望》第 1 期。

王汉生、王一鸽，2009，《目标管理责任制：农村基层政权的实践逻辑》，《社会学研究》第 2 期。

武力，1999，《中华人民共和国 50 年经济发展与制度变革论析》，《当代中国史研究》Z1 期。

熊跃根，2012，《福利的理念和中国社会政策的限制———一种历史制度主义的分析》，《中国社会工作研究》第 8 辑。

熊跃根，2015，《作为社会治理的社会政策实施：技术理性与政治实践的结合》，《江海学刊》第 4 期。

徐月宾、刘凤芹、张秀兰，2007，《中国农村反贫困政策的反思———从社会救助向社会保护转变》，《中国社会科学》第 3 期。

郇建立，2002，《国家政策对农村贫困的影响》，《北京科技大学学报（社会科学版）》第 2 期。

尹虹潘、刘姝伶，2011，《中国总体基尼系数的变化趋势———基于 2000～2009 年数据的全国人口细分算法》，《中国人口科学》第 4 期。

张磊，2007，《中国扶贫开发历程：1949-2005 年》，中国财政经济出版社。

张占斌，2015，《中国经济新常态的趋势性特征及政策取向》，《国家行政学院学报》第 1 期。

郑杭生、李棉管，2009，《中国扶贫历程中的个人与社会———社会互构论的诠释理路》，《教学与研究》第 6 期。

Dutrey, A. P. 2007. "Successful Targeting? Reporting Efficiency and Cost in Targeted Poverty Alleviation Programmes", *Social Policy and Development Programme Paper*, Number 35, UNRISD.

Heilig, G. K., Zhang, M., Long, H., et al. 2006. "Poverty alleviation in China: a lesson for the developing world?" *Geographische Rundschau*, 2 (2): 4-13.

Pierson, P. 2004. *History, Institutions, and Social Analysis*. Princeton: Princeton University Press.

Ravallion, M. and Chen, S. H. 2007. "China's (Uneven) Progress against Poverty", *Journal of Development Economics*, 82 (1): 1-42.

完善农村低保申请家庭经济状况核查机制的研究报告[*]

李振刚[**] 梁 晨[***]

摘 要: 在我国农村低保制度实施的过程中,家庭经济状况核查是农村低保工作的重要环节,是确定低保对象资格和救助标准的重要依据。目前,中央层面尚未出台专门针对农村低保申请家庭经济状况核查的文件,但基层实践迫切要求出台相关文件来规范、指导农村低保制度的运行。本研究通过系统梳理中央、地方相关政策法规,总结基层工作的实践经验,主要从界定核查内容、明确核查方法、规范核查程序、确定核查主体四个方面提出完善农村低保申请家庭经济核查机制的政策建议。

关键词: 农村低保 家庭经济状况核查 核查机制

2007年,《国务院关于在全国建立农村最低生活保障制度的通知》(国发〔2007〕19号)印发,标志着农村低保制度在全国全面推开。农村低保制度是带有明显选择性特征的社会福利制度,其目的是把福利资源分配给真正需要救助的人。通常选择性社会福利制度是通过家计调查或基于身份类别来瞄准穷人。从制度设计上来看,农村低保制度选择了以家计调查为基本手段来判定救助对象。由于我国农村低保制度还处在不断完善的过程中,尽管一些省市出台了专门的关于农村低保申请家庭经济状况核

---

[*] 本研究得到了民政部社会救助司的资助,在此表示感谢。
[**] 李振刚,中国社会科学院社会学研究所,助理研究员。
[***] 梁晨,中国社会科学院社会学研究所,助理研究员。

查的政策文件，但是中央尚未出台统一的指导性文件。本文主要通过文献研究和实地调查的方法，对目前农村低保制度中关于家庭经济状况核查的相关制度设计进行梳理，总结存在的问题，提出相关的政策建议，以期为进一步完善农村低保申请家庭经济状况的核查机制提供决策参考。

一　低保相关制度法规对农村低保救助对象的界定

只有明确相关政策法规对农村低保受益对象的规定，才能确定通过何种手段来瞄准低保对象。《国务院关于在全国建立农村最低生活保障制度的通知》（国发〔2007〕19号）指出，建立农村最低生活保障制度的目标是解决全国农村贫困人口的温饱问题，农村最低生活保障对象是家庭年人均纯收入低于当地最低生活保障标准的农村居民，主要是因病残、年老体弱、丧失劳动能力以及生存条件恶劣等原因造成生活常年困难的农村居民。《国务院关于进一步加强和改进最低生活保障工作的意见》（国发〔2012〕45号）、《民政部关于印发〈最低生活保障审核审批办法（试行）〉的通知》（民发〔2012〕220号）提出，户籍、家庭收入、家庭财产是认定低保对象的三个基本条件。"持有当地常住户口，共同生活的家庭成员人均收入低于当地低保标准，且家庭财产状况符合当地人民政府规定条件的，可以申请低保。"

总体来讲，户籍、家庭人口、家庭收入、家庭财产是认定受益对象的四个基本条件。接下来，本文即围绕这四个方面对中央和地方的相关政策进行梳理，同时总结经验、提出建议。

二　农村低保家庭经济状况核查的主要内容及地方相关政策与经验

根据中央相关政策法规对低保对象资格条件的规定，家庭经济状况核查的主要内容包括：确定共同生活的家庭成员、家庭收入和家庭财产，而户籍往往是和家庭成员数联系在一起的。地方往往会根据中央政策制定本省（自治区、直辖市）的具体实施办法。

（一）各地政策对农村低保申请家庭的户籍规定

农村低保在建立和实施的过程中，基本上确立了属地管理的原则，即以持有当地农村户籍作为享受农村最低生活保障的基本条件之一。农村居民申请和享受低保待遇按照户籍所在地的具体政策执行,由户籍所在地民政部门负责管理。

由于历史原因如"农转非"政策以及城镇化的推进、人口流动性的增加,人户分离、同一家庭内户口性质不同的现象增加。户籍对低保申请家庭人口认定、享受待遇标准等方面产生了重要影响。

《最低生活保障审核审批办法》规定,"持有非农业户口的居民,可以申请城市低保。持有农业户口的居民可以申请农村低保""取消农业和非农业户口划分的地区,原则上可以将申请人户籍所在地为城镇且居住超过一定期限、无承包地、不参加农村集体经济收益分配等作为申请城市低保的户籍条件"。这主要考虑了申请人在申请城镇低保过程中面临的问题,而没有考虑农村低保实施过程中,面临的户籍方面的问题。

如图 1 所示,农村低保申请家庭,申请人(通常是户主)的户籍必须是本地(一般指区县范围)农业户籍,而其家庭成员的户籍可能存在以下几种情况:一是本地农业户籍,这是大多数申请家庭户籍的情况;二是本地的城镇户籍;三是外地的城镇或者农村户籍。第一种情况是符合农村低保申请的基本条件的,针对第二种和第三种家庭成员户籍情况,一些地方的低保政策做了专门规定。例如,针对第三种情况,夫妻一方持有本地农业户籍,另一方及子女为非本地农业户籍,主要以居住年限作为限制,通常规定在本地居住 1 年以上,其家庭人均收入仍低于居住地农村居民最低生活保障标准的人员纳入保障范围(如贵阳市、北京市);针对第二种情况,夫妻双方(包括其他家庭成员)都是本地户籍并在农村定居,但是家庭成员户籍情况是农业户口和非农业户口混合,这种情况在城郊接合部相对比较多,通常的做法是符合城市低保条件的非农业户口家庭成员享受城市低保,而农业户口的家庭成员享受农村低保(如北京市)。这给计算家庭收入及保障标准带来了难题。

申请人(户主)户籍	+	其他家庭成员户籍		
本地农村户籍			本地	外地
		农村户籍	本地农村	外地农村
		城镇户籍	本地城镇	外地城镇

图 1 低保申请家庭户籍构成情况

北京市制定了在农村定居，非农业户口与农业户口混合家庭，计算年人均收入的办法。首先，确定家庭年人均收入的比例，计算的方法是：家庭年人均收入比例＝家庭上年收入／（非农业人口×本市当年城市低保标准×12＋农业人口×本地当年农村低保标准）×100%；如果家庭人均收入比例小于1，则家庭有资格享受低保待遇。非农业人口享受城市低保待遇，农业户口成员享受农村低保待遇。

户籍在地方社会管理和社会服务中发挥着重要作用，在审核农村低保资格的时候，应该将户籍和居住年限结合起来考虑（见表1）。首先，限定户主的户籍应当是本地农村户籍，其他家庭成员如户籍不在本地，考虑对其在本地实际居住年限进行限定。其次，同一家庭，其成员户籍分属城市和农村不同性质，但户籍都属同一地区（市或县），应根据实际居住地的规定进行申请和审核，淡化城乡二元分割的政策规定。对于申请农村低保的家庭来说，如果家庭成员中有持有城市户籍的，但是确实在农村长期居住，允许其作为家庭成员申请农村低保。从中央到地方的相关规定中，都有关于"持有非农业户口的居民，可以申请城市低保；持有农业户口的居民可以申请农村低保"的规定，显然强化了城乡二元分割的救助体系，还增加了家庭经济状况核查的复杂性。共同居住却由于户籍属性不同导致适用的资格条件和享受的待遇标准有差异，在一定程度上违背了社会救助的公平原则。

表1 部分省市农村低保政策关于户籍的规定

	对象范围	其他户口	户口混合家庭
《北京市农村居民最低生活保障制度实施细则》（2002）	持有本市正式农业户口	一方持有本市农业户口，配偶及子女为外省市或本市其他区县农业户口，在居住地居住一年以上	农村定居、非农业户口与农业户口混合的家庭，符合当年城市低保条件的非农业户口家庭成员享受城市低保，符合农村低保条件的农业户口家庭成员享受农村低保待遇
《河北省政府关于进一步完善农村最低生活保障制度的意见》（2007）	凡共同生活的家庭成员人均纯收入低于户籍所在地农村最低生活保障标准，持有本地居民常住户口的农村居民均属保障范围		

续表

	对象范围	其他户口	户口混合家庭
《山东省农村居民最低生活保障制度实施意见》（2007）	户籍所在地为农村，并持有户籍所在地常住居民户口		农村居民与城镇居民混合家庭，已享受城镇低保的，不再纳入农村低保范围①
《湖南省农村最低生活保障办法》（2008）	具有当地农村户口		
《贵州省农村居民最低生活保障工作规程（试行）》（2010）	有当地农业户籍并在当地常住		
《贵阳市农村居民最低生活保障办法》（2005）	持有本市农业户口的农村居民	夫妻一方为本市农村居民户口，其配偶及子女为非本市户口，在现居住地定居1年以上	

（二）共同生活的家庭成员的认定

与家庭经济状况核查密切相关的是资源计算单位和待遇享受单位：有的时候二者是一致的，有的时候前者要大于后者，例如有时资源计算按家庭，而待遇享受是按个人计算。一般情况是以核心家庭为单位计算待遇和资源。就待遇来说，一般是以核心家庭为单位计算，但如果是多代户，也以复合家庭计算。资源的计算比较复杂，在瑞士等一些欧洲国家，父母、祖父母有责任支持子女和孙子女，反之亦然。有些国家把兄弟姐妹也包括在资源单位内，通常这些国家都有很长的家庭成员之间互相支持的传统。而另外一极是，有些国家只把正式进行过婚姻登记的夫妻算成一个资源单位，同居者不算。（尚晓援，2007：202）

在我国农村低保制度实施的过程中，基本确立了以家庭为单位，按户施保的原则。家庭人口的认定是家庭经济核查过程中非常重要的一环，也是核查的重要内容之一。家庭人口认定包括共同生活家庭人口认定和有赡

---

① 《山东省人民政府关于建立和完善农村居民最低生活保障制度的通知》（鲁政发〔2006〕122号）

养、抚养、扶养关系的已经分户的家庭人口认定，前者是家庭资源计算的主要单位，后者是家庭资源的补充来源。家庭成员认定的法律依据是《婚姻法》，有些地方政策进行了列举，有些地方则没有进行列举。

1. 共同生活的家庭成员确认

有两个关键要素：一是根据婚姻法规定成员之间具有赡养、抚养、扶养关系；二是一起生活。共同生活的家庭成员主要包括：共同生活在一起的配偶、父母、子女、祖父母、外祖父母、兄弟姐妹、孙子女、外孙子女及民政部门按照有关程序认定的其他人员。在家庭人口的认定过程中，有的地方明确要根据户口本登记的人口来认定（如重庆市），有的地方没有具体规定要依据户口登记人口。

关于共同生活的家庭人口的认定条件，尚存在一些争议。通过对地方低保政策的梳理发现，以下几类人员是否算入共同生活的家庭人口尚无统一说法。

首先，是在校就读的学生，尤其是户口迁出的在校大学生是否计算为共同生活家庭人口，不同的政策有不同的规定。民政部《最低生活保障审核审批办法》规定，本科及以下学历教育的不能独立生活的成年子女算作家庭成员。言外之意，本科以上学历教育的成年子女不计入家庭成员。而河北和贵州的相关政策规定，则强调了子女是否有独立生活的能力和条件，是否需要家庭供养，没有对学历层次做出具体要求。

其次，《最低生活保障审核审批办法》及一些地方法规还列举了不计入家庭成员的种类，主要包括以下几种情况：脱离家庭独立生活的宗教教职人员，民政部规定为连续3年脱离家庭，河北省规定为1年；在监狱、劳动教养场所内服刑、劳动教养的人员（劳动教养制度目前已经取消了，应该把与劳教相关的规定也取消）；其他省（如河北省）还规定现役义务兵、失踪人员不纳入共同生活家庭人口。

再次，关于外出务工人员算不算家庭成员，有的地方有明确规定，多数地方没有。比如《贵州农村居民最低生活保障申请人家庭收入核算评估暂行办法》（2008）规定"常年在外且有稳定职业与居住场所的外出务工人员，不能视为共同生活的家庭成员"。《贵州省农村居民最低生活保障工作规程（试行）的通知》（2010）规定"外出务工半年以上的家庭成员，不纳入共同生活的家庭人口，但应按照规定申报和核算收入"。

最后，一种特殊的处理方式是将重病、重残人员单独立户计算。考虑到重病、重残人员的特殊需求和普遍贫困的现实，低保制度向这些群体适度倾斜，各地变通的办法是将这些群体分户计算。有些地方对这些特殊群体的家庭收入有规定，如重庆市规定"家庭月人均收入在当地月最低生活保障标准的3倍以内"，多数地方则没有对收入做出规定。正是利用这个政策，一些生活在低保边缘家庭中的重病、重残人员被纳入低保对象范围。

2. 非共同生活家庭成员的认定

虽非共同生活，但是与申请对象有赡养、抚养、扶养的义务相关人的认定也很重要，他们也是家庭经济状况调查的对象，这主要涉及赡养、抚养费用的计算问题。在东亚国家，如日本和韩国，非常强调家族对贫困者的帮扶责任，往往把亲属扶养作为低保救助的前置条件（张运书、丁国峰，2011；金炳彻，2009）。中国是一个强调家庭责任和重视亲属互助的国家，但是从国家颁布的低保文件来看，则没有对家庭抚养责任做出明确规定，在低保家庭经济状况核查过程中，纳入抚养审查十分必要（李迎生，2014）。一些地方低保政策明确将具有赡养、抚养、扶养关系但没有共同生活的义务相关人纳入家庭经济状况核算的范围，其认定的主要依据是《婚姻法》，并没有详细列举（见表2）。

表2 相关法规对家庭成员认定的规定

法规	共同生活家庭成员	不计入家庭成员
民政部《最低生活保障审核审批办法》（2012）	配偶；父母和未成年子女；已成年但不能独立生活的子女，包括在学校接受本科及以下学历教育的成年子女；其他具有法定赡养、抚养、扶养义务关系并长期共同居住的人员	连续三年（含三年）脱离家庭独立生活的宗教教职人员；在监狱、劳动教养场所内服刑、劳动教养的人员；省级民政部门根据本原则和有关程序认定的其他人员
《河北省城乡居民最低生活保障家庭经济状况核算与评估办法》（2013）	具有法定赡养、抚养或扶养关系，并共同生活的人 （户籍迁出由家庭供养的在校就读学生可计入共同生活的家庭成员）	现役义务兵；脱离家庭，独立生活1年以上的宗教教职人员；离家出走、失踪一年以上人员；在监狱、劳教场所内服刑、劳动教养的人员
《山西省低收入家庭认定办法》（2013）	家庭成员是指具有法定赡养、抚养或扶养关系，并共同生活的人	

续表

法规	共同生活家庭成员	不计入家庭成员
《内蒙古自治区社会救助家庭经济状况认定实施细则》（2012）	1. 配偶；2. 未成年子女；3. 已成年但不能独立生活的子女；4. 户口和父母在一起的未婚子女；5. 父母双亡且由祖父母或者外祖父母作为监护人的未成年或者已成年但不能独立生活的孙子女或外孙子女；6. 民政部门按照有关程序认定的其他人员	
《甘肃省社会救助申请家庭经济状况核对办法》（2013）	家庭成员是指共同生活在一起的配偶、父母、子女、祖父母、外祖父母、兄弟姐妹、孙子女、外孙子女及民政部门按照有关程序认定的其他人员	
《重庆市城乡居民最低生活保障家庭收入核算办法》（2008）	申请对象家庭人口按照《中华人民共和国婚姻法》及公安部门制发的《重庆市居民户口簿》、居民身份证核定，具体为申请人家庭共同生活的具有法定赡养、抚养、扶养关系的家庭成员；在校就读学生纳入家庭人口计算	在监狱、劳教场所内服刑、劳动教养的人员不纳入家庭人口计算；家庭月人均收入在当地月最低生活保障标准的3倍以内的已成年且丧失劳动能力的残疾人或长期卧床不起的重病人可以其父母、兄弟姐妹分户计算
《贵州省农村居民最低生活保障申请人家庭收入核算评估暂行办法》（2008）	夫妻；父母与未成年的子女、养子女、继子女、非婚生子女；祖父母、外祖父母与父母双亡的未成年孙子女、外孙子女；子女与无生活来源的父母（养父母、继父母）；孙子女、外孙子女与子女亡故的祖父母、外祖父母；兄、姐与父母双亡或父母无力抚养的未成年弟、妹；父母与丧失劳动能力或虽未完全丧失劳动能力，但收入不足以维持生活的子女，尚在校就读的确无独立生活能力和条件的子女	虽户籍相同，但不存在上述法定赡养、抚养、扶养关系的，应该分开核算家庭收入；常年在外且有稳定职业与居住场所的外出务工人员，不能视为共同生活的家庭成员

所以，在农村低保申请家庭核查机制建设方面，家庭人口的认定非常重要，它直接关系到资源的计算单位问题。首先，家庭人口的认定应当以婚姻法为基本依据。其次，共同生活的家庭成员要根据是否共同收支、共同吃饭等情况来认定。再次，应强化扶养审查，强化家庭责任的履行。

（三）收入的认定

收入是衡量个人或家庭福祉的重要指标，也是多数社会政策的基础。收入是指特定时间进入家庭或其他机构的所有货币，它是货币的流动。个人的收入主要有三个来源，即劳动、资产和转移支付，其中劳动最为重要（迈克尔·谢若登，2005：16~17）。收入也是确定农村低保申请家庭受益资格的核心要素之一。民政部《最低生活保障审核审批办法》对"家庭可支配收入"进行了定义，即"扣除个人所得税及个人按规定缴纳的社会保障性支出后的收入"。2012年及以后多数省市出台相关低保政策都使用了这一定义。在此之前，部分地区用收入性质来定义，如"家庭收入指共同生活的家庭成员的全部货币收入和实物收入的总和"①，"农村居民家庭收入，是指共同生活的家庭成员全年农副业生产及其他合法劳动经营获得纯收入（含货币和实物折款）的总和"②。农村地区收入的特点是有一部分实物收入，需要折算为货币收入。

通常家庭收入是指特定时间内家庭货币的流动。因此，多数省市都对收入核算的期限做出了规定。例如河北省规定"低保申请人的家庭收入，参照申请前12个月内家庭成员收入的总和计算"③；山东省规定核算农村居民家庭收入"一般按照申请人提出申请时上一年度或当年的家庭收入核算，年景丰歉悬殊及市场价格波动较大时，可以按照两个年度的平均收入计算"④。

收入核查主要包括核查内容⑤和核算方法，具体分为以下几个方面。

1. 工资性收入

"指因任职或者受雇而取得的工资、薪金、奖金、劳动分红、津贴、补贴以及与任职或者受雇有关的其他所得等。"就工资性收入的内容来讲，各地基本都是按照以上规定。

工资性收入的核算，对于全职就业的人来说，主要依据工资收入的有效证明来认定。不能出具有效证明的，一般依据务工所在地最低工资标准核定。当然，也有地方（如河北省）规定"可以参照户籍所在地农民人均纯收入来计算"。

---

① 《贵州省农村居民最低生活保障申请人家庭收入核算评估暂行办法》（2008）；《河北省农村最低生活保障家庭收入核定办法》（2007）。
② 《山东省农村居民最低生活保障制度实施意见》（2007）；《北京市农村居民最低生活保障制度实施细则》（2002）。
③ 《河北省城乡居民最低生活保障家庭经济状况核算与评估办法》（2013）。
④ 《山东省农村居民最低生活保障制度实施意见》（2007）。
⑤ 关于不同类型收入的定义主要参照《民政部关于印发〈最低生活保障审核审批办法（试行）的通知〉》（民发〔2012〕220号）的相关规定。

关于灵活就业人员如何核算收入，目前省级层面很少提及，只有天津市规定了城市居民灵活就业的收入计算办法。主要根据申请人的劳动能力、年龄与最低工资标准来计算收入（见表3）。此外，有的地方（如山东省曲阜市）按照统计局、农委等相关部门的统计，制定了不同行业、不同职业类型的收入标准，应对灵活就业人员的收入核算问题。

2. 家庭经营净（纯）收入

"指从事生产、经营及有偿服务活动所得。包括从事种植、养殖、采集及加工等农林牧渔业的生产收入，从事工业、建筑业、手工业、交通运输业、批发和零售贸易业、餐饮业、文教卫生业和社会服务业等经营及有偿服务活动的收入等。"此项收入主要分为农业收入和非农业收入。此项收入核定比较难。

对于农业经营收入，通常的做法是参照上年度的产量，当地的收购价，再减去成本计算收入。当然，有些地方采取了代理指标的方法，可以概括为两种简化的方法（江治强，2014）：一是以乡镇（街道）农业生产一般收入水平为核算基数，通过劳动力系数折算量化申请家庭的实际纯收入水平。农业生产一般收入水平可根据统计年鉴公布的农村上年家庭经营人均纯收入确定。劳动力系数可按照丧失劳动能力的类型和程度合理设置。二是以乡镇（街道）农业经营性土地一般产量水平为核算基数，依照去年同等作物的市场价格，再根据土地质量、劳动力系数折算量化申请家庭的实际纯收入水平。

对于非农业的经营性收入，能出示收入证明的按收入证明计算，不能出示证明的按同行业平均水平计算。也有规定以在当地的纳税证明为依据确定收入的（如河北省、山东省）。

3. 财产性收入

"包括动产收入和不动产收入。动产收入是指出让无形资产、特许权等收入，储蓄存款利息、有价证券红利、储蓄性保险投资以及其他股息和红利等收入，集体财产收入分红和其他动产收入等。不动产收入是指转租承包土地经营权、出租或者出让房产以及其他不动产收入等。"

关于财产性收入的内容，多数地区的规定和上述内容一致，也有部分地区超出了上述范围，比如内蒙古自治区和湖南省将土地征用补偿纳入财产性收入范围，湖南省还将房屋出售所得也纳入财产性收入范围。从收入的定义来看，像征地补偿和房屋出售所得应放在财产核算的范围内更为恰当，因为它们是为更长远的消费而积累的资产，而且往往是一次性的或非经常性的。

从农村居民家庭实际来看，其可以运营财产的数量和种类有限，财产性收入少，途径窄。常见的财产性收入是土地经营权转让收入和存款利息，尤以前者为主。土地转让的方式基本是按年出租并收取租金。土地转让资金可以参照双方签订的相关合同、协议认定；个人不能提供相关协议或合同的，参照当地同类资产转让的实际价格计算。此外，部分农村地区由于集体经济发展和交通地理优势，有集体分红和出租房屋的财产性收入。

4. 转移性收入

"指国家、单位、社会团体对居民家庭的各种转移支付和居民家庭间的收入转移。包括赡养费、扶养费、抚养费，离退休金、失业保险金，社会救济金、遗属补助金、赔偿收入，接受遗产收入、接受捐赠（赠送）收入等。"

转移性收入主要涉及两个问题，一个是政府对居民家庭的转移支付；另一个是居民家庭之间的收入转移，即虽没有共同生活但是具有赡养、抚养关系，主要是赡养费或抚养费的核定问题。

首先，政府对居民家庭的转移支付，主要是指除社会救助金之外的，政府支付给农民家庭的补贴，也称为财政惠农补贴。目前财政惠农补贴涉及的种类繁多，有人将其归纳为以下五类：农业生产类补贴，如种粮直接补贴、农作物良种补贴、农资综合直接补贴、农机具购置补贴等；社会保障类补贴，如农业保险保费补贴、新型农村社会养老保险补助等；救灾救助类补贴，如财政扶贫资金、大中型水库移民后期扶持基金等；特定群体类补贴，如计生补贴、教育补贴、农村低保等；日用商品类补贴，如国家2009年开始实施的"家电下乡补贴"等（范宝学，2011）。政府财政惠农补贴成为农村家庭转移性收入的主要来源。如吉林省农村居民的转移性收入中各项惠农补贴占到了67.5%，养老金占4.7%，救济抚恤金占4.1%，赡养费占16.5%，亲友赠送占2.2%（吉林省民政厅，2014）。

对于申请农村低保家庭经济状况核查来说，最主要的是社会保障类补贴和农业生产类补贴的核算问题。社会保障类补贴主要是新型农村养老保险，一些地方（如河北省、江苏省）规定，"十二五"期间农村养老保险的基础养老金不计入收入核查范围。而农业生产类补贴种类比较多，最主要的是种粮直补和农资综合补贴。《最低生活保障审核审批办法》没有将农业生产类补贴纳入核查范围,但是在地方法规中,有的地方规定相关补贴要纳入收入核算,有的地方则规定不纳入核算。比如,内蒙古自治区规定退耕还林还草补贴、粮食直接补贴、购置和更新大型农机具补贴收入、良种补贴收入要纳入核算范围;湖南省规定粮食直补、农资综合直补、林业补贴收入纳入核算范围。而上海市把政策性农业补贴列入不计算家庭可支配收入项目内。究竟政策性的农业生产补贴是否应该纳入家庭可支配收入范围进行计算?即使在美国也有不同的看法,有的人认为通过农场补贴的方式给农民的转移支付是一种特殊的福利形式,有利于农民资产的维护;也有人认为农业补贴不仅仅是资助农业家庭,也是对农业经营这一行业的资助。从这个角度来看,农民资产的维护可与其他行业的资产维护(如折旧补贴、资本收益免税等)进行有益的比较。(迈克尔·谢若登,2005,91~92)。就我国生产类农业补贴的效果而言,从个别地区的经验来看,惠农补贴是按农户承包土地面积多少发放的,只是增加农户家庭收入,对农业生产并未起到促进作用,实际补贴效果并没有达到(孙建锋、李耀雄,2014)。鉴于这种实际情况,从理论上讲,应当把生产类农业补贴纳入家庭收入核算的范围。但是,由于我国"三农"问题的严重性,国家采取了工业反哺农业、城市反哺农村的战略,生产性农业补贴是否应纳入低保申请家庭收入核算的范围应当深入探讨。这部分收入核查相对比较简单,各地都推行了惠农"一卡通",可以方便地查询到相关信息。

其次,家庭间的转移支付,主要是赡养费和抚养费的核算问题。各地基本的做法是有法律规定或者有协议的按照规定或者协议执行。如果没有法律规定或协议,一些地方制定了具体的核算赡养、抚养收入的办法。

如河北省规定,"无协议或法律文书规定的以及协议或法律文书规定的数额明显偏低的,按赡养(抚养、扶养)人的支付能力计算",支付能力=家庭收入-家庭人数×1.5倍当地的最低生活保障标准,支付水平=支付能力÷需要赡养(扶养、抚养)的人数[①];吉林省规定"赡养费,按赡养人家庭年总收入减去当地农村低保标准与家庭人口之积后,剩余部分的50%再除以被赡养人数计算,即赡养费收入=(赡养人家庭年总收入-当地农村低保标准×家庭人口)×50%÷被赡养人数"[②](具体见表3)。

---

① 《河北省农村最低生活保障家庭收入核定办法》(2007)。
② 《吉林省农村贫困家庭收入核算办法》(2007)。

表 3　收入类型的定义与核算方法

	工资性收入	家庭经营净（纯）收入	财产性收入	转移性收入
民政部《最低生活保障审核审批办法》（2012）	因任职或受雇所获得的收入	从事生产、经营及有偿服务活动所得	动产收入和不动产收入	国家、单位和社会团体对居民家庭的各种转移支付及居民家庭间的收入转移
《天津市社会救助家庭经济状况核定暂行办法》（2013）	在职人员工资收入高于本市最低工资标准的据实核定，低于本市最低工资标准的，按最低工资的90%核定			老年人子女家庭人均收入在城乡最低生活保障标准的2.5倍（含2.5倍）以下不计算赡养费；如果在2.5倍以上，核算公式为：赡养费=（子女家庭总收入-子女家庭人口×城乡低保标准×2.5）/需赡养老人数未成年子女抚养费，以协议或判决为准
	具有完全劳动能力的灵活就业人员，城市居民中男50周岁（不含），女40周岁（不含）以下，收入高于本市最低工资标准的据实核定，低于本市最低工资标准的，城市居民按最低工资的90%核定；男50周岁（含）以上，女40周岁（含）以上，收入高于本市最低工资标准的据实核定，低于本市最低工资标准的，城市居民按城市最低生活保障标准核定；农村居民中的灵活就业人员收入核定标准由各区县自行制定部分丧失劳动能力的灵活就业人员按照城乡最低生活保障标准60%核定本人收入			
	在校学生据实核定			

续表

	工资性收入	家庭经营净（纯）收入	财产性收入	转移性收入
《河北省城乡居民最低生活保障家庭经济状况核算与评估办法》（2013）	参照用人单位证明认定；不能提供相关证明的，参照务工地的最低工资标准或户籍所在地农民人均收入计算	从事种植业、养殖业、捕捞业的，参照实际产量和当地的收购价，扣除成本后计算收入；不能确定产量的，参照当地同类区域平均产量确定；从事手工业、餐饮业、批发和零售业、建筑业、交通运输业的，以在当地的纳税证明为依据确定收入	从事土地承包、承租经营以及转包、转租经营的，和出租出让房产、厂矿企业以及无形资产、特许权的收入，参照双方签订的相关合同、协议认定；个人不能提供相关合同、协议或合同、协议价格明显偏低的，参照当地同类资产的实际价格计算	赡养费、抚养费、扶养费，按照协议书或调解书、判决书确定的金额认定；无相关协议和法律文书的，参照相关人员的实际支付能力计算
《内蒙古自治区社会救助家庭经济状况认定实施细则》（2012）			包含存款及有价证券及利息、集体分配股息和红利、房屋和机械租金、出让无形资产净收入、土地征用补偿收入、土地草场流转收入、其他投资收益等	包含家庭非常住人口寄回的款物、城市亲友馈送的款物、离退休金、养老金、城市亲友支付赡养费、农村亲友支付赡养费、救济金、救灾款、退税、退耕还林还草补贴、粮食直接补贴、购置和更新大型农机具补贴收入、良种补贴收入、无偿扶贫或扶持款、得到赔款等

续表

	工资性收入	家庭经营净（纯）收入	财产性收入	转移性收入
《上海市城乡居民最低生活保障申请家庭经济状况核对实施细则》（2014）				老年人的赡养费，由其子女（夫妻双方）的收入，先按照最低工资标准扣除子女（夫妻双方）的生活费，再按照城乡居民最低生活保障标准扣除抚养费后，一般将余下金额的20%作为赡养费
《山东省农村居民最低生活保障制度实施意见》（2007）	劳务收入。能够出示有效工资性收入证明的，按所证明的收入计算；不能出示有效收入证明的，按照务工所在地最低工资标准或从事劳务所在地人均收入计算	种植和养殖收入。根据家庭成员劳动能力、成本投入、年景丰歉、价格波动等方面的差异，据实计算纯收入加工收入。能够出示有效经营性收入证明的，按所证明的收入计算；无收入证明的，按照合同规定或固定价格计算，也可以按照税务部门依法确定的数额计算		赡养费、抚（扶）养费收入。有协议、裁决或判决的，按照协议、裁决或判决的数额计算。没有协议、裁决或判决的，赡养费按照赡养人家庭人均年纯收入减去当地农村低保标准后剩余部分的30%计算，有多个赡养人的，应合并计算；抚（扶）养费按抚（扶）养人家庭人均年纯收入的20%计算，有多个被抚（扶）养人的，抚（扶）养费不超过其家庭人均年纯收入的40%

续表

	工资性收入	家庭经营净（纯）收入	财产性收入	转移性收入
《湖南省民政厅关于进一步完善农村低保应保尽保工作实施方案》（2013）	主要指劳务活动所得收入。能够出示有效证明的，按所证明的收入计算；不能出具有效收入证明的，可比照务工所在地最低工资标准计算	主要包括从事种植、养殖、采集、加工等农林牧渔业的生产收入及其他家庭经营性收入。能够出示有效证明的，按证明的收入扣除成本后计算；无收入证明，又无合同规定或固定价格的，可参照当地同类区域平均产量和当地的收购价，按当地评估标准和核算办法计算；用于家庭自给消费的，不计入收入	主要包括土地林地出租、土地征用补偿、房屋出售出租等收入及其他财产性收入。有协议、裁决或判决的，按协议、裁决或判决的数额计算；无协议、裁决或判决的，可按当地评估标准和核算办法计算	主要包括粮食直补、农资综合直补、林业补贴、赡养费、扶养费、抚养费等收入及其他转移性收入。有协议、裁决或判决的，可参照相关人员的支付能力计算
《贵州省农村居民最低生活保障申请人家庭收入核算评估暂行办法》（2008）	对各类收入的核算，能够提供有效的收入证明材料的，按照证明的收入核算；不能提供有效的收入证明材料的，按照当地同行业的平均水平核算			无协议或法律文书规定的以及协议或法律文书规定的数额明显偏低的，按赡养、抚（扶）养人的支付能力推算：支付能力＝家庭收入－家庭人数×1.5倍当地的最低生活保障标准；支付水平＝支付能力÷需赡养、抚（扶）养的人数

可见，赡养、抚（扶）养人支付水平（能力）计算的主要问题是如何扣减义务相关人的生活成本及需要赡养的人数来确定支付水平，有的地方按照1.5倍低保标准扣除，有的地方按照2.5倍低保标准扣除，还有的地方（如上海市）成年人按照最低工资标准扣除生活成本。在计算赡养（扶养）人的生活成本的时候，应当保证其能够维持当地的平均生活水平，所以我

们认为按照当地农村人均消费支出来扣除生活成本比较合理。

除了支付能力和赡（抚、扶）养费的计算外，关键是相关责任的落实问题，尤其是老人的赡养问题，有些老人子女即使有赡养能力，但是就是不履行赡养义务，这时政府也不能袖手旁观。针对这种情况，一些国家的做法是，政府针对老人可能拥有的遗产进行调查，将来从继承人继承的遗产中扣回政府支付的待遇（尚晓援，2007：202）。这点在农村低保的实施中可以借鉴。

（四）财产认定

仅仅把收入作为社会福利政策的基础是不够充分的，收入只是贫困的一种尺度，一种忽视了家庭福利长期动态的尺度。收入和资产共同构成了个人或家庭的经济福利。资产是经济资源的存量，收入是经济资源的流量。因此，学者们也将收入和资产结合起来研究和测量经济福利，而不仅仅是收入一项指标。收入和资产是联系密切的概念。收入能被节余而积累为资产，形成未来消费的一个储存。反之，资产带来收入的流动（迈克尔·谢若登，2005：118）。

通过对家庭财产的核查，可以有效地将经济状况和生活状态较好的申请家庭排除在制度之外，从而保证低保保障对象的公平性。但是，从中央文件来看，没有对家庭财产标准进行规定，可以说是财产条件缺失。（吉林省民政厅，2014）目前，一些地方的相关规范性文件对财产核查的规定，还仅是列为限定性条款（负面财产清单），即对低保家庭所拥有的家庭财产的范围、价值做出限定，超出限定标准者不予审批低保待遇，从而使财产成为是否享受低保的重要条件（江治强，2014）。

《最低生活保障审核审批办法》并未确切地定义财产，采取了列举的方式对财产进行说明，主要包括：①银行存款和有价证券；②机动车辆（残疾人功能性补偿代步机动车辆除外）、船舶；③房屋；④债权；⑤其他财产。从各地法规对家庭财产的规定来看，主要考虑以下几个方面。

关于家庭财产的分类，有的地方分为动产和不动产，有的地方则称为货币财产和实物财产（见表4）。农村低保申请家庭财产认定的重点和难点应该是动产（货币财产），因为货币财产直接关系到家庭的消费能力和消费水平。最主要的货币财产是存款。关于货币财产的认定标准，有些地方规定了货币财产总额不能超过24个月的城乡低保标准，比如天津市和内蒙古自治区；上海市则按照家庭人口，提出3人户及以上家庭人均货币财产低于 3 万元（含 3 万元），2 人户及以下家庭人均货币财产低于 3.3 万元（含 3.3 万元）。

表 4　部分省市关于家庭财产的定义及计算

	家庭财产定义	财产的计算及限定	
		财产核定方式	限制排除条款
《天津市社会救助家庭经济状况核定暂行办法》(2013)	家庭财产是指家庭成员拥有的全部动产和不动产	申请本市城乡最低生活保障、农村五保、特困救助和低收入救助的家庭，拥有应急之用的以下货币财产总额，人均应不超过 24 个月城市低保标准之和。主要包括：现金、存款、有价证券等；商业保险；个人名下的工商注册出资额 领取征地补偿金的农村居民，核定家庭收入时，年满 16 岁的家庭成员，应当扣除从领取征地补偿金之日至法定退休年龄期间应缴纳的城乡居民养老保险费（缴费标准按低三档算），和从领取征地补偿金之日至申请社会救助期间的家庭基本生活费	家庭财产中有以下情况的，不再进行家庭经济状况认定： 1. 家庭成员名下拥有大型、小型汽车的（残疾人功能性补偿代步机动车除外） 2. 家庭成员名下承租的公有住房和拥有的私有住房总计达到两套及以上的（累计人均住房建筑面积低于全市人均住房建筑面积的除外） 3. 家庭成员名下拥有非居住类房屋的 4. 家庭成员中有自费留学的 5. 家庭成员拥有非生活必需高档用品的
《河北省城乡居民最低生活保障家庭经济状况核算与评估办法》(2013)	1. 金融性资产，包括现金、存款以及有价证券 2. 不动产，包括房屋、土地、宅基地等 3. 生产资料，包括机动车辆、船舶和大型农机具（收割机、拖拉机、机动脱粒机等） 4. 非生活必需的高值物品 5. 债权和其他财产	1. 金融财产按照实名认定。银行存款按照申请人账户金额认定，股票类资产按照低保申请受理当日股票市值和资金账户余额的总和认定，基金按照当日净值认定；商业保险按照保险实际理赔认定 2. 居住类房屋和非居住类房屋，按照《房地产权证》或者《租用居住公房凭证》《房屋所有权证》《土地使用权证》《宅基地使用证》的登记人认定 3. 土地和机动车辆、船舶按照登记人认定	有下列情形之一的，其家庭不得纳入最低生活保障范围： 1. 家庭金融性资产，包括现金、存款以及有价证券总值人均超过当地居民人均年度可支配收入的 2. 拥有两套以上住房或单套住房人均居住面积超过当地人均居住面积 2 倍的 3. 家庭成员拥有生活用车的（残疾人功能性代步机动车除外） 4. 购买使用高档非生活必需品或进行高消费的 5. 家庭财产无法核实但实际生活水平明显高于当地居民的
《山西省低收入家庭认定办法》(2013)	家庭财产是指共同生活的家庭成员拥有的全部存款、有价证券、期货等动产和房产等不动产	其价值按提出社会救助申请之日的实际价值计算，必要时可由专业机构进行评估	1. 拥有私家轿车、高档电器等非基本生活必需品的（残疾人专用车、基本农用车、三轮汽车、国产摩托车除外） 2. 近两年内购置商品房或者豪华装修住房的

续表

	家庭财产定义	财产的计算及限定	
		财产核定方式	限制排除条款
《内蒙古自治区社会救助家庭经济状况认定实施细则》（2012）	是指家庭成员拥有的全部货币财产和实物财产等内容，主要包括存款及有价证券、机动车辆、房产、高档收藏品和艺术品等	申请当地城乡最低生活保障或城乡低收入家庭认定的，家庭拥有应急之用的货币财产总额，人均应不超过 24 个月城乡低保标准之和及城乡低收入家庭认定标准之和	1. 家庭成员名下拥有机动车辆，包括：大型汽车、小型汽车、普通摩托车（不含残疾人专用摩托车） 2. 家庭成员名下承租的公有住房和拥有的私有住房总计达到两套及以上（房屋累计建筑面积低于当地政府规定的最低面积或人均使用面积低于 15 平方米的除外）
《上海市城乡居民最低生活保障申请家庭经济状况核对实施细则（试行）》（2012）	家庭财产包括货币财产和实物财产等	（家庭财产所有权的认定） 1. 银行存款、有价证券和商业保险按照实名认定 2. 居住类房屋和非居住类房屋，按照《房地产权证》或者《租用居住公房凭证》《房屋所有权证》《土地使用权证》《宅基地使用证》的登记人认定 3. 机动车辆按照车辆购置登记人认定 （货币财产价值的认定） 货币财产的价值，按照受理申请之日上一个月末的价值认定： 1. 银行存款按照账户余额认定 2. 股票类资产按照股票市值和资金账户余额的总和认定 3. 基金按照净值认定 4. 商业保险按照保险合同中规定的价值认定 5. 其他货币财产的价值，根据本条规定的原则或者其他合理的方式予以认定	申请城乡低保的财产条件： 1. 3 人户及以上家庭人均货币财产低于 3 万元（含 3 万元），2 人户及以下家庭人均货币财产低于 3.3 万元（含 3.3 万元），并随本市经济社会发展适时适度调整 2. 申请家庭成员名下无生活用机动车辆（残疾人用于功能性补偿代步的机动车辆除外） 3. 申请家庭成员名下无非居住类房屋（如商铺、办公楼、厂房、酒店式公寓等），但有"居改非"房屋且兼作家庭唯一居住场所的除外 4. 城镇居民申请家庭成员名下仅有 1 套住房或无房，或者有 2 套住房但人均建筑面积低于统计部门公布的上年度本市人均住房建筑面积 5. 农村居民申请家庭除宅基地住房、统一规划的农民新村住房外，家庭成员名下无其他商品房
《海南省人民政府关于做好建立救助申请家庭经济状况核对制度工作的通知》（2012）	家庭成员拥有的全部货币财产和实物财产，包括现金、存款、有价证券、机动车辆、房屋等	货币财产，通过调查存款、有价证券持有及债券、债务情况获得 实物财产可以通过调查房产、车辆、收藏品、艺术品等有价大价值的实物情况获得	

关于不动产（实物财产），主要是应用于排除性条款。对于农民来说，最主要的不动产是土地（承包地）和住房。尽管土地所有权是集体所有，但是土地承包法规定土地承包经营的期限是 30 年，且将长期保持不变，虽然不能买卖，但是可以长期经营。因此可以将承包土地的面积和等级作为不动产核查的重要内容。根据农村的实际，农民在农村的住房一般情况下是唯一的，根据法律是不可以买卖的，是不易出售变现的，所以可以不纳入财产核查范围或者不计算财产价值；而在农村住宅之外，额外购买了商品住房，应当纳入核查范围，且作为排除性条件。对于农民的各种车辆，要考虑其用途，如果是用作生产经营的，不应当作为排除性条款，因为我们在计算收入的时候，已经考虑了它们的影响，而作为日常生活用的轿车则可以作为排除性条款。

因此，当前，对农村居民家庭财产核查的重点和难点是流动资产，即银行存款和容易转化为现金的财产，主要核查银行存款和有价证券。不动资产核查的重点是农民购买的商品住房。

此外，多数经济状况核查都考虑了申请人的收入、财产，但是没有考虑申请人的债务问题，核算其净资产的时候应当减去其债务。

（五）不计入家庭可支配收入内容

国发〔2007〕19 号文规定，核查收入时，按国家规定获得的优待抚恤金、计划生育奖励与扶助金以及教育、见义勇为等方面的奖励性补助，一般不纳入家庭收入。从各地的政策来看，不计入家庭可支配收入或者财产的主要有以下几个方面的内容（见表5）。

1. 政府给予为经济、社会发展做出明显贡献的人的奖励或补助

对象主要包括：优抚对象、见义勇为者、劳动模范、老党员等。

表5 不计入家庭收入的内容

《北京市农村居民最低生活保障制度实施细则》（2002）	1. 优抚对象、见义勇为人员享受的抚恤金、补助金、护理费、保健金及对国家、社会和人民做出特殊贡献，政府给予的一次性奖励金和市级以上劳动模范退休后享受的荣誉津贴 2. 在校学生（非择校生）获得的奖学金、助学金、生活津贴、困难补助等 3. 社会各界和个人给予的临时性捐助款物 4. 各级政府给予的临时性生活补贴 5. 发生自然灾害时，各级政府给予的临时性救灾款物 6. 经民政部门确认的其他特殊收入

续表

《河北省城乡居民最低生活保障家庭经济状况核算与评估办法（试行）》（2013）	1. 国家给予优抚对象和其他人员的特殊照顾待遇。包括优抚对象享受的抚恤金、补助金、优待金；贫困残疾人的生活补助和重度残疾人的护理补贴，高龄老人津贴；建国前入党的农村老党员和未享受离退休待遇的城镇老党员、老游击队员、老交通员的定期补助等 2. 国家、社会及有关单位颁发的非报酬性奖励。包括劳动模范荣誉津贴；奖学金，见义勇为奖金；独生子女费、计划生育奖励与扶助金等 3. 国家、社会及有关单位给予工伤人员的有特定用途的补助资金，包括工伤人员的医疗费、护理费、一次性伤残补助金、抚恤金，残疾辅助器具费，丧葬费 4. 国家、社会及有关单位给予的困难群体的社会救助资金，包括住房、医疗、教育、司法、养老、康复、托养、临时性救助等救助金 5. 农村社会养老保险基础养老金（"十二五"期间暂不列入家庭收入）、低保对象实现就业必要的就业成本、残疾人的康复成本以及其他不应计入家庭收入的项目
《山西省低收入家庭认定办法》（2013）	1. 优抚对象按规定享受的抚恤金、补助金、立功荣誉金和护理费 2. 各级人民政府对特别贡献人员给予的奖励金和荣誉津贴 3. 建国前入党的老党员、老游击队员、老交通员等享受的定期补助 4. 因公（工）负伤职工的护理费，死亡职工的丧葬费、抚恤金 5. 独生子女父母奖励金，计划生育家庭所获其他政府奖励扶助资金，孤残儿童基本生活费 6. 在职职工按规定由单位及个人缴纳的住房公积金和各项社会保险费 7. 政府和社会给予贫困在校生的救助金、生活补贴和在校学生获得的奖学金、助学贷款等 8. 人身伤害赔偿中除生活费以外的部分 9. 政府和社会给予的临时性生活救助金 10. 县级以上人民政府规定的其他不应计入的收入
《内蒙古自治区农村牧区最低生活保障工作规程》（2007）	1. 优抚对象、1953年以前入党的老党员、见义勇为人员享受的抚恤金、补助金、护理费、伤残保健费及对国家、社会和人民做出特殊贡献，政府给予的一次性奖金和旗县级以上劳动模范的荣誉津贴 2. 在校学生获得奖学金、助学金、生活补贴和困难补助等 3. 独生子女奖金 4. 各级政府给予的临时性生活补贴、临时性救灾款物以及社会各界和个人给予的临时性捐助款物 5. 因意外伤害取得的赔偿金、护理费 6. 其他不应当计入的项目
《辽宁省农村低保对象家庭收入核实有关规定（试行）》（2007）	1. 优抚对象按国家规定享受的抚恤金、定补费、优待金、保健金、护理费及义务兵的津贴、退伍费等 2. 对国家、社会和人民做出特殊贡献，由政府给予的不超过当地农村低保标准2倍的奖金（含市级以上劳动模范享受的荣誉津贴） 3. 因公（工）伤亡获得的护理费、丧葬费和一次性抚恤金等 4. 学校、政府和社会给予在校困难家庭学生的补助金、助学金等 5. 独生子女费及独生子女奖励金 6. 按农村医疗救助制度享受的医疗救助费及参加新型农村合作医疗享受的医疗费 7. 各级政府给予对象家庭的住房援助资金及年累计不超过当地农村低保标准2倍的临时性救济金、社会捐赠的款物 8. 县以上人民政府规定的其他不应计入家庭收入的项目

续表

《山东省农村居民最低生活保障制度实施意见》(2007)	1. 优抚对象按照国家规定享受的优待金、抚恤金、补助金等 2. 政府颁发的见义勇为奖励、优秀共产党员或优秀党务工作者奖励、市级以上劳动模范荣誉津贴 3. 政府发放的老年人补助、残疾人补助、老党员补助、困难党员补助、临时性救济金和建房补贴，在校学生获得的救助金、奖学金、助学金及勤工俭学收入 4. 因公（工）伤亡或遭受意外伤害人员及其家属享受的补助金、保险费、护理费、丧葬费和一次性抚恤金 5. 计划生育家庭奖励扶助金，独生子女父母奖励费 6. 新型农村合作医疗报销的医疗费，农村医疗救助金 7. 社会为特殊困难群众捐赠的款物 8. 县级以上政府依法规定不计入家庭收入的其他项目
《贵州省农村居民最低生活保障申请人家庭收入核算评估暂行办法》(2008)	1. 优抚对象享受的定期抚恤金、定期定量补助金、伤残抚恤金、优待金 2. 对国家、社会和人民做出特殊贡献，由政府给予的奖金及市级以上劳动模范享受的荣誉津贴 3. 见义勇为奖金 4. 奖学金、助学金收入及由政府和社会给予困难学生的救助金 5. 独生子女费、农村计划生育政策奖励扶助金 6. 新型农村合作医疗报销的医疗费 7. 农村医疗救助补助的医疗费用 8. 生产性补贴、临时性生活补助、捐助资金、慰问金 9. 其他有明确政策规定不应计入家庭收入的收入

2. 满足特定群体的非基本生活的特殊需求的补助

国家、社会及有关单位给予工伤人员的有特定用途的补助资金，人身伤害赔偿中除生活费以外的部分，残疾人补助，建房补贴等。

3. 国家政策性的转移支付

独生子女费、计划生育奖励与扶助金，生产性补贴，农村社会养老保险基础养老金（"十二五"期间暂不列入家庭收入）。

4. 其他特殊收入

在校学生获得的救助金、奖学金、助学金及勤工俭学收入。

三　农村低保申请家庭经济状况核查运行机制分析

上文分析了核查的对象和主要内容，而农村低保申请家庭经济状况核查是一个由不同环节组成的动态过程，这一过程主要包含了申请、核查、评议、审批四个联动的机制（刘晓梅，2010）。接下来我们就对这四个机制的运行现状及问题做些梳理。

(一) 申请机制

从中央的有关规定来看，申请人（或代理人）应当直接向户籍地乡镇人民政府提交申请，提交申请的同时，书面声明家庭收入和财产情况，以便核验。而通过对各地农村最低生活保障工作政策文件的梳理发现，多数地方政策规定申请人向村委会提出申请、由村委会受理，通常申请时提交的材料包括家庭成员户口簿、身份证、家庭成员收入证明及其他证明材料等。提出申请后，在村民家庭收入核查小组进行调查核实的基础上，召开民主评议会议，提出初步意见，将评议结果公示。符合条件且公示后没有异议的，再填写《农村居民最低生活保障待遇申请审批表》。① 所以，在最开始申请的时候一般不填写比较正式的申请表，而是在初审过后才填写正式申请表。

因此，有必要完善农村低保的申请机制，调动贫困家庭的积极性和主动性。从实地调研情况来看，农民主动提出申请的还不是特别多，很多情况都是村干部告知后才提出申请的。农民在低保申请过程中的主动性和主体性不足，这也是造成一些地方"漏保"的重要原因。这种局面的形成原因，从政府的角度来看，我国农村低保制度实施主要是政府主动帮困和维稳的结果，而贫困对象的积极性没有被充分地调动，农民的参与不够；而从农民的角度来看，一方面是农民对低保政策中的资格条件和申请程序不够熟悉，另一方面是长期以来形成的村干部在村民心中的权威形象，使村民通常不敢（或不习惯）跨过村干部直接向乡镇申请。

随着新的规定和办法的实施，更加明确了乡镇（街道）人民政府为农村低保申请的受理主体，为了农村低保向规范化和科学化方向发展，应当规范农村低保的申请机制，强化个人申请环节，特别是低保申请人要主动如实申报其家庭人口状况、收入和财产状况。民政部门要设计合理的报表，进一步明确申报家庭人口范围、收入和财产的内容、类型，应当提交的证明材料等，进一步完善家庭经济状况申报机制。这样，有利于将申请对象的家庭经济状况查清楚。

(二) 核查机制

核查的机制主要包括核查的主体及核查的手段。

---

① 参阅《山东省农村居民最低生活保障制度实施意见》（2007）；《吉林省农村贫困家庭收入核算办法（试行）》（2007）。

1. 核查主体

国发〔2007〕19号文规定，受乡镇人民政府委托，村民委员会对申请人开展家庭经济状况调查；乡镇人民政府负责审核。一些地方出台的关于农村低保相关的文件也规定了应由村民委员会对申请人的家庭收入情况进行调查核实。

将核查的责任主体确定为村委会虽然能够节约行政成本，但是也存在诸多弊端。有学者认为，在低保制度运行方面，在城镇大多依靠居委会、在农村完全依靠村民委员会，这样的一种非专业化的运行方式，是导致当前社会救助存在假冒伪劣现象的重要原因（郑功成，2011）。此外，一些民政干部反映在换届选举年份，低保最容易出现问题，如一些干部为了拉选票，为申请人开具虚假证明等。为了克服这种弊端，新近出台的相关文件，更加明确乡镇作为农村最低生活保障申请家庭经济状况核查的主体，村委会的作用是协助、配合。如国发〔2012〕45号文规定乡镇人民政府是审核最低生活保障申请的责任主体，在村委会的协助下，对最低生活保障申请家庭逐一入户调查。《最低生活保障审核审批办法》规定，乡镇人民政府（街道办事处）在村（居）委会的协助下，组织驻村干部、社区低保专干等工作人员对申请家庭经济状况和实际生活情况进行调查核实，每组调查人员不得少于2人。《社会救助暂行办法》规定，乡镇人民政府负责有关社会救助的申请受理、调查审核，村民委员会协助做好有关社会救助工作。

从最新的政策导向来看，低保申请家庭经济状况核查的主体明确为乡镇（街道）人民政府，逐步弱化村民自治组织在此方面的权力和责任。但是，在弱化村民自治组织权力的同时，紧紧依靠乡镇2~3名民政干部是无法完成该项任务的，所以驻村干部作为乡镇派出干部应该可以作为重要的工作力量。

2. 核查手段

国发〔2012〕45号文、《最低生活保障审核审批办法》、《社会救助暂行办法》中规定了入户调查、邻里走访、信函索证、信息核对等几种核查的手段。各地的实践表明，通常是几种手段一起使用，以重庆市为例（重庆市民政局，2012）：

> 各区县一般采取较为常规的个人申报、入户调查、邻里走访、信函求证和比较法来核查家庭收入。入户调查通过一看、二问、三访、

四查、五记录的方法填写入户调查表，被调查人对调查结果认可后在调查表上签字。入户调查不能得到的信息，借助于邻里走访、信函求证、部门联动、跟踪调查、民主评议等措施，尽量保证调查效果的最大化和对申请者影响的最小化。在低保对象审核时，大多数农村地区普遍采用"评议为主，测算为辅"的定性与定量相结合的方式认定保障对象，通过群众测评进一步佐证调查核算结果的真实性，尽可能提高收入核查的准确性，使其更贴近困难群众的实际生活状态。

对于农村居民的收入核查来说，根据各地的实践经验，利用现有的各种手段，且不论精确程度高低，都能进行核查。相对比较不易核查的是农民的财产，特别是以银行存款为主要形式的动产的核查，需要利用现代的信息技术，这就需要财税和金融部门的密切配合。

（三）评议机制

民主评议是我国农村低保收入核查的有效手段和独特方式。中央有关文件对民主评议的内容和形式做出了具体的规定。《最低生活保障审核审批办法》规定入户调查结束后，乡镇人民政府应当在5个工作日内，在村委会的协助下，以村为单位，对申请人家庭经济状况调查结果进行民主评议。民主评议由乡镇人民政府工作人员、村党组织、村民委员会成员、党员代表、村民代表等参加。村民代表人数不得少于参评人数的三分之二。民主评议的程序是，宣讲政策、介绍情况、现场评议、形成结论、签字确认。

中央有关文件对民主评议的时限、评议团的组成、评议的内容和程序都做出了明确的规定。可以看出，民主评议的目的是要对家庭经济状况调查结果的真实性和完整性进行评议，而不是对谁享有低保资格进行评议。而一些地方的实践却是直接评议谁有资格享受低保。例如，李迎生等（2014）通过对河南N村的调查发现，该村民主评议的做法是：

> 村委会在入户核查的基础上初步列出符合条件的申请名单。然后村委会组织村民召开村民代表大会，研究讨论决定哪些贫困户可以纳入低保。该环节根据民主评议实行更为严格的挑选机制，主要根据上级分配给N村的指标名额以及比对各个低保申请对象的困难程度，挑选经济生活特别困难的申请对象，将其名单公布于村部公示栏7天。

这样的评议方式也是很多地方的操作方式。再加上一些地方在低保对象管理的方式上采取下比例、分指标的方法，可以说民主评议的过程成为按困难程度"民主选穷"的过程。当指标不够就造成部分困难家庭应保未保，指标过剩就出现一些不符合条件的家庭也纳入保障（江治强，2014）。此外，在农村，民主评议容易受宗族和亲缘关系的影响，个别符合条件的困难家庭因评议通不过而被挡在低保门外，容易损害低保的公正性。在一些地方，外出务工的农民增加，组织民主评议本身也有一些困难，使民主评议流于形式。

因此，进一步规范民主评议的程序和内容，切实落实中央有关文件的规定，民主评议的组织方式可以更加灵活多样，不一定要组织人数很多的评议团，关键是使民主评议机制在低保对象的认定过程中切实发挥作用。

（四）审批机制

审批机制的主体是县（区）民政部门。根据《最低生活保障审核审批办法》的规定，县级民政部门应在收到乡镇人民政府审核意见和相关材料5个工作日内提出审批意见。对于拟批准给予低保的，应当同时确定拟保障金额。保障金额应当按照核定的申请人家庭人均收入与当地低保标准的差额乘以共同生活的家庭成员人数计算。对于老年人、未成年人、重度残疾人、重病患者、县级以上地方人民政府确定的其他生活困难人员可以采取多种措施提高救助水平。

但是，在基层操作层面，往往还难以做到按标补差。区县民政部门在审批低保救助金额时，基本采取简化的方式，即简化差额计算环节，直接按照不同的等次发放相应标准的低保金。所以在低保审批之前由乡镇对申请家庭收入和财产核查所发挥的作用是认定低保对象，而非确定量化补差金额。所以说，经济状况核查结果尚未完全作为量化补差的计算依据（江治强，2014）。究其原因，在于低保制度本身的不完善，包括低保标准不科学、对象认定条件不完善、保障方式不合理、动态管理不及时等因素，其结果是各工作环节对家庭经济状况核查的依赖程度低，迫切需要进行调整和完善（吉林省民政厅，2014）。

四 关于完善我国农村低保申请家庭经济状况核查机制的政策建议

通过对中央和地方农村低保相关政策的回顾与分析，以民政部印发的

《最低生活保障审核审批办法》为蓝本①（以下简称《审核审批办法》），围绕界定核查内容、明确核查方法、规范核查程序、确定核查主体等方面，提出以下几点建议。

（一）科学界定核查范围

家庭经济状况核查主要内容包括共同生活的家庭成员数、家庭收入和家庭财产三大类。

1. 明确界定共同生活的家庭成员的范围和方法

《审核审批办法》规定了共同生活的家庭成员的范围及不列入共同生活的家庭人口，但是还不周全。建议在此基础上，根据实际情况增列不计入共同生活家庭人口的类型。至少应增列现役义务兵、失踪并向公安局报案协助寻找未获达1年以上者、在学的公费（免学费、提供生活费）学生。

2. 统一家庭内户籍属性不同的家庭成员的低保资格审查和待遇计算方法

坚持属地管理原则，即低保申请人（通常是户主）应当在户籍所在地提出农村低保申请，与其共同生活的家庭成员，如果户籍不在本地，要根据在本地实际居住年限，同时证明与申请人的关系，来确定享受农村低保的资格。

3. 明确外出务工人员是否纳入家庭成员范围，加强抚养审查

针对外出务工人员的情况，贵州省的经验可以借鉴，规定"长年在外且有稳定职业与居住场所的，可以不视为共同生活家庭成员"，但是在计算家庭收入时应当核算收入，以应对"户在人不在"的问题。同时，加强抚养审查，强调法定赡养、抚养、扶养关系人的义务与权利，应对"分户不分居"的问题。

4. 扩大家庭收入核查范围，缩小不计入家庭收入的范围

首先，当将基础养老金和农业综合直补、农资补贴等具有一定经常性和稳定性的收入纳入核算范围。

其次，对于一些做出特殊贡献人员的定期补助，比如优抚对象、建国前入党的老党员、两参人员、老交通员、计划生育对象的补助等应当计入家庭收入。

再次，应当明确许多一次性的奖励或赔偿不属于收入核算的范围，但

---

① 该办法是目前对基层低保政策执行最具有指导性的政策文件。

应当属于家庭流动资产的核查范围。

5. 量化对家庭财产的认定，加强对动产的认定力度

农村居民家庭动产主要是银行存款，应当允许低保申请家庭拥有一定数额的应急的、维持一定时期基本生活的现金或存款。建议规定家庭存款在 24 个月的最低生活标准的范围内可以申请低保。

鉴于农村实际，农村居民的不动产大多不能规定出具体的价值范围。但是，可以根据土地（承包地）的性质和面积做出一些限定，也可以将购买商品住房和生活用汽车作为排除性的条件。

6. 增加对劳动能力（工作能力）人口的认定条款

家庭成员是否具有劳动能力与收入直接相关。《审核审批办法》及地方家庭经济状况调查的相关文件，都没有对劳动能力人口进行界定，建议对是否有劳动能力做出范围界定。

（二）明确核查方式和方法

1. 细化家庭收入和财产核查的方法

明确工资性收入、家庭经营性收入、财产性收入和转移性收入核算的范围和核算的标准。

加强对农村低保申请人流动资产特别是银行存款的核查，对于不动产的核查重点应放在是否有商品房和土地及其类别与面积。

2. 完善家庭经济状况核查的方式

完善以银行存款为主要形式的动产的核查，这需要利用现代的信息技术，需要财税、人力资源和社会保障、金融部门的密切配合。

（三）优化核查流程

家庭经济状况核查程序可以归纳为以下几个主要程序：户主申报、工作人员核查、民主评议、保障金额审批。

1. 完善家庭经济状况申报机制，提高户主自评的全面性和准确性

农村低保的启动，是以农村居民申报为开端的。要求低保申请家庭，必须如实申报家庭人口情况和家庭经济状况，主动出具相关证明材料，自觉接受有关部门的核查。民政部门要设计能够反映居民家庭人口状况（年龄、婚姻、健康、职业、学历和劳动能力等）和收入、财产状况的申请表，明确申请人必须出具的材料的内容。此外，在低保政策的宣传中，应加大对低保申报程序的宣传和引导，增强低保申请家庭主动申报的认同

度和配合度。

2. 运用多种方式，提高工作人员核查低保申请家庭经济状况的真实性、准确性

乡镇政府在接受申请人递交的申请及相关证明材料后，应当委派工作人员进村入户，在村委会的协助下，通过入户调查、邻里走访、信函索证、信息核对等方式对申请人递交的人口、收入、财产材料和信息的真实性进行核查。

3. 规范民主评议的程序与内容，灵活评议人员的组成方式

工作人员调查结束后，应当由乡镇工作人员组织、邀请村民代表或党员代表组织评议小组进行评议。要进一步规范重申《审核审批办法》对民主评议的程序和内容的规定，切实落实中央文件的规定。

4. 灵活保障金额审批

根据《审核审批办法》，目前的保障金额是统一"按照核定的申请人家庭人均收入与当地低保标准的差额乘以共同生活的家庭成员人数计算"。从基层的实践经验来看，很难操作。建议重申国发〔2007〕19号文的规定，"救助资金原则上按照申请人家庭年人均纯收入与保障标准的差额发放，也可以在核查申请人家庭收入的基础上，按照其家庭的困难程度和类别，分档发放"，允许地方有选择权。

（四）明确不同行政主体的责任

农村低保家庭经济状况核查，主要涉及乡（镇）、县（区）两级政府以及村民自治组织。

首先，应明确将驻村干部作为村级核查的责任主体。未来，驻村干部可以转变为民生委员（或者社会救助委员），其性质为民政工作站派出的专职专业事业岗位，具体负责几个村的社会福利与社会救助相关事宜。村委会干部有协助调查的义务。

其次，乡镇政府的主要职责，应为受理农村低保申请户的申请，并交由驻村干部进行入户调查；完成低保申请户的建档和初审；查报修正低保家庭成员身份和住址变更等情况；做好每年度的定期核查。

再次，县级民政部门的主要职责，应为制定低保审核的具体标准以及审批低保补助的数额或等级；对在乡镇无法完成核对的信息进行核对，比如房产、车辆等；负责按比例对低保户进行抽查。

（五）合理制定低保线

前文已经指出，低保线是家庭经济状况核查的三个要素之一。要使经济状况核查成为补差的依据，必须合理制定低保线。目前，各地农村低保标准定得都比较低，特别是西部地区。建议按照农村居民人均消费支出的一定比例，比如60%来确定最低生活保障线，等待时机成熟再过渡到按照可支配收入中位数的60%确定。

参考文献

范宝学，2011，《财政惠农补贴政策效应评价及改进对策》，《财政研究》第4期。

古允文，2012，《社会救助改革：台湾经验的省思》，载林敏钢、刘喜堂主编《当代中国社会救助制度完善与创新》，人民出版社。

吉林省民政厅，2014，《农村低保家庭经济状况核查研究报告》。

江治强，2014，《农村低保申请家庭经济状况核查机制研究》。

金炳彻，2009，《韩国国民最低生活保障制度受助人选定的现状与问题》，《社会科学》第1期。

经观荣，1979，《中国社会扶助事业的理论与实际》，经式出版社。

李迎生，2014，《农村低保申请家庭经济状况核查机制研究报告》。

刘晓梅，2010，《农村低保家庭收入核查机制研究》，《农业经济问题》第9期。

吕朝贤、王德睦，2011，《我国社会救助法令与措施的二项吊诡——区域性差别待遇和贫困陷阱》，载《社区发展》第133期。

吕实静主编，2011，《社会工作与台湾社会》（第二版），巨流图书股份有限公司。

迈克尔·谢若登，2005，《资产与穷人：一项新的美国福利政策》，高鉴国译，商务印书馆。

民政部社会救助司，2009，《农村最低生活保障工作政策文件汇编》。

民政部社会救助司，2013，《2013全国加强和改进最低生活保障政策文件汇编》（上、下册）。

Neil Gilbert，Paul Terrell，2003，《社会福利政策导论》，黄晨熹等译，华东理工大学出版社。

尚晓援，2007，《中国社会保护体制改革研究》，中国劳动社会保障出版社。

孙建锋、李耀雄，2014，《实施国家惠农补贴过程中存在的问题及对策》，《甘肃农业》第3期。

孙健忠，2011，《建国百年社会救助发展重要纪事》，载《社区发展》第133期。

孙洁，2008，《家庭财产调查在英国社会救助制度中的功能及其启示》，《学习与实践》第1期。

徐月宾、张秀兰、王小波，2011，《国际社会福利改革：对中国社会救助政策的启示》，《江苏社会科学》第 5 期。

张运书、丁国峰，2011，《日本最低生活保障制度对我国农村低保建设的启示》，《农村经济问题》第 1 期。

郑功成，2011，《中国社会救助制度发展的背景与方向》，载林闽钢、刘喜堂主编《当代中国社会救助制度完善与创新》，人民出版社。

重庆市民政局，2012，《完善农村低保家庭收入核算办法调研报告》。

向贫困宣战：美国反贫困项目的有效性分析

黄健忠（Chien-Chung Huang）*
朱莉安娜·威克斯（Juliann Vikse）**

摘　要：20 世纪 60 年代，美国设计并实施了一系列旨在削减贫困的社会救助与社会保险政策。50 年后这些政策仍然发挥着作用。本文将运用文献数据分析半个世纪以来美国反贫困政策的有效性。本文发现，从减贫率上看，社会保险项目的有效性远远大于社会救助项目。总体来说，美国的社会福利体系趋向于实物救助而不是直接给予现金，并且，这个福利体系的适用范围已经扩大到医疗、食品、税收等领域。但是这些反贫困政策的效果主要集中于老年人和残疾人，而对于单身母亲及其孩子的贫困问题乏善可陈。

关键词：反贫困政策　贫困测量　有效性分析

一　研究综述

20 世纪 60 年代，超过五分之一的美国人口生活在贫困之中。其中，贫困率最高的是老年人（35%），儿童位居第二（27%）（DeNavas-Walt, Proctor, & Smith, 2013）。尽管第二次世界大战后美国经济经历了将近 10 年的繁荣，但是国内国外的冲突构成了新的挑战（Trattner, 1999; Stern & Axinn, 2012）。1940 年，美国人口为 1.32 亿，但是战后随着大量欧洲、

---

*　黄健忠，美国罗格斯大学社会工作学院华民研究中心，副教授。
**　朱莉安娜·威克斯，美国罗格斯大学社会工作学院华民研究中心。

拉丁美洲、亚洲移民以及难民的涌入，美国人口激增，到1970年达到2.05亿。人口规模的变化相应带来了新的社会福利需求（Stern & Axinn，2012）。同时，城市化是另外一个挑战，自1950年至1970年，美国城镇人口比例从64%增长到72%，城市中心的生存环境日趋恶劣（Trattner，1999；Stern & Axinn，2012）。在城市化的过程中，由于种族歧视使得贫困家庭很难获得住房贷款，城市改造拆迁项目使非白人居民被迫搬离城市中心，并造成了大量污染（Pager & Shepherd，2008）。在阿巴拉契亚地区（Appalachia），高中生退学率、犯罪率和失业率都很高（Gillette，2010；Ziliak，2010）。一些名著，比如Michael Harrington的《另一个美国：美国的贫困》以及Dwight MacDonald的《我们看不见的贫困》都引发了大众对城乡贫困问题的关注。与此同时，日益加剧的民权运动吸引了美国社会对于不平等和歧视问题的广泛关注。

面对这些挑战，林登·约翰逊总统在就职后几个月内就提出了一个口号——"无条件向贫困宣战"，目的在于"不仅要减轻贫困的症状，还要治愈它，最重要的是，要预防它"（Johnson，1964）。这场与贫困斗争的战役主要集中在几个关键性法案上：①《食品印花税法案》（1964）。该法案始于1962年，目的在于提高低收入家庭的营养水平。②《经济机会法案》（1964）。该法案集中于职业培训、职业激励和社会服务等方面。法案提供教育培训、技能开发、职业训练等，这些项目（例如，职业规划、VISTA、联邦勤工俭学机会等）被认为有助于促进就业。这一法案还创建了专门应对农村贫困的项目，建立了经济机会办公室（OEO）。③《社会保障修正案》（1965）。该法案制定了医疗保险制度和医疗补助制度，扩大了社会福利。④《初等和中等教育法案》（1965）。该法案规定将联邦资金分配给低收入学校。⑤1965年的《阿巴拉契亚地区发展法案》（ARDA）建立阿巴拉契亚区域委员会，以改善当地经济机会、人力资本、交通状况以及各类基础设施建设（Trattner，1999；Stern & Axinn，2012）。

但是，20世纪60年代以后，"向贫困宣战"战略遭遇了几次关键性转折。虽然在1970年至1990年期间，社会、政治和经济因素都影响了社会福利政策的发展，但有两个关键性因素对政策影响深远：第一，经济增长缓慢，同时高通胀和高失业率使得有限的资源不得不支付日渐增长的社会福利需求。70年代，工资增长大幅放缓，这意味着经济增长并没有提高低技能工人的工资水平（Bailey & Danziger，2013）。第二，1971 年，社会福利领域在意识形态方面发生了巨大转变。被称为"新右派"的政治势力质疑政府社会福利项目，并认为福利将对传统家庭结构和道德产生消极影响（Stern & Axinn，2012）。随着时间的推移，新右派与保守派在国家财政和社会政策领域的博弈导致公众观念发生转变（Trattner，1999；Stern & Axinn，2012）。

自 20 世纪 90 年代以来，美国反贫困政策发生了一系列变革。自 90 年代开始，美国逐渐脱离经济衰退的阴影，失业率和通货膨胀率迅速下降，技术进步使生产力和生活水平明显提高（Stern & Axinn，2012）。但是，种族和民族人口结构变化导致犯罪率、离婚率和单身母亲数量增加，同性恋人群也可以公开性取向，这些社会转型挑战了美国反贫困政策的一些关键性基础（Bailey & Danziger，2013）。这一时期美国对反贫困政策进行了一系列改革，尤其是 1996 年的福利改革，使美国社会保障政策开始以就业为基础，并侧重于发展社会保险制度并实施税收优惠政策，而这些改革都不是以穷人为目标的（Ziliak，2011）。

本文旨在分析过去 50 年美国反贫困政策的有效性。当然，反贫困项目和政策与一个国家的政治、经济、文化紧密相关。在探究这些问题以及分析其有效性之前，本文将针对一些主要政策和项目进行简单的综述。

二 反贫困政策类型与内容

（一）社会救助项目

社会救助项目意在缓解低收入个人及家庭的贫困。这类项目采取家计调查形式，需要求助者满足特定要求。贫困家庭临时援助计划（TANF）和补充营养援助计划（SNAP）为特困家庭以及个人提供救助；补充营养援助计划是美国规模最大的收入支持项目。税收制度是另一种重要的救助方式，它通过各种方式抵免税收，如工资退税、改变税法结构以及其他抵免政策，如儿童税收抵免、儿童及被扶养人税收抵免，这些税收政策为低收入家庭提供了大量的现金援助。

1. 贫困家庭临时援助计划（Temporary Assistance for Needy Family，TANF）

1953 年，美国《社会保障法案》开始实施贫困儿童救助计划

(ADC)。这项计划的目标群体是陷入贫困的白人单身母亲,她们希望能够留在家里照顾孩子,以增强自己作为妻子和家庭主妇的女性责任(Tolleson-Rinehart & Josephson,2005)。1962 年,贫困儿童救助计划更名为儿童及被扶养人税收抵免计划(AFDC),因为当时舆论认为该项目没有对婚姻产生积极正向的引导,反而鼓励人们离婚。到了 20 世纪 90 年代,美国福利政策转向"新自由主义",而援助项目的受益对象——单身母亲被认为是有就业能力的群体,并应该积极寻找就业机会。随后实施的一系列福利政策改革进一步严格了福利给付条件,增加了受益时间限制和更为严格的工作要求。1996 年,美国开始实施《个人责任与工作机会协调法案》,意味着贫困家庭将不再享有现金援助的权利。这标志着由儿童及被扶养人税收抵免计划(AFDC)过渡到贫困家庭临时援助计划(TANF)。

而当克林顿政府和共和党国会推行"劳有所得"和"终结我们所知的福利"计划时,我们可以发现这些意在削减和抑制贫困的政策已经发生了显著的变化。

目前,贫困家庭临时援助计划向各州每年拨款 165 亿美元,并要求各州每年为巩固扶贫效果(MOE)提供至少 104 亿美元拨款(CRS,2012a)。2011 年,有 19 亿的家庭受到贫困家庭临时援助计划的现金援助,与 1998 年相比,下降了 58%(Trisi & Pavetti,2012)。贫困家庭临时援助计划的一个典型特点是受助人一生中能够获得救助的时间是有限制的。联邦政府规定的时限为 60 个月,一些州则短至 21 个月(CRS,2013)。同时,受助人也会面临严格的再就业和工作时长要求(每周 20 ~ 30 个小时),这项要求旨在应对消极就业风险。另外,贫困家庭临时援助计划也给予州一级政府更大的灵活性,包括每月救济金发放数额和工作时间豁免等。例如,2011 年,在密西西比州,一个三口之家每月最多可以获得 170 美元资助,加利福尼亚州则可以获得 704 美元(CRS,2013)。此外,尽管有 6 个州没有为照顾小孩的父母提供津贴,但仍有 12 个州(包括新泽西州)为受助人提供 3 个月的工作豁免期(CRS,2013)。

总体上看,贫困家庭临时援助计划的确为受助人提供了在儿童保护方面的援助,但它并没有要求各州提供就业需要的教育和培训机会。相反,许多州采取"快速连接"战略,使受助者尽快地转移到低工资的工作岗位,但他们没有合适的技能来匹配这项工作,也没有经历相应的职业技能培训。1996年后的十年间，贫困家庭临时援助计划接收的申请在每个州至少下降了27%，下降超过50%的州有36个，因此这项政策随后开始转向就业支持（Trisi & Pavetti，2012）。

2. 补充性收入保障计划（Supplemental Security Income，SSI）

补充性收入保障计划始于1974年，它为65岁以上的老年人和永久性残疾人发放基于家计调查的救济金。联邦政府负责提供这项计划的资金，并与通货膨胀率挂钩，以防基金贬值，而包括新泽西州在内的几个州为这项计划提供了一部分支持性资金。根据政策，获得补充性收入保障计划援助的受益人将自动获得医疗补助的资格。在政策实施后的几十年里，获得这项计划救助的美国人数量十分有限，大量的申请被拒绝，即使申请人确实存在严重的收入不足。

随着社会保障制度的建立，补充性收入保障计划遭到诸多批评，被认为存在结构性障碍：当受助人的收入超过最低收入标准时，他们会遭遇"救助悬崖"（突然失去救助金）（Guzman，Pirog，& Seefeldt，2013）。一些州已经开始着手解决这个问题，他们推行的是"收入抵免"（benefit offset）计划。然而，研究人员发现，这项政策对于推动劳动力就业几乎没有作用（Weathers & Hemmeter，2011）。2010年，联邦政府资助了7912266名申请者，其中有1183853名老年人；有2385933名受助人同时获得州政府的补充资助。2012年，受助人平均每人接受社会安全生活补助8376美元（CRS，2012a）。

3. 收入税收抵免计划（The Earned Income Tax Credit，EITC）

收入税收抵免计划是一种税收减免政策，它主要针对中低收入家庭和个人，于1975年开始实施。税收可以用来实现一定的社会目标。基于有负担能力的税收支出常被用于衡量收入、再分配收益和负担，并认为能够促进社会良性运转。尽管他们并不直接花政府的钱，但如同政府项目一样，税收支出的确为政府带来可观的收入，因此也被认定为是政府经费的一种，比如收入税收抵免计划。

近十年来，税收支出已经发生了实质性的转变，它已经成为政府为低收入家庭提供现金援助的主要方式（Eissa & Hoynes，2011；Guzman，Pirog，& Seefeldt，2013）。直到1994年，劳动收入税收抵免计划仍属于规模较小的项目。之后，信贷水平逐年增加、申领资格覆盖全美人口。自2007年和2008年金融危机之后，为了振兴危在旦夕的美国经济,美国政府拓宽了劳动收入税收抵免计划的适用范围,并制定了附加的、临时性税收抵免政策。这些新政包括2009年颁布的"劳有所得"(Making Work Pay)计划,该计划隶属于《美国复苏和再投资法案》。"劳有所得"计划为个体纳税人提供高达400美元的可退还税收优惠,已婚纳税人则达到800美元;对于领取失业救济金的人员而言,如果其救济金收入低于2400美元则不用交税。2011年,2.8亿年收入在37900美元至51600美元之间的有孩子的工薪家庭领取了劳动收入税收抵免救助金。申领这项救助金的条件基于婚姻状况、孩子数量和家庭收入;平均而言,每个有孩子的家庭能领到约2905美元的税收抵免救助金(CRS,2012a)。

美国的反贫困计划深深植根于美国的传统美德之中:渴望公平、同情弱势、社群意识。然而,这些价值逐渐被工作、独立、自力更生意识以及"家本位"(primacy of the family)观念削减(Ellwood,1988)。正因如此,在所有美国社会救助项目中,劳动收入税收抵免计划最受美国人欢迎。即使这项计划在技术上看来属于政府开销,但它对于申请者并不是一种施舍,而是帮助个人和家庭自食其力地养活自己。

4. 补充营养援助计划 (Supplemental Nutrition Assistance Program,SNAP)

1965年,美国实行"食品券"计划,为低收入家庭提供食品援助。2008年,"补充营养援助计划"替代"食品券"计划。因为"补充营养援助计划"是一项试点项目,且不区分年龄和家庭结构,所以"补充营养援助计划"覆盖了比其他社会保障项目更广泛的目标人群(Ziliak,2011),约1/7的美国成年人和1/5的美国儿童被项目覆盖。另外,所有接受"贫困家庭临时救助计划"或"一般救助计划"的人也有资格获得补充营养援助计划的救助。这项计划中也设立了特别子项目,如"灾害营养补充救助计划",这个子项目用于灾害发生时,为灾民提供食品援助。

"补充营养援助计划"是目前美国最大的食品援助项目,同时美国还专门为妇女、婴儿和儿童等特殊的弱势群体提供特别食品援助计划,因为美国政府认为确保孕妇和哺乳期母亲的营养和健康是一种公共利益。这个计划覆盖了母亲所必需的食品花销,如牛奶、新鲜的农产品和婴儿配方奶粉等。而学校午餐计划则为低收入家庭的孩子提供免费或低价的早午餐,获取这些福利的资格皆基于家庭收入。

"营养补充救助计划"是非现金福利，它限制了受助人的选择。非现金福利的好处在于它鼓励受助人为他们自己或家人使用这些福利，避免了将救助金挪作他用。然而非现金福利也存在弊端，如限制受益人的选择、使受助人污名化、行政成本过高，并且在某些情况下，难以管控某些非法行为（如非法销售食品券）。20世纪90年代福利改革期间，"营养补充救助计划"逐步淘汰纸质福利券，转而替代以电子福利券，并开始限制使用资格。2002年，《农业法案》再次拓宽了营养补充救助计划的申请资格，并持续放宽至2008年。2013年，这项福利计划的参与人数为47636000人，平均每人每月获得133.07美元额度的援助款。

5. 医疗救助计划（Medicaid）

医疗救助计划是美国规模最大的社会保障项目。其覆盖范围从不同等级的残疾人到低收入的成年人和他们的孩子。每个接受补充性收入保障计划的人皆有资格自动参与医疗救助计划。联邦政府和州政府共同为此项计划提供资金。医疗救助计划覆盖了几乎所有的医疗费用及牙科诊疗费用。虽然大部分受助人是单身母亲和她们的孩子，但老年人的医疗费用仍占据大部分支出。根据2011年颁布的《患者保护与平价医疗法案》（PPACA），各州可以根据本州的情况选择增加医疗补助资格条件。

在美国，还有许多其他项目为低收入群体提供医疗费用援助。基于家计调查的"老年人和残疾人药物救助计划"允许受助人填写处方并为其支付不超过5美元的费用；通过由卫生部实施的瑞恩怀特计划，联邦政府补贴携带艾滋病病毒儿童的医疗费用；联邦政府还出资在低收入地区建立社区卫生中心，让穷人能够获得医疗服务；最后，国家儿童健康保险计划（CHIP）保证那些没有资格获取医疗救助计划救助的低收入家庭儿童的健康。2013年，医疗救助计划为7.17亿美国人提供了援助，CHIP对840万美国人进行了救助，所以一共有8.01亿人口获得了援助。

6. 其他非现金福利计划

在美国有多种形式的房屋补贴计划，主要包括：公共住房；紧急援助，涉及酒店、汽车旅馆或过渡性住房；临时租赁救助计划，这一计划的援助对象是那些拖欠房租或租赁贷款的人；租金援助凭券，用于补贴租住私有住房的租金。这些房屋补贴计划由当地房屋管理机构负责实施，他们规定申请资格条件并监督公共房屋维修情况（Ziliak，2011）。2011年，有230万美国人申请了14000套公共住房，其中大部分是老年人和残疾人

(Ziliak，2011）。近几年，由于资金不足和修缮不力使这些公共住房大面积毁损，在这种情况下，租金援助凭券被用于补贴那些流离失所的群体。1992 年，希望六号计划启动，这项计划试图通过混合收入发展计划来替代劣质的公屋，但近几年，这个项目的资金链已出现实质性的断裂。

随着越来越多的美国家庭依赖夫妇两人的收入，儿童照护正逐渐发展成为重要的经济工具。起跑点计划（Head Start）是一项家计调查援助计划，为低收入家庭的学龄前儿童提供营养支持和健康检查。这项计划由联邦政府提供资金，地方基于社区工作的社会组织来实施。而"儿童照护和发展资助计划"（CCDBG）也为低收入家庭提供了大量儿童照护补助。在美国，每个村庄都设有儿童照护代理处，符合条件的社区居民可以从代理处申请代金券。

"向贫困宣战"计划也设置了一些教育项目和大学预科项目，目的在于通过扩大美国年轻人受教育机会来削减贫困（Haskins & Rouse，2013）。根据 EOA 计划（Economic Opportunity Act）（1965）和《高等教育法案》（1968），美国设立了升学补习班、学生支持服务、教育机会资助和教育人才搜索几个项目；20 世纪 90 年代后期，又增加了几个项目，包括"麦克奈尔学者"项目（1986）、"数学—理科升学补习班"（1990）和"准备好"项目（1998）。

这些项目各有侧重，但都靶向帮助低收入家庭的学生完成高中和大学学业。他们为学生提供上大学和参加非营利组织活动的资金，并为学生提供教育配置和暑期学校。此外，美国教育考试服务中心（Education Testing Service，ETS）也在为低收入家庭的学生提供教育机会和适当的帮助。

（二）社会保险计划

虽然美国的社会保险政策也对受益人提出一些要求，但是总体来看这些政策是普享的，不需要家计调查。这些项目意在保护人们免受劳动市场中不确定因素影响，同时也保障没有能力进入劳动力市场的老年人和残疾人。在某些情况下，社会保险是昂贵的、大规模的，具有潜在的不持续性（CRS，2012a）。它一般通过工资税资助受助人，并且常常以现金福利的方式发放给合格的申请者。

1. 老年人、遗属、残疾人健康保险（OASDI）

1935 年的《社会安全法案》在美国社会福利立法领域具有里程碑意

义。此法案要求联邦政府对社会福利负责,反映了公共意识的转变,从关注产权转向关注人的权利(Trattner, 1999; Stern & Axinn, 2012)。在法案的最终版本中,社会保障总署比经济安全委员会所预料的保守,其中并未包括健康保险或残疾人保险的条款,只涉及了财政管理失业保险和救济程序。然而,通过引进老年人保险、失业补偿金和弱势人群(寡妇和儿童)救济项目,说明社会保障总署开始意识到自由市场的局限性及政府干预的必要性。随后的增补条款扩大了保险的覆盖范围,为灾难幸存者及其家属(1939)和残疾人提供保险(1954),同时还增加了医疗补助福利(1965),并调整生活成本的计算(1977)。

老年人、遗属、残疾人健康保险(OASDI)包括退休金和残障人士保险(DI)两部分。符合条件的离退休人员从62岁开始可以领取部分退休金,65岁时可领取全额退休金。如同其他保险项目一样,孩子和配偶也有资格领取养老金。残障人士保险为患有精神残疾和身体残疾的人员提供现金保障,其条件是他们的残疾状况使他们不能从事"正常经营生产活动"。申请残障人士保险的人必须提供完整的历史收入证明,并具有享受医疗补助计划的资格(Ben-Shalom, Moffitt, & Scholz, 2011)。这些福利项目都是由联邦政府提供资金保障,并辅以适度的再分配资金;虽然发放的补助金与缴费的金额极度相关,但对于低收入工人来说,其替代率是比较高的(Ben-Shalom, Moffitt, & Scholz, 2011)。

2013年,超过5900万美国人获得了社会保障福利给付。退休工人平均每月的津贴是1294美元;残疾工人是1146美元;遗属是1244美元。2014年,这项法案做了重大调整,主要涉及社保资格和给付金额。"生活成本调节计划"增加了社保金额度,以应对日渐增长的消费者价格指数;即使税率保持不变,应纳税最高额仍从113700美元增加到117000美元。

2. 医疗保险

医疗保险是一项联邦福利计划,于1965年实施。医疗保险为65岁以上的成年人和享受残疾人保险金且年龄在65岁以下的人提供医疗保险。医疗保险金由医疗服务中心负责给付,覆盖住院费、药费和治疗费。联邦政府全权负责资金运作,由国会决定申请资格条件和津贴数额(Ben-Shalom, Moffitt, & Scholz, 2011)。医疗保险的覆盖面是有限的,许多人选择购买商业的"补充性医疗保险"来补充自己的医疗保险金。2012年,医疗保险覆盖了大约5000万人,总支出为5559亿美元。

3. 失业保险

失业保险是一项国家级项目,为失业者提供现金补助,也包括有就业史的人。领取失业保险金的期限由联邦政府确定,一般是六个月,但在经济衰退期间,联邦政府会相应延长领取时间(Ben-Shalom, Moffitt, & Scholz, 2011)。失业金标准由各州决定,例如,2012 年,密西西比州和马萨诸塞州每周发放的失业金数额,分别为 235 美元和 653 美元。失业保险救济(UIB)也可以给被动失业人群发放,他们一般已经工作了一个季度,并且在保险覆盖范围内。工伤赔偿金是一项国家福利项目,它为临时或永久性工伤人员提供现金救济和医疗补助,因公死亡也属于这一范畴。这项福利政策允许工人与他们的雇主共同提出申请,一经证实,可通过雇主缴纳的保险获得医疗救济金和工资补贴。临时残疾保险,也称疾病现金补贴,是一项州级福利,1942 年第一次在罗德岛实施。在大多数州,临时残疾保险涵盖私营企业工人,还有几个州将政府雇员和农民也包含其中(Social Security Administration, 2014)。通常情况下,申请人必须提供规定数额的历史收入凭证,以及因身体或精神残疾无法进行常规工作的证明(Social Security Administration, 2014)。最后,《家庭医疗休假法》可在某些情况下为带病休假的员工提供现金保证。这部法律为大众提供了工作和收入保障。

三 贫困的测量

(一) 美国官方测量方法

美国使用一个绝对标准来衡量贫困。1959 年,社会安全管理局提出贫困线标准,1965 年付诸实施。1969 年,美国预算局修订贫困标准,并将之作为联邦政府对贫困的官方统计标准(Fisher, 1992)。这个标准是以"一个家庭能够负担得起的满足最低营养需求的食物"为统计基础。20 世纪 50 年代末期,联邦政府运用在全国范围内进行的、具有代表性的"消费者支出调查"来分析美国人的生活开支。由于许多家庭在当时将收入的三分之一用于食品支出,这次测量便预估了一个食品预算的最小额,再将它乘以三(Cofer, Grossman, & Clark, 1962; Orshansky, 1965)。

直到今天,这一测量方法仍在使用,每年根据通货膨胀指数进行调整。通货膨胀指数根据消费者物价指数、家庭规模、家庭人员构成和年龄等因素综合计算得出。收入、股息、利息、儿童援助、现金救助等内容被计入贫困测定标准，但是非现金福利（如食品券和税收优惠）是被排除在外的。美国人口调查局的数据显示，2012年，美国贫困线标准是：独身者为11722美元，两口之家为14960美元，三口之家为18287美元，四口之家为23497美元，五口之家为27815美元，六口之家为31485美元，七口之家为35811美元，八口之家为39872美元，九口及以上的家庭为47536美元（U. S. Census Bureau, 2012）。

在美国还有另外几类贫困状态。目前，有5%的美国人生活在"亚贫困"（chronic poverty）中，即他们有至少两年的时间生活在贫困线以下，或者与贫困线持平。亚贫困意味着他们在这两年时间内随时有可能陷入贫困；目前，这一概率为28%（Duclos, Araar, & Giles, 2006）。长期以来，政府和社会评论家运用这些贫困类型的划分标准来分析政策需求和有效性（Duclos, Araar, & Giles, 2006）。更为重要的是要考虑这几类贫困类型的区别，因为他们对政策的反应可能会不同（Chronic Poverty Research Centre, 2004）。

（二）批评

目前的测量方法是以食品支出为家庭预算的三分之一为基础的。然而现在这种情况已经十分罕见，因为越来越多的支出用于医疗保健、儿童保育和住房。

尽管测量数据随着通货膨胀情况有所调整，但它依旧不能与迅速增长的生活成本相匹配（Guzman, Pirog, & Seefeldt, 2013）。2011年，一个四口之家的贫困线是中值的37%，而在1963年，这一比例则为50%。目前，一个全职员工的最低工资是每小时7.25美元，每年只能赚14500元——比收入位于贫困线以下、有两个孩子的单身母亲的救助费（18123美元）还低4000美元。

此外，由于排除了反贫困项目的影响，没有计算非现金福利，贫困测量也遭受了诸多批评。也就是说，实物福利是不算在内的，如医疗补助、公共住房、营养补充援助计划等（Guzman, Pirog, & Seefeldt, 2013）。贫困线标准也没有针对地区差异做出调整。各州依据联邦贫困线决定福利分配，但各州在生活成本和支出费用方面存在明显差异（Hutto et al., 2011）。

在测量生活标准和贫困标准时，家庭的经济规模给测量带来了更多困难。当我们不去衡量经济规模时，生活在大家庭儿童的贫困风险要远远高于老年人；当我们将经济规模作为一个衡量对象时，结论则相反。家庭经济规模不容易定义，因为对商品和服务的需求一般由家庭规模和家庭构成两方面决定（Logan，2008）。此外，根据不同的消费和服务，收入和替代效应的效果也有不同（Logan，2008）。事实上，统计数据显示，一个国家的食品支出与这个国家的家庭经济规模极为不一致（Logan，2008）。随着时间的推移，家庭经济规模也会在不同的经济环境下发生变化。例如，在经济转型时期，相对价格剧烈变化会对家庭经济规模造成强烈影响（Lanjouw，Milanovic，& Paternostro，2009）。

最后，当前的衡量标准是基于美国人口收入普查数据制定的，但是这些数据中不包含流浪者、囚犯、流民和其他未统计人员，而这部分群体恰好徘徊在贫困边缘。这便是被学者们称为"社会排斥"的现象——将特定的个人和团体排斥在社会参与之外（Atkinson & Marlier，2010；Nolan & Whelan，2010）。

（三）替代性的测量方案

大多数经合组织成员国和欧盟成员国都使用相对贫困标准，即比较家庭收入中值。例如，一些欧洲国家用中位数的 50% 等价于可支配收入，作为贫困线的衡量标准。这种测量方法源于一个观点，即收入中位数是一个社会正常收入的指标，因此可以作为识别哪些人应被排除在贫困线之外的标准（Unicef Innocenti Centre，2010）。相对贫困标准可以从本质上说明社会不平等程度，具有国际可比性。

贫困补充测量（SPM）是最近引起关注的另一种贫穷测量方式，美国政府在最新的人口普查中采用了这一测量法。贫困补充测量是扩展官方贫困测量信息的方式，除了收入，贫困补充策略还考虑其他因素，包括很多过去未曾纳入的援助项目（Short，2012）。贫困补充测量计算包括现金支付的医疗费用、卫生保健费用和实物福利，并根据地理环境、住房成本、家庭规模、家庭构成做出相应调整。实际上，贫困补充测量提高了贫困线。例如，根据联邦政府公布的贫困线，一个四口之家的贫困阈值是 22811 美元，但补充贫困测量的结果却是 25703 美元（Short，2012）。然而，这二者的差异随人口统计数据的变化而变化。在贫困补充测量中，老年人口的贫困率大大提高，而儿童贫困率却较低，这可能是老年人多掏了医疗费的缘故。随着对资金流入流出进行更为全面的分析，贫困补充测量更加合理，是对上述官方测量标准的修正（Guzman, Pirog, & Seefeldt, 2013; Short, 2012）。

四 反贫困政策的有效性分析

（一）贫困率的变化趋势

1959年到2012年间，美国贫穷率逐渐下降，从22.5%降至15.0%；美国贫困人口数量却从约4000万增长到4650万，详见图1（DeNavas-Walt, Proctor, & Smith, 2013）。人口统计数据显示的贫困率存在很大不同。尽管老年人口的贫困率大幅下降——从1959年的35%下降到2012年的9.1%，但成年人（从17.0%到13.7%）和儿童（从27.0%到21.8%）的贫困率只是略微下降，见图2（DeNavas-Walt, Proctor, & Smith, 2013）。贫困率最低的是非西班牙裔白人（9.7%），其次是亚洲人（11.7%）；最高的是黑人（27.2%），其次是西班牙裔白人（25.6%）。家庭结构和成员构成也对贫困率有重要影响。以家庭为单位，贫困率最高的是单身女性（30.9%），其次是单身男性（16.4%）；已婚家庭的贫困率相对较低，仅为6.3%。从总体上看，美国的贫困率明显高于其他经济发达的经合组织国家（Gould & Wething, 2012）。

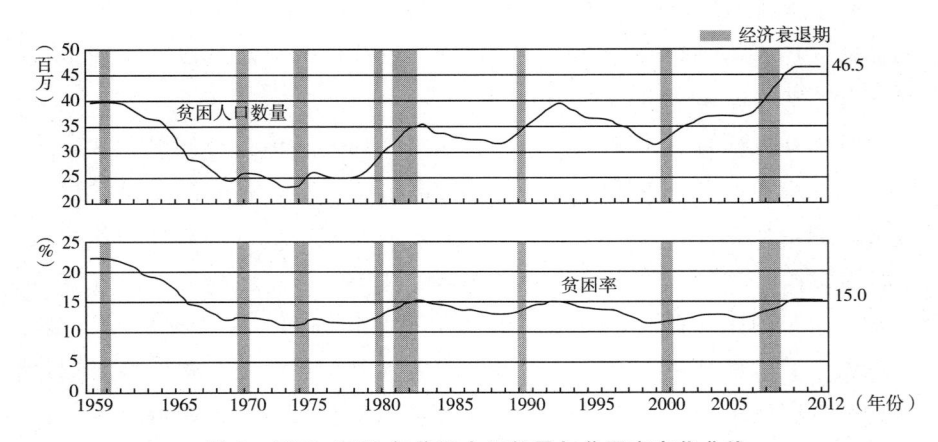

图1　1959~2012年贫困人口数量与贫困率变化曲线

资料来源：DeNavas-Walt, Proctor, & Smith, 2013, 图4。

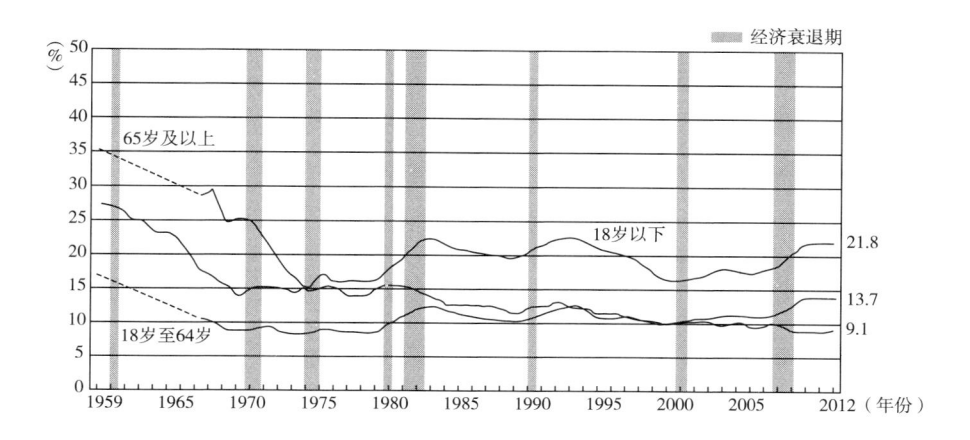

图 2　1959~2012 年贫困率与年龄的关系变化

资料来源：DeNavas-Walt, Proctor, & Smith, 2013, 图 5。

（二）反贫困项目的支出分析

社会保险支出明显增加，特别是老年人、遗属、残疾人社会保险和医疗保险（Ziliak，2011），详见表1。2009 年，OASI、医疗保险、失业保险和伤残保险支出额每项都超过 1000 亿美元，加上工人补偿金，总和达 1.389 万亿美元。相比之下，同年，社会援助项目支出总和只有 5870 亿美元——比社会保险项目少花一半。基于家计调查的项目的支出在过去 40 年间发生了波动。家庭子女补助计划的支出自 20 世纪 70 年代中期到达顶峰后，一直呈微增长状态，且常年保持 0% 的增长率；食品券，住房补贴，收入增补保障，劳动收入所得税抵免几个项目的支出增加更为明显（Ben-Shalom, Moffitt, & Scholz, 2011）。

表 1　1999~2009 年反贫困项目总支出

单位：十亿美元,%

	1999	2009	增长百分比
社会保险			
养老保险	424	568	34.0
医疗保险	270	519	92.2
失业保险	26	122	369.2
残疾保险	65	121	86.2
工伤保险	55	59	7.3

续表

	1999	2009	增长百分比
社会救助			
医疗补助	260	392	50.8
所得税抵免	40	59	47.5
补充营养援助计划	23	55	139.1
补充保障收入	39	47	20.5
住房补贴	36	41	13.9
贫困家庭临时援助	29	29	0.0

资料来源：Ziliak, 2011, 表1。

反贫困项目的支出趋势揭示了美国财富的"两次再分配"。第一次是通过实施营养补充援助计划和劳动收入所得税抵免政策使人们从非常贫困（very poor）到比较贫困（less poor），再到接近贫困（near poor）。第二次是通过实施老年人、遗属、残疾人社会保险以及医疗保险和医疗补助计划，在非老年、非残疾和老年人、残疾人之间实现再分配（Ben-Shalom, Moffitt, & Scholz, 2011）。总体而言，美国的反贫困项目的支出反映出福利政策越来越关注老年人、家庭、个人，以及残疾人。虽然在1984年至2004年之间，单亲家庭的福利支出下降了20%，但老人和残疾人的支出分别同期增长了12%和16%，见表2（Ben-Shalom, Moffitt, & Scholz, 2011）。美国的制度也通过工人扶助工人，增加劳动收入所得税抵免的开支，削减贫困家庭临时援助计划的支出。

表2 每个家庭的每月平均支出

单位：美元,%

家庭每月支出	1984	1993	2004	增长百分比
不含老年人、残疾人				
单亲家庭	624	623	501	−20
双亲家庭	199	224	322	62
无子女的家庭或个人	143	164	153	7
就业家庭	130	156	210	62
失业家庭	693	718	544	−22
老年家庭或个人	1177	1304	1324	12
残疾家庭或个人	1247	1305	1445	16

资料来源：Ben-Shalom, Moffitt, & Scholz, 2011, 表2。

（三）反贫困项目对贫困产生的效果

Ben-Shalom，Moffitt 和 Scholz（2011）测算了反贫困项目对贫困的影响，详见表 3。根据他们的研究，在政府不干预的情况下，2004 年的官方贫困率将会是 29%，若将反贫困项目计算在内，这一数字将减小 13.5%。2004 年，反贫困项目的整体减贫率约为 53%。这一数字在 1993 年和 1984 年分别为 56.7% 和 52.3%。有证据表明，项目对于缓解深度贫困具有强烈影响，但深度贫困的产生速度却增加了。例如，2004 年，项目将深度贫困减少了 69%，然而当年的深度贫穷率却从 1984 年的 4.5% 增加到 6.6%。在测量中，项目对于减贫率的影响随着时间的推移更为明显，从 1984 年的 26.9% 提高到 2004 年的 36.1%。

表 3 反贫困项目的实施对消除贫困的影响

单位：%

	贫困		深度贫困		150%	
	前测	后测	前测	后测	前测	后测
2004	29.0	13.5	21.3	6.6	39.6	25.3
1993	30.3	13.1	20.8	4.5	43.7	29.4
1984	32.1	15.3	20.4	4.5	49.7	36.3

资料来源：Ben-Shalom，Moffitt，& Scholz，2011，表 3。

目前，社会救助项目对改善美国贫困状况的影响力有限（见表 4）。医疗补助和 SSI 将整体贫困率从 29.0% 分别降低到 25.2% 和 28.6%，将深度贫困率从 21.3% 分别降低到 14.7% 和 19.5%。但是，贫困家庭临时补助计划、劳动收入所得税抵免计划和营养补充援助计划的扶贫效果却并不明显，只将整体贫困率分别降低到 28.9%、28.1% 和 28.6%。住房补贴计划将深度贫困率降低到 19.7%，EITC 将美国生活在贫困线至低于贫困线 150% 区间的人口比例从 39.6% 降低到 38.6%，可见整体效果并不明显。

表 4 通过项目的实施消除贫困的影响

单位:%

贫困程度	贫困	深度贫困	150%
前测量	29.0	21.3	9.6
项目影响			
医疗补助	25.2	14.7	35.3
补充保障收入	28.6	19.5	39.3

续表

贫困程度	贫困	深度贫困	150%
贫困家庭临时援助	28.9	21.0	39.6
所得税抵免	28.1	20.9	38.6
补充营养援助计划	28.6	20.8	39.4
住房补贴	28.4	19.7	39.3
养老保险	21.2	13.8	323
社会保险残疾保险	27.2	18.5	38.4
医疗保险	19.9	12	32.7
失业保险	28.1	20.2	39
工伤保险	28.7	21.2	39.3

资料来源：Ben-Shalom, Moffitt, & Scholz, 2011, 表5。

尽管社会援助项目对降低贫困率不一定有明显效果，但这些项目对美国贫困问题有其他方面的影响。"向贫困宣战"期间，食物和营养项目成功实施并覆盖广泛，这个项目成功地击败了粮食短缺和饥饿，并且为低收入家庭改善健康状况（Hoynes & Schanzenbach, 2011; Waldfogel et al., 2013）。利用SPM核算实物福利也十分关键。研究表明，2010年，如果不将SNAP计入收入，儿童贫困率将高出三个百分点；如果不将学校的免费午餐和限价午餐计入，还将再高出一个百分点（Wimer, 2013）。

自1975年EITC开始实施以来，扶贫效果明显，目前已成为有孩子的低收入家庭最重要的收入补贴项目（Waldfogel, 2013）。研究人员利用SPM计算发现，如果不将EITC计入收入，儿童贫困将比现在高出四个百分点。还有一些研究探索劳动收入所得税抵免计划和其他税收抵免项目是否或怎样改变受助人的行为和境遇（Athreya, Reilly & Simpson, 2010; Guzman, Pirog, & Seefeldt, 2013; Lim, Livermore, & Davis, 2010）。例如，由于区域生活成本的变化，生活在高消费地区的劳动收入所得税抵免计划的受助者只能获取较低的补助，并且存在较高的失去资格的风险（Fitzpatrick & Thompson, 2010）。总的来说，劳动收入所得税抵免计划能够帮助改善劳动妇女的就业和收入，减少家庭妇女申请现金救助的数量，并且改善了儿童的健康和教育（Dahl & Lochner, 2012; Marr, Charite, & Huang, 2013; Meyer & Rosenbaum, 2014）。利用SPM核算，研究人员发现，2011年，劳动收入所得税抵免计划帮助940万人口（其中包括490

万儿童）脱贫（Marr, Charite, & Huang, 2013）。

虽然，TANF 项目给付的待遇非常有限，但是研究人员通过估算几个贫困家庭临时补助计划的减贫率数值发现其运作期内也有效地缓解了贫困的深度（Waldfogel, 2013）。然而，自 20 世纪 90 年代中期，政策转向支持劳动福利，贫困家庭临时补助计划的接案量明显下滑，这无疑影响了这项福利计划的支持力和有效性（Bane, 2009）。虽然许多受助者所获得补助高于以前的额度，但他们仍旧生活在贫困之中，并且没有获得必要的教育培训并发展职业技能来改善自身处境（Bane, 2009）。

与社会援助计划相比，社会保险对降低贫困率的作用更为明显。医疗保险和老年、遗属、残疾人社会保险将贫困率从 29.0% 分别降到 19.9% 和 21.0%，将深度贫困率从 21.3% 分别降到 12% 和 13.8%。尽管失业保险、残疾保险和员工补偿计划只是略微降低了贫困率，但它们对降低深度贫困率仍具有一定的影响。

社会保障已经成为缓解老年人贫困最重要的制度保障（McGarry, 2013）。1964 年美国《社会保障法案》修订后，大幅提高了福利补助，老人贫困率下降的幅度比其他年龄群体都大，并有持续下降趋势。这个项目对改善美国老年人生活状况具有深远意义；2008 年，社会保障项目将 84% 的福利金补贴给收入最低的四分之一人口，仅将 20% 的津贴发放给收入最高的四分之一人口，再分配效果明显（McGarry, 2013）。

医疗保险成功地成为改善老年人和残疾人贫困状态的有效工具。在医疗保险制度建立的十年间，低收入老人与高收入老人一样，可以看病就医（Davis & Schoen, 1978）。医疗保险也有效缓解了医院里的种族歧视问题，扩大了低收入老人和非白人老人获得优质医疗的途径（Swartz, 2013）。然而目前日益增长的医疗保健成本和收入预期使医疗保险的有效性和可持续性面临巨大挑战。如果不尽快解决医疗保险运作效率低下问题和可持续融资问题，低收入老年人将难以承担 B 类保费和长期护理服务费（Swartz, 2013）。

（四）以阿巴拉契亚地区（Appalachia）为例

在阿巴拉契亚地区，"向贫困宣战"是一场独一无二的、长达数十年的战役。1960 年，阿巴拉契亚地区的贫困率与其他地区相比平均高出 10%。现在，"向贫困宣战"项目已经发展成为由阿巴拉契亚地区委员会实施的在美国持续时间第二长，最大的区域性发展项目（Ziliak, 2010）。

虽然约翰逊政府非常关注农村贫困问题，但是当时大量人口从农村地区迁移到城市，村庄正在消失，因此有改革者认为不值得再向农村地区进行投资（Gillette，2010；Ziliak，2010）。

20世纪60年代存在的问题严重地影响了阿巴拉契亚地区的社区发展：对自然资源的掠夺性开发，环境严重破坏，使大量的资金外流（Burns，2007；Shapiro，2010）。同时，大肆无规范地开采煤矿造成阿巴拉契亚的多个村落出现高死亡率和高贫困率（Hendryx，2011）。"向贫困宣战"项目实施五十年后，ARC地区的就业情况仍然不容乐观，村子里的许多家庭解体，并伴随高犯罪率和吸毒率（Gabriel，2014）。

不过，阿巴拉契亚地区也取得了一些成绩。研究发现，在1960年至2000年之间，阿巴拉契亚中部的贫困率大幅下降，从59.4%下降到23%，平均收入也有所增长（Ziliak，2010）。曾参与制定"向贫困宣战"项目设计的政治学家James Sundquist认为，阿巴拉契亚地区最有效的项目是EOA，即向ARC的贫农和小业主提供贷款和福利津贴（Gillette，2010）。

五　讨论

总体看来，美国不同的反贫困政策的减贫效果有很大的差异。社会保险对降低老年人和残疾人贫困有显著效果，而社会援助项目的效果则可以忽略不计。在考察政策效果时，我们必须要考虑美国的历史、社会、经济、文化等因素对反贫困政策实施过程和结果的影响。最开始历史因素对反贫困政策影响较大，之后诸如种族、性别、经济发展、政党政治等问题影响了政策的走向。下面将简要地探讨在过去50年间，这些外部因素对反贫困项目有效性的影响。

虽然，反贫困政策和项目常常因为其有限的覆盖范围和效果而遭到诟病，但是许多历史学家却赞美其为永恒的遗产。它使政府直接参与教育、卫生、就业和社区发展工作，它制定的反贫困法案对后续项目和政策产生了重要影响（Bailey & Danziger，2013）。此外，它还影响了基层的政治风格，从20世纪70年代早期开始，政府提倡通过社区行动来改善现状（Rosales，2000）。

在这种背景下，社区行动计划成为反贫困计划中最具有争议的举措之一（Gillette，2010）。为了培养低收入社区自给自足的能力，社区行动计划建立并投资设立社区行动委员会，呼吁让穷人"最大的可能地参与"。该计划培育了社区居民的责任感，使美国社会福利制度发生了至关重要的变化（Bailey & Danziger，2013）。连同社区行动计划，一大批"国家重点项目"被开发出来，专为低收入个人、家庭和社区增能。其中包含法律援助项目、职业培训项目、教育项目（如"从头开始""坚持到底""向前进"）以及以社区为基础成立的综合社区卫生和家庭计划中心。

从"向贫困宣战"计划实施开始，政治反对力量就不断地影响计划的有效性。对于植根于社区和具有广大群众基础的反贫困项目而言，20世纪60年代的政治环境并不乐观（Melish，2014）。由于缺乏对联邦资助项目的控制权，城市市长遭到政治性威胁，公众也惧怕贫穷社区的增能。通过对EOA项目（一项旨在扩大参与机会和公平的计划）资金分配地区差异的定量分析，Bailey和Duquett（2014）发现，政治变量对EOA资金分配的作用十分有限。笔者认为，这种政治弱影响力能够部分解释约翰逊反贫困项目遭到强烈抨击的原因，因为其并没有充分照顾到各个政治派别和游说团体。

（一）概念框架

约翰逊总统的反贫困政策源于一定的社会和文化假设，他认为这项政策和计划能够产生长期的有效影响（Raz，2013）。其中许多项目和政策旨在缓解少数民族和工人阶级家庭的贫困状况，特别是一些基于文化教育剥夺理论而提出的基础教育项目，比如"从头开始"项目。"向贫困宣战"中的许多政策和计划并没有给贫困的农村地区、工人阶级和少数民族地区以自主的选择性，而是采取了一些较为保守的通行方式（Fagan，1995；Huffman，2010；Raz，2013）。

（二）美国的价值观

在讨论和评估美国扶贫项目时，还要考虑态度、价值观和哲学，这些意识形态塑造了美国的政治平台。冲突的价值观产生了David Ellwood所谓的"帮助难题"（1988），这进一步扩大了地区差异和政治分歧。第一个难题是救助和工作的冲突，这体现在美国人既希望支持穷人，又希望他们能自立自强。政府为低收入家庭和个人提供经济保障，尤其是现金救助，并且随着他们收入的增加而减少补助时，能够减小财政压力、控制主动失业。第二个难题是扶持单亲家庭和婚姻稳定性之间的冲突，但是还没有经验证据来证明这一观点。

最后，当政府将穷人作为目标时，会被认为是给穷人贴标签、弱化激励因素。若是隔离和污名化受助人，美国就等于借着反贫困项目破坏社会基础和政治支持力量（Ellwood，1988）。在过去的 50 年里，美国的社会福利制度也开始趋向家长制，强制改变穷人的消费偏好（Ben-Shalom, Moffitt, & Scholz, 2011）。一般来说，美国社会福利制度深受公共观念影响，且越来越趋向于救助低收入的就业者，却忽视无业群体（Bane, 2009；Ben-Shalom, Moffitt, & Scholz, 2011）。美国社会福利制度也认同并支持为那些有特殊需求的人提供福利补助，因为他们理应当接受社会支持和服务——例如，残疾人和老年人。

社会规范的变化确实影响着反扶贫项目的发展方向和覆盖范围。尤其是，自 20 世纪 50 年代以来，就业观和婚姻观发生了很大变化。当前，除了老年人和残疾人，几乎所有的成年人都希望参加工作，包括有小孩的父母。然而，自 1973 年之后，尽管就业市场不断扩大，就业率和未受教育工人的工资一直停滞不前（Cancian & Danziger, 2009）。随着离婚率和未婚生育率的急剧增加，美国家庭结构也发生了明显变化（Cancian & Danziger, 2009）。

政党政治也对塑造公众对贫困问题的看法有重要影响。保守派常采取价值观方面的策略，如税收抵免、激励教育和劳动力市场参与。自由主义者倾向于支持社会援助项目，觉得政府应该为那些无法平等参与劳动力市场的人提供平等机会和在安全网方面扮演更重要的角色。总的来说，美国人非常拥护工作、自主、自立和"家本位"的观念。这使得美国人不信任再分配政策和政府干预，且将贫困归咎于穷人自身，这导致了美国的贫困率高于其他国家（Karabel & Laurison, 2012）。

尽管存在这些挑战，美国的反贫困政策最终落脚于美国深厚的民族价值：渴望公平、同情和团体意识（Ellwood, 1988）。虽然美国价值观常常陷入冲突，但它们仍为反贫困政策提供了强大的哲学基础以支持个人和家庭：壮大家庭的力量，给予穷人尊严和保障（Cancian & Danziger, 2009）。

（三）规模和效率

反贫困计划所存在的一个固有困难便是上述提到的问题，以及如何定义和测量贫困的争议。Guzman 等（2013）指出，如何通过社会政策来理解和识别目标群体所需要的援助是一个核心问题。另一个困难是通过社会福利项目的设计和评估机制来影响项目实施效果——例如，如何通过学校早餐和午餐项目激励低收入家庭的孩子进入学校接受教育，或是通过关注学生健康情况帮助学生完成学业。这是一项复杂工作，因为必须将众多影响因素纳入项目运作中，包括家庭构成、教育机会、学校环境和社区特点（Bartfield & Kim，2010）。

在金融方面，大型社会保险计划有特定的缺点。如果这些项目不具有可持续性，美国经济规模可能面临潜在的破产风险（Aaron，2011；Kotlikoff，2011）。尽管经济学家和研究人员对此问题意见并不一致，但他们普遍认识到，想要弥补潜在的金融缺口，改革势在必行（Aaron，2011；Goda，Shoven，& Slavov，2011；Guzman，Pirog，& Seefeldt，2013；Kotlikoff，2011）。此外，从哲学上讲，还存在一些阻力，如社会保障资源从单身人士转向已婚人士，从低龄人群转向高龄人群，从下一代转向现在和过去的一代（Guzman，Pirog，& Seefeldt，2013；Kotlikoff，2011）。

（四）就业激励因素与阻碍因素

如前所言，美国反贫困项目存在"福利悬崖"问题，即许多家庭因收入增加而导致福利骤停。"福利悬崖"伤害了国家社会救助项目的整体有效性（Guzman，Pirog，& Seefeldt，2013；Romich，Simmelink，& Holt，2007）。低收入家庭的父母对儿童保育成本和保健费用特别敏感，他们担心不能获取日托补贴和医疗保险资格（Romich，Simmelink，& Holt，2007）。

另一个在反贫困计划制定和实施过程中争论许久的问题是工作激励问题。保守派尤其针对这些问题提出批判，他们认为社会福利项目塑造了受助人的态度和行为，这些福利举措弱化了受助人的劳动意识。Hoynes 和 Schanzenbach（2011）指出，评估类似贫困家庭临时援助计划和营养补充援助计划那样的社会福利项目的效果是非常困难的，因为这些项目在各州具有一致性，导致研究人员无法分析明显的政策变化和不同的福利产出。社会保险项目也招致类似的批评。例如，社会保障项目，对工龄超过 15 年的员工实施"隐性税收"政策，这意味着社会保障税的价值开始超越未来福利的折现值。SSDI 项目同样面临一系列"福利悬崖"危机。作为回应，一些州已经尝试实施新政来弥补补贴，但是这些政策——虽然鼓励受助者略微增加收入，却并没有对提升劳动力参与产生显著影响（Weathers & Hemmeter，2011）。

（五）歧视

多年来，歧视阻碍着穷人接受教育、就业和获得其他机会，而这些机会本来可以为他们增能，使他们脱离贫困。歧视扩大了不平等现象，阻碍了社会流动，破坏了社会平等和收入平等之间的平衡。尤为严重的是，歧视从一开始就阻碍着收入平等的实现。这是人为的地理隔离，将城市划出一片区域，迫使特定群体住在恶劣的环境中，使他们与人群疏离。在这种情况下，会出现恶性循环，如地区贫困、资源不足和高犯罪率。研究人员通过研究发现了可以证明就业歧视存在的证据（尽管在工资分配上不容易看出歧视的存在），在租房和卖方市场存在普遍的歧视，信贷市场和消费交易中也存在广泛的歧视（Pager & Shepherd，2008）。妇女也深受歧视影响，社会政策和福利计划通常通过加强性别文化规范，如职业目标和行为期待，进而使女性设想自身的角色、能力和局限性（Tolleson-Rinehart & Josephson，2005）。

（六）不平等和经济流动

要讨论反贫困计划的有效性，就要关注两个非常重要的指标：不平等和经济流动。本文所描述的福利政策尚未解决美国严重的贫困问题，巨大的财富分配不平等和有限的经济流动。虽然美国人常常调整自由贸易政策，防止其急剧恶化，并且承认许多经济问题，但他们常常忽视（或者至少不强调）那些导致贫困循环的其他相关因素（Krueger，2007）。一个国家的经济福利状况取决于诸多因素，如政策、文化、社会制度、人民的智慧和美德，然而平等和流动对经济有重要影响。经济学家 Torsten Persson 和 Guido Tabellini 指出，一个国家，其较高的收入不平等率往往对应较低的经济增长率（1995）。虽然看起来贫困保证了财富稳定，鼓励了非生产及投机消费，但实际上，贫困阻碍了人们生产和创业。

美国人对贫困和反贫困政策的态度在某种程度上是由美国经济流动观念塑造的。然而，在美国，经济流动是跟随社会经济状态变化的。特别是，成长在贫困地方的穷孩子在未来事业中处于极大的劣势。此外，"美国人花大价钱买学位"也放大了家庭背景和父母教育背景的重要性（DeParle，2012）。

与其他发达国家相比，美国的社会流动率相对较低。代际传播优势跨国研究（CRITA）通过对十个国家的经济流动水平进行评估的结果显示，流动的差异通常出现在儿童时期。美国的调查结果显示，儿童的成长深受家庭背景的影响。鉴于这项调查广泛覆盖发达国家，本研究认为，是政策和制度导致了人口在早期、中期和后期出现社会经济流动差异的结果。

六　结论

总的来说，美国社会福利制度呈现从现金补贴转向实物福利的趋势。同时，扩大了医疗保险、食品和税收优惠的覆盖范围。这些变化反映了美国制度的家长式趋向——将消费偏好强加给穷人，并深受赏罚观的影响。美国社会福利制度，通常被归于"自由主义"福利制度，并不是一种普惠型制度。如前所述，美国社会福利制度由复杂的政治、社会观念塑造而成，并随着时间的推进而不断演变。由于奉行市场化原则，所以总体来看，美国的社会福利制度给付是相当保守的，并伴随污名化。研究显示，就减贫效果而言，社会民主主义福利模式最有效，保守主义福利模式次之，而自由主义福利模式最差。

要评价美国的反贫困政策是成功还是失败，还要考虑十分重要的一点，即它对不同群体产生的不同的效果。扶贫项目和政策已成功缓解老年人和残疾人贫困，但未能缓解单身母亲及她们的孩子的贫困状态。在计划实施之前，超过五分之一的美国儿童生活在单身母亲家庭中，其贫困率为80%，之后下降为67%。这些数据可以说明，虽然能够保护许多弱势群体和家庭，但美国的社会福利制度未能充分支持新一代的美国人。

参考文献

Aaron, H. J. 2011. "Social security reconsidered", *National Tax Journal* 64（2）：385-414.

Athreya, K. B., Reilly, D., & Simpson, N. B. 2010. "Earned income tax credit recipients: Income, marginal tax rates, wealth, and credit constraints", *Economic Quarterly* 96（3）：229-258.

Atkinson, A. B., & Marlier, E. （Eds.）. 2010. *Income and Living Conditions in Europe*, Luxembourg: Publications Office of the European Union.

Bailey, M. J., & Duquette, N. J. 2014. "How Johnson fought the war on poverty: The economics and politics of funding at the Office of Economic Opportunity", *The Journal of Economic History* 74: 351-388.

Bailey, M. J., & Danziger, S. H. 2013. *Legacies of the War on Poverty*, New York: Russell Sage Foundation.

Bane, M. J. 2009. "Poverty, policy andpolitics", In M. Cancian & S. Danziger (Eds.), *Changing Poverty, Changing Policies*, New York, Russell Sage.

Bartfield, J., & Kim, M. 2010. "Participation in the school breakfast program: New evidence from the ECLS-K", *Social Service Review* 84 (4): 541-562.

Ben-Shalom, Y., Moffitt, R., & Scholz, J. K. 2011. "An assessment of the effectiveness of anti-poverty programs in the United States", In P. Jefferson (Ed.) *Oxford Handbook of Economics of Poverty*, Oxford: Oxford University Press.

Burns, S. S. 2007. *Bringing Down the Mountains*, Morgantown: West Virginia University Press.

Burris, T. L. 2014. Appalachian cultural consequences from the war on poverty, Retrieved from apa. org.

Cancian, M., & Danziger, S. H. 2009. *Changing Poverty, Changing Policies*, New York: Russell Sage Foundation.

Chronic Poverty Research Centre. 2004. *The Chronic Poverty Report* 2004-05, Manchester: CPRC/University of Manchester.

Cofer, E., Grossman, E., & Clark, F. 1962. "Family food plans and food costs. U. S. Department of Agriculture, Agricultural Research Service", Home Economics Research Report No. 20.

CRS. 2012a. "Social security: The minimum benefit provision", Retrieved from greenbook. waysandmeans. house. gov.

CRS. 2012b. "The earned income tax credit (EITC): An overview", Retrieved from greenbook. waysandmeans. house. gov.

CRS. 2012c. "The temporary assistance for needy families (TANF) block grant: A primer on TANF financing and federal requirements", Retrieved from greenbook. waysandmeans. house. gov.

CRS. 2013. "The temporary assistance for needy families (TANF) block grant: Responses to frequently asked questions", Retrieved from greenbook. waysandmeans. house. gov.

Dahl, G., & Lochner, L. 2012. "The impact of family income on child achievement: Evidence from the earned income tax credit", *American Economic Review*, 1927-1956.

Danziger, S. H., Schoeni, R. F., & Blank, R. M. 2008. *Working and Poor: How Economic and Policy Changes Are Affecting Low-Wage Workers*, New York: Russell Sage.

Davis, K., & Schoen, C. 1978. "Medicare, the great society, and the aged", In Health and the War on Poverty-A Ten-Year Appraisal.

DeNavas-Walt, C., Proctor, B. D., & Smith, J. C. 2013. "U. S. Census Bureau, Current Population Reports", Income, Poverty, and Health Insurance Coverage in the United States: 2012, 60-245, U. S. Government Printing Office, Washington, D. C.

DeParle, J. 2012. "For many poor students, leap to college ends in a hard fall", Retrieved from www. nytimes. com.

Duclos, J., Araar, A., & Giles, J. 2006. "Chronic and transient poverty: Measurement and estimation with evidence from China, Institute for the Study of Labor", Discussion Paper No. 2078.

Eissa, N., & Hoynes, H. 2011. "Redistribution and tax expenditures: The earned income tax credit", *National Tax Journal* 64 (2): 689-729.

Ellwood, D. 1988. "Values and the helping conundrums", In *Poor Support: Poverty in the American Family*, New York: Basic Books, Inc.

Fagan, G. H. 1995. *Culture, politics, and Irish school dropouts: Constructing political identities*, Westport, CT: Bergin and Garvey.

Fisher, G. M. 1992. "Poverty guidelines for 1992", *Social Security Bulletin*, 55 (1): 46.

Fitzpatrick, K., & Thompson, J. P. 2010. "The interaction of metropolitan cost-of-living and the federal earned income tax credit: One size fits all?", *National Tax Journal* 63 (3): 419-445.

Gabriel, T. 2014. "50 years into the war on poverty, hardship hits back", Retrieved from www. nytimes. com.

Gillette, M. L. 2010. *Launching the War on Poverty: An Oral History*, New York: Oxford University Press.

Goda, G. S., Shoven, J. B., & Slavov, S. N. 2011. "How well are social security recipients protected from inflation?", *National Tax Journal* 64 (2): 429-449.

Gould, E., & Wething, H. 2012. "U. S. poverty rates higher, safety net weaker than in peer countries", Economic Policy Institute Issue Brief 339.

Guzman, T., Pirog, M. A., & Seefeldt, K. 2013. "Social policy: What have we learned?", *Policy Studies Journal* 41: 53-70.

Haskins, R., & Rouse, C. E. 2013. "Time for change: A new federal strategy to prepare disadvantaged students for college", Princeton-Brookings Policy Brief.

Hendryx, M. 2011. "Poverty and mortality disparities in central Appalachia: Mountaintop mining and environmental justice", *Journal of Health Disparities Research and Practice* 4 (3): 44-53.

Hoynes, Hilary Williamson, and Diane Whitmore Schanzenbach. 2011. "Work Incentives and the Food Stamp Program", *Journal of Public Economics* 96 (1-2): 151-62.

Huffman, T. 2010. Theoretical perspectives on American Indian education: Taking a new look at academic success and the achievement gap.

Hutto, Nathan, Jane Waldfogel, Neeraj Kaushal, and Irv Garfinkel. 2011. "Improving themeasurement of poverty", *Social Service Review* 35 (1): 39-74.

Johnson, L. B. 1964. Annual Message to Congress on the State of the Union, Austin, TX: Lyndon B. Johnson Library, Retrieved from: http://www.lbjlib.utexas.edu/johnson/archives.hom/speeches.hom/640108.asp.

Karabel, J., & Laurison, D. 2012. "An exceptional nation? American political values in comparative perspective", Working Paper for Institute for Research on Labor and Employment at UC Berkeley.

Kotlikoff, L. J. 2011. "Fixing social security: What would Bismarckdo?", *National Tax Journal* 64 (2): 415-428.

Krueger, A. B. 2007. "Inequality, too much of a good thing", In Grusky & Szelenyi (Eds.), *Inequality Reader: Contemporary and Foundational Readings in Race, Class, and Gender*, Cambridge, MA: Westview Press.

Lanjouw, P., Milanovic, B., & Paternostro, S. 2009. "Economies of scale and poverty: The impact of relative price shifts during economic transition", Report for the World Bank.

Lim, Y., Livermore, M., & Davis, B. C. 2010. "Material hardship among banked and unbanked EITC-eligible families", *Journal of Poverty* 14 (3): 266-284.

Logan, T. D. 2008. "Economies of scale in the household: Puzzles and patterns from the American past", Working Paper 13869. Cambridge, MA: National Bureau of Economic Research.

Marr, C., Charite, J., & Huang, C. 2013. "Earned income tax credit promotes work, encourages children's success at school, research finds", Center on Budget and Policy Priorities.

McGarry, K. 2013. "The safety net for the elderly", In M. Bailey & S. Danziger (Eds.), *Legacies of the War on Poverty*, New York: Russell Sage.

Melish, T. 2014. "Maximum feasible participation of the poor: New governance, new accountability, and a 21st century war on the sources of poverty", *Yale Human Rights and Development Journal* 13 (1): 1-134.

Meyer, B. D., & Rosenbaum, D. T. 2014. "Welfare, the earned income tax credit, and the labor supply of single mothers", *Quarterly Journal of Economics* 116 (3): 1063-2014.

Nolan, B., and C. T. Whelan. 2010. "Using non-monetary deprivation indicators to analyse poverty and social exclusion: Lessons from Europe?", *Journal of Policy Analysis and Management* 29 (2): 305-325.

Orshansky, M. 1965. "Counting the poor: Another look at the poverty profile", *Social Security Bulletin*, 51 (10): 25-51.

Pager, D., & Shepherd, H. 2008. "The sociology of discrimination: Racial discrimination in employment, housing, credit, and consumer markets", *Annual Review of Sociology* 34: 181-209.

Persson, T., & and Tabellini, G. 1995. "Is inequality harmful for growth?", *American Economic Review* 84.

Raz, M. 2013. *"What's Wrong with the Poor?", Psychiatry, Race, and the War on Poverty*, Chapel Hill: UNC Press.

Romich, J., Simmelink, J., & Holt, S. 2007. "When working harder does not pay: Low-income working families, tax liabilities, and benefit reductions", *Families in Society* 88 (3): 418-426.

Rosales, R. 2000. *The Illusion of Inclusion: The Untold Political Story of San Antonio, Texas*, Texas: University of Texas Press.

Shapiro, T. 2010. *Mountain justice: Homegrown resistance to mountaintop removal for the future of us all*, Oakland, CA: AK Press.

Short, K. 2012. "The research: Supplemental poverty measure 2011", *Current Population Reports*, US Census Bureau, 1-20.

Smeeding, T. M., Wing, C., & Robson, K. 2009. "Differences in social transfer support and poverty for immigrant families with children: Lessons from the LIS", In E. Grigorenko and R. Takanishi (Eds.), *Immigration, diversity, and education*, New York: Routledge.

Social Security Administration (n.d.). 2014. "social security changes", Retrieved from ssa.gov.

Stern, M. J., & Axinn, J. 2012. *Social Welfare: A History of the American Response to Need* (8th ed.), New York: Pearson.

Swartz, K. 2013. "The war on poverty's effects on health care use of the elderly", In M. Bailey & S. Danziger (Eds.), *Legacies of the War on Poverty*, New York: Russell Sage.

Tolleson-Rinehart & Josephson. 2005. *Gender and American Politics: Women, Men, and the Political Process*, Armonk, NY: M. E. Sharpe.

Trattner, W. I. 1999. *From Poor Law to Welfare State* (6th ed.), New York: Free Press.

Trisi, D., & Pavetti, L. 2012. TANF weakening as a safety net for poor families, Center on Budget and Policy Priorities.

U. S. Census Bureau. 2012. "Income, poverty, and health insurance coverage in the United States, 2011", *Current Population Reports*, 60-243.

U. S. House of Representatives, Committee on Ways and Means. 2013. *Overview of Entitlement Programs*, 2012 *Green Book*, Washington, D. C.: U. S. Government Printing Office.

Unicef Innocenti Centre. 2012. "Children left behind: A league table of inequality in child well-being in the worlds' rich countries", *Innocenti Centre Report Card* 9, Florence, Italy.

Waldfogel, J. 2013. "The social safsety net for families with children", In M. Bailey & S. Danziger (Eds.), *Legacies of the War on Poverty*, New York: Russell Sage.

Weathers, R. R., & Hemmeter, J. 2011. "The impact of changing financial work incentives on the earnings of social security disability insurance (SSD) beneficiaries", *Journal of Policy Analysis and Management* 30 (4): 708-728.

Wimer, C., Fox, L., Garfinkel, I., Kaushal, N., & Waldfogel, J. 2013. "Trends in poverty with an anchored supplemental poverty measure", CPRC Working Paper No. 13-01.

Ziliak, J. P. 2010. "Alternative poverty measures and the geographic distribution of poverty in the United States", Report prepared for the Office of the Assistant Secretary for Planning and Evaluation, U. S. Department of Health and Human Services.

Ziliak, J. 2011. "Recent developments in antipoverty policies in the United States", Institute for Research on Poverty Discussion Paper No. 1396-11.

韩国的劳动贫困层和脱贫政策：
未完成的改革[*]

鲁大明（노대명）[**]

摘　要：本文关注劳动贫困层（working poor）和面向他们的反贫困政策，从理论上明确劳动贫困层的定义、发生环境和决定因素，探究劳动贫困层的主要特征及反贫困政策。研究认为，韩国的劳动贫困层由两大群体构成，一是就业贫困层，即反复经历失业和就业过程的周期性贫困群体；二是待业贫困层，即由于各种原因不就业的长期性贫困群体。现有的劳动贫困层支援政策致力于促进失业者就业，但其效果仍不尽如人意。

关键词：劳动贫困层　就业贫困层　待业贫困层　劳动贫困层支援政策

一　前言

步入 1997 年金融危机冲击之后的平静时期，韩国的政策法案开始关注劳动贫困层问题。此前迅速上升的失业率在这一时期重新降低，但也开始出现一些新问题。一方面劳动力市场呈现两极化[①]，另一方面临时工人就业不稳定和工资低的问题愈加严重，同时开始出现以临时工人为中心的劳动贫困层增加的现象。但在当时控制劳动的两极化和弹性化的努力与其说是预防劳动贫困层走入贫困，不如说是通过加强社会安

---

[*] 翻译：刘行，韩国庆熙大学儿童家庭学博士研究生；审校：张文博、梁晨，中国社会科学院社会学研究所，助理研究员。
[**] 鲁大明，韩国保健社会研究院全球社会政策研究中心，主任、高级研究员。
[①] 原文为"이원화"。

网来加强劳动贫困层的收入保障和就业支援政策，包括1999年引入基本生活保障制度，2000年开始自立项目，2006年正式实施社会型企业的支援政策，2008年实行劳动所得税抵免制。但是，直至（金融危机）20年之后的今天，劳动贫困层问题依旧没有得到太大改善。问题是，需要在这种情况下应对第四次工业革命带来的巨大变化。虽然第四次工业革命对产业结构和劳动力市场结构产生了巨大影响，但很难预测它会对（就业/工作）岗位总量带来怎样的长短期影响。但可以肯定的是，随着现有职业的消失和新型职业的产生，劳动力移动（Labor mobility）①将正式开始；而在这一过程中，就业能力较低的弱势群体面对失业和贫困问题的可能性更大。尤其需要注意的是，近年来与原有的雇佣关系非常不同的职业在快速增加，比如零工经济（gig economy）、云工作（cloud work）、平台工作（platform work）等，都是一些很难掌握雇主与劳动方之间雇佣关系的新型工作岗位。这意味着，现有的以传统雇佣关系为前提而设计的社会保险制度很难保护劳动贫困层（황덕순 외，2016）。因此，劳动贫困层被纳入（反）贫困政策支援对象的可能性很小，这也提示了韩国社会劳动贫困阶层的问题被持续提出的可能。现在，韩国社会面临就业不稳定、收入差距大、收入不平等、贫困深化、社会保障制度无法真正保护弱势群体等问题。这说明通过劳动进行收入分配和通过福利进行收入再分配之间没有找到一个平衡点。在过去的20年中，我们没有从宏观视角找到一个政策性的平衡点，因此通过各种项目以解决劳动贫困层问题的尝试都没有成功。本文将略述韩国劳动贫困层的支援政策所取得的成就，要解决的问题，以及未来如何设定其发展方向。

二 理论背景

1. 劳动贫困层的概念

劳动贫困层（working poor）已为各国专家和政策决策者所通用，但其定义仍未在国际上达成一致。因此，本文将剖析劳动贫困层的各种概念，最终决定选择什么样的定义。劳动贫困层可以定义为"所在家庭的

---

① 劳动力移动指劳动者在职位种类、企业、地区间的移动现象。

家庭收入在贫困线以下，且正在工作的群体"。这里的贫困线可以采用不同的定义标准，或是各国独自设立的贫困线（national poverty line）①，或是国际通用的贫困线，即"一个国家或地区社会中位收入或平均收入的40%~60%"。这一定义中有争论的地方是，如何定义"工作"。例如，调查时是应当将调查对象"正在就业状态"视为工作，还是将"一段时间内有工作经验"视为工作。前者是在特定时间做的调查，因此可以看成是静态的定义；后者是一段时间，例如，1年中几个月以上在工作，因此可看成是动态的定义（노대명·최승아，2004）。

上述两种定义方法各有优缺点。动态处理方法在掌握整体政策支援对象的规模和特点上占有较大优势。因为以某一特定时期的工作状况为研究对象即采用静态处理方法时，由于劳动贫困层所具有的不稳定的雇佣特性，因此使得当时失业的群体未能被包含进去，会导致过小评估了需要政策支援的劳动贫困层的规模。因此，国际上在对劳动贫困层的规模和现状进行相关评估和分析时通常使用动态处理方法。动态处理方式是美国劳动统计局在定义劳动贫困层时使用的处理方法，欧盟也经常使用此方法（Eurofound，2010）。但这一方法只有在掌握了研究对象过去一年的就业时间的前提下才有可能使用，可以说这也是许多研究者们在分析过程中所面临的最大的限制之一。比起动态处理方法，静态处理方法在数据的灵活应用上具有优势。因为通过大部分的家庭调查数据（household survey data），可以了解劳动贫困层的规模和实际情况。本研究中对劳动贫困层的规模和状况采用动态处理方法，其他的研究结果则根据静态处理方法得出。

表1展示了以就业状态和职位为基础对劳动贫困层的概念所做的分类。根据该表，劳动贫困层从狭义上看，可以称为就业贫困层（working poor）；从广义上来看，可以称为经济活动贫困层（active poor）。该表中根据动态处理方法得来的劳动贫困层指的是第Ⅲ组中在过去一年里有6个月以上工作经验的团体。这个表中使用了一般不使用的概念，即有能力工作且可以工作的贫困层（workable & working poor）的概念。这个概念不仅以是否工作，还以是否有工作能力为标准判别劳动贫困层，因此值得注

---

① 韩国在2015年7月之前将最低生计费（Minimum Living Standard）运用成贫困线。这可以理解成韩国独有的贫困线（National Poverty Line）。但从严格意义上来说，这是包括基本生活保障制度在内的各种福利制度的行政型收入基准线。

意。由此，全职主妇、啃老族（NEET）等被归类为非经济活动人口，但同时也可以被看作可以工作的群体。在现实中，这一概念可以运用于判别社会救助制度的福利领取人是否有能力工作，从而选定支援对象或部分符合条件的对象。比如，美国的 TANF、韩国的基本生活保障法案等社会救助制度对于福利领取人中有劳动能力但处于未就业状态的群体，以就业、教育培训等为条件给予福利补贴。

表 1　通过职位身份对劳动贫困层的定义

类别		状态	组 I	组 II	组 III
经济活动人口	工作 — 领工资的劳动者	正规就业 临时工 小时工	劳动贫困层 I	劳动贫困层 II＝贫困的经济活动人口	劳动贫困层 III＝有能力工作且还在工作的贫困层
	工作 — 不领工资的劳动者	雇主 自雇 非付酬的家庭帮工			
	不工作	失业		失业贫困	
非经济活动人口	不工作	-啃老族 -老人、残疾人、儿童、全职主妇		非经济活动人口，但具备工作能力的贫困层	

* 这些阶层的家庭收入低于贫困线。

除了上面提到的劳动贫困层或有劳动能力贫困层（workable poor）的概念外，也有必要提及各种分析中经常使用的类似概念。比如，劳动年龄贫困层（working-age poor）的概念，这指的是贫困家庭的成员中处于劳动年龄段的人口。OECD 规定的劳动年龄层为 15（周）岁至 64（周）岁的人口群体。

2. 劳动贫困层的产生环境

劳动贫困层的产生是源于结构性问题还是个人责任，这是一个长期的议题。但是，由于劳动贫困层问题在全世界范围内不断增加，很难将劳动贫困层的产生归因于个人，而更应将其归因于结构性问题。

当前劳动贫困层产生的结构机制由以下四种因素组成：①产业结构的变化（changing industry structure），②雇佣保护法（employment legislation protection），③机会不平等（unequal opportunity），④社会安全网（social safety net）。当然，每个国家的条件不同，上述因素的组合方式也是多种多样的，从而衍生出各种各样的劳动贫困层的产生机制。那么，如何具体分析这四种因素呢？

第一，产业结构变化，从历史的角度看可以说是劳动贫困问题产生的最主要的原因。和工业革命之后许多农民失业并寻找新的工作的过程一样，后工业化过程中许多制造业劳动者面临劳动贫困问题。这可以看作原有职业的消失和新型职业的产生过程中许多劳工面临的结构性问题。当然，每个国家的产业发展阶段不同，劳动贫困层产生的原因也不同。与西方福利国家相比，韩国在相对晚近的 2000 年才经历急剧的后产业化，制造业工作岗位急剧减少，收入低、就业不稳定的服务业工作岗位大量代替制造业岗位，劳动贫困层呈现增加的态势。

第二，雇佣保护法的变化也是劳动贫困层产生的重要原因之一。随着产业结构的变化，就业形式也发生变化，失业、低收入、就业不稳定的风险增加，但在这种风险之下，保护劳动者的制度未发挥作用也是劳动贫困层产生的一个重要原因。21 世纪的雇佣保护法的困境是显而易见的。雇佣保护法强势的国家，虽然可以很好地保护原有的正式员工，但是使得新的求职者就业难，反而引发新失业者增加和长期失业的问题，从而呈现失业贫困层增加的态势。20 世纪 90 年代的欧洲国家都经历过这样的事情。与此相反，在劳动力市场过于灵活的国家里，低收入和就业不稳定加剧，又呈现工作难以维持生计的就业贫困层增加的态势。20 世纪 80 年代以来，美国正在发生这样的事情。韩国的贫困问题同时拥有这两种特征，对公共部门和大企业的正式员工保护得相对较好，而以中小企业和服务业为主的就业不稳定现象在扩散。

第三，机会不平等的加剧也是引起劳动贫困问题的原因。当然，每个国家机会不平等的原因有所不同，但是可以说几乎所有国家都发现了机会不平等的一些共同来源，即学历和性别导致的就业和工资差别。同样的职业，女性比男性的收入更低，教育水平的差别也带来了收入的差别。正因如此，低学历女性家长的单亲家庭的贫困问题严重。此外，西方国家中种族或宗教问题也被视为引发贫困的主要原因，即少数族裔在就业过程中受到各种排斥和歧视,这种排斥和歧视是他们沦为失业者或低收入劳动者的原因之一。韩国社会中性别和学历带来的就业和收入等方面的不平等情况很严重,而且当这些因素叠加时一个人沦为劳动贫困层的危险性也会增加。

第四,社会安全网的发展程度也是导致贫困问题的重要原因。低发展或中等收入国家,仍然有启动私人安全网(private safety net)的情况。但是高收入国家的私人安全网减弱,大多由社会安全网替代。问题是社会安全网的功能究竟如何?保障失业者和低收入劳动者的社会保障制度,可大大减少劳动贫困问题的危险性。实际上,欧洲福利国家的劳动贫困层比例与美国或其他国家相比并没有低很多,但是他们通过收入保障制度、就业扶持政策,以及各种公共服务支援制度,给贫困层分配更多的收入从而减少了劳动贫困层。虽然韩国的社会保障制度迅速发展,但需同时解决老年贫困和劳动贫困的问题,因此,劳动贫困层的收入再分配问题在社会保障排序上相对靠后。

总的来说,影响劳动贫困问题的原因是错综复杂的。发展衰退或经济停滞增加了失业和低收入的风险,从而影响劳动贫困问题是理所当然的事,但经济发展不是解决所有问题的良药。就算经济增长,(如果)非正式工作成为社会常态,特定群体的差别待遇很严重的话,相对条件较不利的弱势阶层仍将沦为劳动贫困层。而且最终,社会保障制度的发展程度也会极大影响劳动贫困层的增加或减少(심상용,2006)。

3. 劳动贫困层的贫困决定因素

为什么有些人会陷入贫困状态,有些人则不会?以个人为单位分析贫困的决定因素时很难纳入对宏观因素的考虑。因此,经验分析中,各劳动年龄层的贫困决定因素(主要)以个人特征、就业状况、家庭结构和社会保障制度等为中心进行分析(이병희,2008;백학영·구인회,2010)。第一,个人特征包括性别、年龄、教育程度等,它也反映了上文提及的结构性原因,即性别和年龄展现了机会不平等的严重程度,教育水平则是展现就业竞争力的重要因素。第二,就业与否和工作质量是比较直接的贫困决定因素。许多现有研究结果显示,家长的失业导致家庭收入减少,对贫困进入产生重大的影响。而且即使有工作,也要看工作质量,工资非常低或者雇佣中断(=收入中断)会导致其暴露在贫困危险之中。韩国社会中临时工人(irregular worker)受低收入和就业不稳定的折磨,这也是他们

被认为非常容易沦为劳动贫困层的原因。韩国的劳动贫困层中正式工人的比例极低。第三，家庭结构也是劳动年龄层沦为贫困层的重要原因。具体来看，家庭成员中有工作的人数增加会减少贫困的风险，反之没有工作能力的家庭成员增加则会因支出的增加而加剧贫困风险。目前父母和子女生活在一起的家庭，即从父母或子女那里得到收入支援也可以减少贫困的危险。第四，和劳动贫困层的贫困决定因素相关的社会保障制度，尤其是社会救助制度的作用非常重要。它与大多数国家的社会救助制度中以贫困层为目标（targeting）支付的福利补贴有关。为了满足贫困层的不同需求，福利补贴通常由几项补贴组成。但在实际分析过程中只考虑现金补贴时，难以确认脱贫效果。①

在实际分析中，应剖析以上提及的各因素和各收入以何种方式影响劳动年龄层进入贫困。本文将剖析每个个体想要怎样的工作，对其劳动收入有什么样的影响，除了劳动收入外，公、私转移收入对整体家庭收入有怎样的影响。这里的收入分为劳动收入和非劳动收入，非劳动收入分为资产（金融收入和财产收入等）和转移收入，转移收入分为个人转移收入和政府转移收入。② 劳动收入受失业和工作与否的影响，在有工作（工资劳动和个体经营）的情况下，劳动收入受工作质量（雇佣条件和收入水平）的影响。在这点上，我们可以根据就业贫困层每个人所做的工作决定其贫困风险。但是从整体看，除了劳动力市场产生的劳动收入以外，家庭单位的金融收入或财产收入、私人转移收入，以及福利制度规定支付的福利补贴影响着劳动年龄层的贫困状况。

三 韩国劳动贫困层的趋势和主要特征

1. 经济环境的变化和劳动贫困层的出现

韩国社会现在出现的许多社会矛盾源于 21 世纪前 10 年正式开始的

---

① 社会救助制度，特别是最低收入保障是对一定收入以下的贫困层的收入保障，保障补贴的收入标准的上限比贫困线低的时候，脱贫效果不显著。
② 如果没有财产收入或金融收入，个人或政府转移收入对贫困进入率影响显著，所以无法工作的老人或残疾人很难不受到非劳动收入的影响。西方福利国家的转移收入占全体可支配收入的比重相对较高，因此更加影响老年阶层的贫困进入率。但是韩国社会的政府转移收入对老人贫困的影响不大，个人转移收入也大幅减少，这意味着韩国社会没有劳动能力的贫困层的贫困风险相当大。

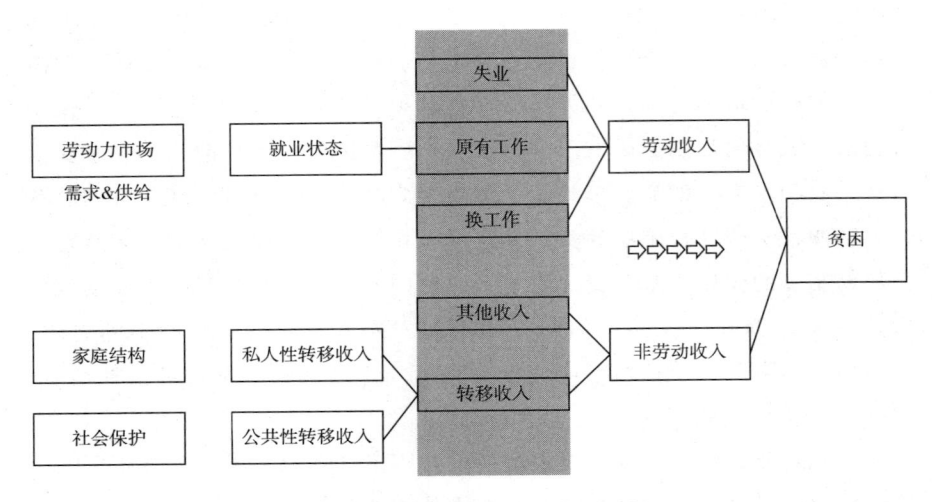

图 1　劳动年龄层的贫困进入机制

收入差距的增大和贫困率的增加。20世纪70年代至90年代中期，快速的经济增长和工作岗位的增加降低了收入差距和贫困率，因此，社会保障制度并没有得到重视。1987年的民主运动和1993年的政权更迭后，政府制定了社会保障制度的扩张计划，但未全面推进，直至1997年韩国社会爆发金融危机，国际货币基金组织等国际金融机构提出以开放市场、调整结构以及劳动力市场灵活化为金融支援的条件，建议韩国强化缓解冲击的社会安全网。实际上，当时的政府为加强以社会保险和社会救助为中心的社会安全网下了很大功夫，但是受2003年的信用大乱和2008年的雷曼冲击（Lehman Shock）等经济冲击的影响，这一努力以失败告终。

金融危机以来20年间进行的各种结构改革的代价是巨大的，导致了就业不稳定和收入分配结构恶化，社会矛盾更加严重。于是，政府承诺加强社会安全网以解决失业和贫困问题。2000年以后，韩国的公共社会支出（public social expenditure）是OECD国家中增长最快的。这意味着政府在一定程度上遵守了加强社会安全网的约定。但在持续不断的经济冲击导致就业不稳定—低收入—失业的恶性循环益发固化，收入差距扩大，贫困率大幅增加的情况下才加强社会保障制度的方式很难达到预期成果。图2显示了1990年以来的三次经济冲击是如何影响贫困率和就业贫困率的。

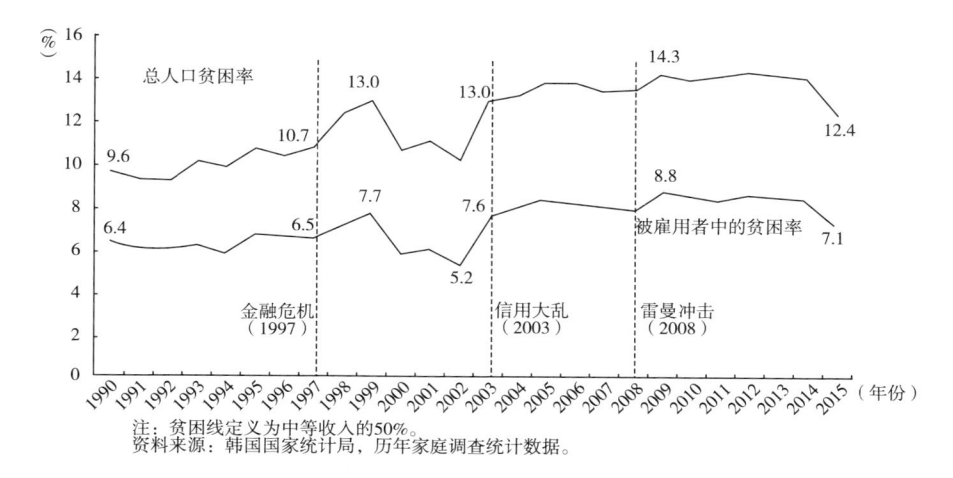

注：贫困线定义为中等收入的50%。
资料来源：韩国国家统计局，历年家庭调查统计数据。

图2　1990年至今的员工贫困率趋势

1999年，金融危机的冲击导致贫困率和就业贫困率大幅增加，这一态势到2002年才好转。但是，2003年到2014年贫困率再次迅速增加，且保持高水平。这期间，收入分配结构出现了以下两种恶化趋势。一是低收入和就业不安稳导致劳动收入差距扩大，阶层之间的收入分配结构恶化。这一点除了贫困率增加外，通过收入不平等的增加以及高、低收入层之间收入差距的扩大也可以看出。二是老人的增加及青年一人家庭的增加等导致代际收入分配结构严重恶化。这与赡养弱势群体的劳动年龄层面临低收入和就业不安稳，导致他们的赡养功能，尤其是对老人的赡养功能减弱相关。

事实上以上两种趋势密切相关。如果低收入和就业不稳定在劳动年龄层中扩散，就会影响他们对老人和儿童的抚养功能。尤其是如果社会安全网脆弱，问题就更严重。在过去的20年间，政府为保护弱势群体做出了很多努力，但是即使有各种收入保障政策，老人贫困率仍保持较高水平。如果以2015年可支配收入中位数的50%为贫困线，老年贫困率约为47.2%（한국보건사회연구원，2016）。这意味着为了保障老年群体的收入，需分配更多的财力。

从长远的观点看，韩国社会需要解决的最大问题是维持劳动年龄层的购买力，他们是支撑韩国社会的中坚力量。在家庭层面，劳动年龄层在今后相当长的一段时间内将承担抚养儿童和老人的责任。在社会层面，在私人安全网解体的情况下，需要通过劳动年龄层的劳动税收来支撑社会安全网。因此，如果这个群体收入不平等或贫困加剧，从家庭到社会，乃至全面的经济社会性矛盾将被激化。因此要关注解决贫困问题的社会保障政策。

2. 劳动贫困层的规模和趋势

劳动贫困层的规模，可根据不同的概念推测。首先，根据动态的方法，即以过去一年中的工作时间（employment period）为标准，推测劳动贫困层的规模。工作时间被划分为四个等级：完全不工作的、工作1至6个月的、工作7至11个月的、12个月全部工作的。同时根据每个人的收入标准，区分贫困层和非贫困层。考虑到样本的大小和数据的可靠性，本部分使用了韩国统计局2005年家庭动态调查资料和经济活动人口调查资料的匹配数据，详见表2。分析结果显示，贫困层中工作7至12个月的人，仅占劳动贫困层人口的3.8%。

表2 工作时间 & 劳动贫困层人口比例

单位：%

工作时间	占总体的比例		
	合计	非贫困	贫困
0个月	28.9	24.0	4.9
1~6个月	10.5	8.9	1.6
7~11个月	12.6	11.1	1.5
12个月	47.8	45.5	2.3
合计	100.0	89.8	10.2

注：贫困线为连续收入中位数的50%。
资料来源：韩国国家统计局，家庭调查和经济活动人口调查的匹配数据，2005。

接下来设定劳动就业者中的贫困层为劳动贫困层，推测其规模如表3所示。首先，以市场收入中位数的50%为贫困线，推测劳动贫困层的规模，其规模从2006年的8.8%至2014年的9.4%，有所增加。如果以可支配收入为标准推测劳动贫困层的规模，从2006年的7.4%至2014年的7.4%，规模变化不大。从这一结果来看，2014年，韩国的各种福利待遇致使劳动贫困层的规模减少了约2%。但应注意这是局限于劳动贫困层的减贫效果。

表 3　韩国劳动贫困层的趋势

年份	市场收入	可支配收入
2006	8.8	7.4
2007	9.2	8.1
2008	9.1	8.0
2009	9.5	8.1
2010	9.7	8.0
2011	9.7	7.8
2012	9.4	8.0
2013	9.5	7.6
2014	9.4	7.4

注：1）劳动贫困率是指被雇者的贫困率。
　　2）贫困线为年收入中位数的50%。
资料来源：韩国保健社会研究院《贫困统计年鉴（2005）》。

最后对有劳动能力贫困层（workable poor）的规模和趋势进行观察。之所以使用"有劳动能力贫困层"这一概念是因为，韩国的劳动贫困层支援政策主要以有劳动能力的贫困层为基础支援对象。例如，基本生活保障制度中的就业支援对象就是有劳动能力的待业者。表4根据福利面板数据，显示了2005年至2014年劳动能力贫困层的规模。2005年在整体劳动能力者中贫困层的比例约为12.1%，2014年为9.9%，这意味着有劳动能力的贫困层的规模在逐渐缩小。但应注意，这是面板数据的样本中弱势群体的淘汰率较高产生的结果。

表 4　韩国有劳动能力贫困层的趋势

年份	占总人口的比例（%）		人数（万人）	
	贫困人口	有劳动能力的贫困人口	贫困人口	有劳动能力的贫困人口
2005	15.7	12.1	757	382
2006	14.7	11.8	713	374
2007	14.6	11.6	711	376
2008	14.0	11.2	684	371
2009	12.8	10.3	631	346
2010	12.8	10.0	633	351
2011	14.0	10.8	696	383
2012	13.9	10.8	695	381
2013	15.1	11.9	756	420
2014	13.6	9.9	688	381

注：贫困线为家庭可支配收入的50%。
资料来源：韩国保健社会研究院福利追踪调查。

3. 劳动贫困层的雇佣实态

韩国劳动贫困层的特点之一可从其就业状态得以观察（노대명·최승아，2004；이병희 외，2010）。与西方福利国家或日本相比，韩国劳动贫困层的就业状态是无收入劳动者的比重较高，这是因为未就业者的比重较大。图3中劳动贫困层是以平均收入的50%为贫困线，以有劳动能力群体在特定时期的就业状况为标准确定的。其目的是掌握除就业者之外，无工作意愿的失业者之类的待业者的规模。从图中可以看出，首先，劳动力市场中低收入和就业不安稳的群体沦为贫困阶层的概率高。其次，无收入劳动者中个体经营者的比重最大，这是因为韩国的私营业主中相当大一部分是高龄者，他们找不到适当的工作才转而创业。最后，待业者中非经济活动人口为30.7%，失业者占比为13.2%。值得注意的是，未就业者中无工作意愿的失业者或有工作能力的群体占相当大一部分。

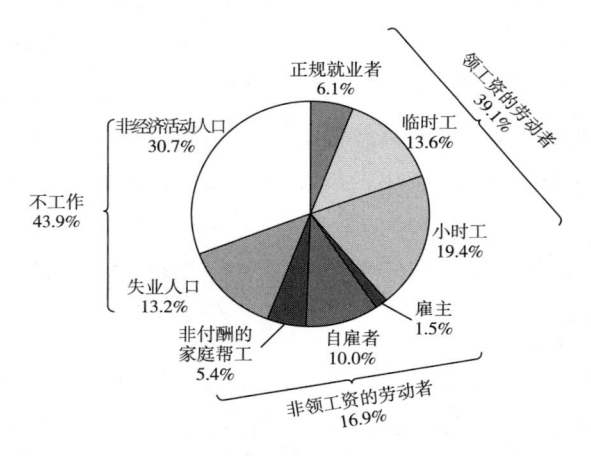

图3 劳动贫困层的构成

更具体地分析就业状况和工作职位的贫困风险，可以看出什么样的群体更容易成为劳动贫困层。尤其是在韩国社会中工作职位与劳动收入及就业稳定性密切相关。图4显示了各工作职位的贫困进入概率，其中，失业者沦为贫困阶层的概率最高，为18.7%；其次是小时工，为12.1%；然后是非付酬的家庭帮工，为10.6%。而且，与领薪者相比，非领薪者的贫困进入概率约高出了近两倍。

不仅工作岗位带来的就业不稳定是一大问题，还要考虑工作岗位的产生和消灭过程中劳动力移动增加的问题。当然，劳动力移动过程中会发生劳动收入的增加和减少，其中一些弱势群体的收入水平会下降。特别是就

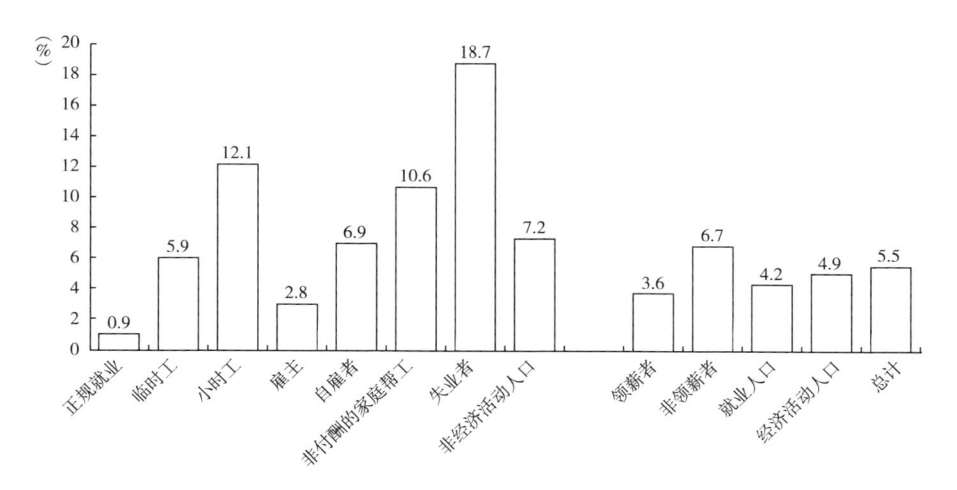

图 4　不同职业的贫困进入率

（柱状图数据：正规就业 0.9；临时工 5.9；小时工 12.1；雇主 2.8；自雇者 6.9；非付酬的家庭帮工 10.6；失业者 18.7；非经济活动人口 7.2；领薪者 3.6；非领薪者 6.7；就业人口 4.2；经济活动人口 4.9；总计 5.5）

业和失业反复循环的群体的贫困风险更大。表 5 显示了存在劳动力移动的群体和没有劳动力移动的群体的收入水平的变化。首先以收入水平前 10 位为标准来看，有劳动力移动的群体中，43.6% 的人的收入水平没有发生变化，30.1% 的人的收入出现下跌，26.3% 的人的收入出现上升。以是否贫困层为标准来看，劳动力移动群体中 77.6% 的人的地位没有发生变化，12.7% 的人沦为贫困层，9.8% 的人变成了非贫困层。以非正式劳动者为中心的劳动移动较频繁，收入水平向下移动的偶然性很大（노대명·강신욱·이현주，2006）。

表 5　劳动力移动与收入水平变化

单位：%

收入水平的变化		劳动力移动	没有劳动力移动
收入十等分	向上	26.3	18.4
	没变	43.6	64.1
	向下	30.1	17.5
	总计	100.0	100.0
贫困	向上	9.8	3.9
	没变	77.6	92.3
	向下	12.7	3.8
	总计	100.0	100.0

注：贫困线为连续收入中位数的 50%。
资料来源：韩国国家统计局，家庭调查和经济活动人口调查的匹配数据，2003~2005。

四 韩国劳动贫困层支援政策的现状

1. 劳动贫困层支援政策的基本构成

一般来说，劳动贫困层的支援政策包括三个方面（详见下图5）：1）收入保障政策；2）就业扶持政策；3）劳动激励政策。当然，这三个组成政策在不同的国家，拥有不同的制度结构，在支援对象的综合性、支援水平和支持方式上有很大的差别，而且各个制度如何有机地联系起来也是很重要的问题。从这样的观点来看，在过去的20年里，与韩国劳动贫困层支援政策相关的各项制度还未能有机地联系起来。

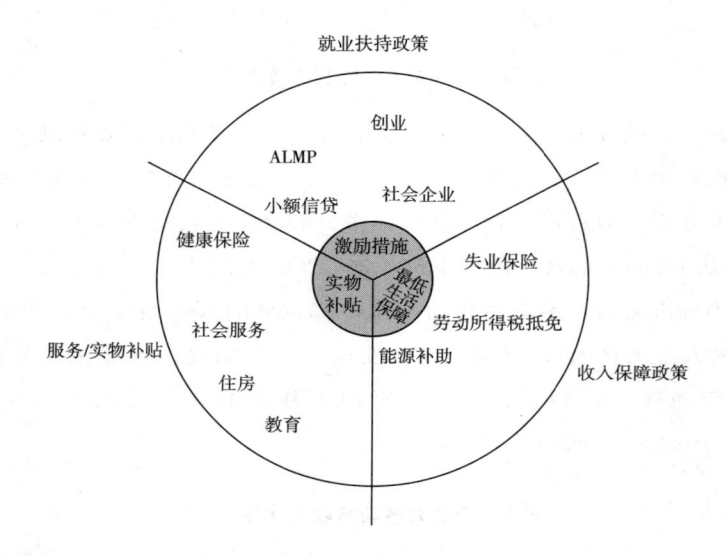

图5 劳动贫困层支援政策的组成要素

具体来看，韩国的劳动贫困层支援政策构成为：1）收入保障政策有基本生活保障法案（Basic Livelihood Security Act，BLSA）；2）就业扶持政策有自立项目（Self-Sufficiency Program，SSP）和就业成功组合包（Job Success Package，JSP）；3）劳动激励政策有劳动所得税抵免制（Earned Income Tax Credit，EITC）。基本生活保障法案是为除老人和儿童外，包括有劳动能力者在内的整个贫困层提供现金补贴和实物补贴的代表性社会救助制度。虽然劳动年龄层普遍能收到养育费支援等，但韩国没有只提供给劳动贫困层的支援。自立项目是以基本生活保障制度的受惠者中有劳动能力的待业者为对象，为其提供就业援助、职业培训、就业岗位等综合就业援助的服务。这个项目在支付福利补贴时，以参加就业项目为强制性（资格）条件。与此同时，为改善自立项目中所存在的问题和缺点，韩国又引进了就业成功组合包。为促进劳动贫困层的就业，还有类似于美国的 EITC 和类似于劳动所得税抵免制的劳动激励政策。这个项目在过去的一年间，支援了有从业经验的贫困层。

上面提到的支援政策中，基本生活保障制度对原有的生活保护制度进行了全面修订，并于 2000 年实行。这个制度和有无劳动能力无关，承诺保证贫困层中所有人员的基本生活，但在实施过程中，因受财产和赡养义务标准的限制，贫困层中的许多人被排除在支援对象之外。最低生活费用（minimum living standard）作为决定支援对象选择标准和工资水平的核心标准，对保障扩增支援对象或保持工资水平的适当性带来了困难。因此，基本生活保障制度于 2015 年全面修订为定制型工资体系（Customized Benefits System），引入了根据不同收入独立裁定支援对象选择标准和工资水平的福利体系。

如果说基本生活保障制度是劳动贫困层的收入保障制度，那么，自立项目则是劳动贫困层中未就业者的就业援助制度。自立项目包括就业援助—职业培训—就业岗位提供等综合性的制度设计，在实施初期受到了很多关注。但是韩国社会在 21 世纪前 10 年多次面临经济冲击，出现了优质工作岗位快速消失的问题，再加上基本生活保障制度体系阻碍福利受惠者的就业和逃出福利的问题出现，结果，自立项目并未达到在就业和福利逃脱方面的预期效果，被大大小小地多次修订。最大的变化是 2009 年引入就业援助计划，即"希望再生"项目和"就业成功组合包"项目。在项目模式上，从以通过公共事业（public work）和社会型企业创业为中心转向以就业连接为中心，这一改变具有一定意义。

引入劳动激励政策的原因很简单，因为有必要将收入保障和就业支援这两种政策有机地联系起来。福利受惠者依赖制度和逃避就业的原因之一是与得到的福利补贴相比，辛苦工作的经济收益不大。因此，比起给劳动贫困层福利补贴，不如加强促使劳动贫困层就业的劳动奖励。这是 2007 年引入劳动所得税抵免制的背景。这使劳动贫困层就算不参与基本生活保障制度，也可以收到一定的现金工资，从而大力促进就业。但基本生活保障制度真正的受惠者中的就业者并未被包含在劳动激励政策的支援对象之内，直到 2015 年他们才享受到劳动所得税抵免制。劳动激励政策对贫困层的收入增长影响不大，在促进家庭其他成员的就业方面也遇到了限制。这是因为劳动贫困层大多年龄大，没有职业技术，很难找到更好的工作，而劳动激励政策是以家庭为支援单位的，即使其他家庭成员就业，也没有相应的奖励。

2. 劳动贫困层支援政策的现状分析

前文论述了如何实施针对劳动贫困层的支援政策，现对其实施现状和所存在的问题进行简单说明。首先，基本生活保障法案（BLSA）作为保障贫困层收入的最具代表性的支援制度，支援其生计、居住、医疗、教育等。这一制度主要存在以下三个问题：1）非受惠贫困层规模大，2）工资水平低，3）工资体系阻碍就业和福利逃脱。为了解决这些问题，2015年引入了定制型工资体系。引入以后，基本生活保障制度对象中有劳动能力的受惠者人数持续减少，这意味着该制度对劳动贫困层的收入保障功能持续弱化。那么，目前有劳动能力的受惠者的年龄分布如何呢？根据表6，2015年12月，40~49岁的人群占比最大，为27.7%；其次是20~29岁的人群，占比为27.4%；再次是50~59岁的人群，占比为19.4%。这表明劳动贫困层的收入保障呈现中年和青年两极化。这和最近韩国社会青年贫困人数呈增加趋势相吻合。2017年，韩国政府为了消除贫困的死角地带，发布了逐渐废除以赡养责任人为标准选择受惠者的措施，以在短期内，废除老人和残疾人等的赡养责任人标准，预计在未来几年内将废除所有津贴的赡养责任人标准。这些措施将会在消除贫困死角地带上发挥显著的效果。同时，津贴水平合理化的措施也在进行，以住房和教育津贴为中心，根据不同的收入水平，为受惠者提供更加符合实际的支援。但促进就业和福利逃脱的劳动激励方案仍然较弱。

表 6 基本生活保障受惠者的年龄分布

单位：人，%

年龄	2013.12		2014.12		2015.12	
小于 19	21728	11.5	20095	11.2	26390	9.8
20~29	52724	27.8	52427	29.2	73736	27.4
30~39	21896	11.6	19344	10.8	27954	10.4
40~49	55741	29.4	49959	27.9	74649	27.7

续表

年龄	2013.12		2014.12		2015.12	
50~59	30992	16.4	30996	17.3	52254	19.4
60~64	6275	3.3	6525	3.6	14130	5.3
合计	189356	100.0	179346	100.0	269113	100.0

资料来源：卫生与福利部（2016），福利领取者数据。

自立项目以未就业群体中有劳动能力的人为对象。为了促进参与者的就业，韩国政府持续加强就业支援项目。但是，自立项目主要以福利部的就业援助项目管理大多数参与者的方式运作，而且呈现就业支援计划中自立劳动项目的参与者占大多数，奖励储蓄的资产形成项目（IDA）参与人数迅速增加的态势。这意味着比起实际的就业援助，自立项目主要以提供就业和储蓄支援计划为中心推展。根据现有的绩效评价结果，自立项目促进就业的成果和培训效果较差，需改进或缩小。2009年起，自立项目有了很大的改变。随着劳动部实施"希望再生"（Hope Reborn）和"就业成功组合包"（JSP）项目，就业援助计划开始了。以此为契机，自立项目参与者的就业率开始增加。但是由于自立项目的就业援助计划由劳动部一元化管理，至2014年各种各样的问题开始出现。一方面，现有的自立项目大幅萎缩，另一方面就业可能性低的受惠者被统一移交到了就业成功组合包，发生了参与者中途退出的问题。结果，劳动贫困层就业援助计划经历了相当长一段混沌的时期。2017年，和劳动贫困层就业援助计划相关的劳动部和卫生与福利部的责任作用分工问题凸显出来。

表7 自立项目参与者

单位：人

| | 合计 | 卫生与福利部 | | | | | | 劳动部 | |
| | | 小计 | 公共就业 | 起点支持 | | 资产建设 | | | |
				社会企业	小额贷款	资产形成计划Ⅰ	资产形成计划Ⅱ	希望再生	就业成功组合包
2013	109206 (100%)	94198 (86.3%)	48002 (44.0%)	8629 (7.9%)	230 (0.2%)	26904 (24.6%)		10054 (9.6%)	15008 (13.7%)
2014	123622 (100%)	105632 (85.4%)	40234 (32.5%)	8580 (6.9%)	321 (0.3%)	32152 (26.0%)	10259 (8.3%)	14086 (11.4%)	17990 (14.6%)

续表

合计	卫生与福利部							劳动部	
	小计	公共就业	起点支持		资产建设			希望再生	就业成功组合包
			社会企业	小额贷款	资产形成计划Ⅰ	资产形成计划Ⅱ			
2015 140700（100%）	114786（77.1%）	40724（28.9%）	7511（5.3%）	296（0.2%）	34860（24.6%）	25252（17.9%）		6143（4.4%）	26094（18.5%）

资料来源：卫生与福利部（2016）。

以就业贫困层为对象的劳动所得税抵免制在2007年实施以来持续扩张发展。引入定制型工资体系后，收到劳动奖励金的受惠者超过100万人，这是收到基本生活保障制度的现金补贴的受惠者规模的三倍以上。但由于劳动奖励金额低，存在收入保障效果低，以及促进劳动就业或增加劳动收入的效果低的问题，定制型工资体系也因此受到批判。劳动所得税抵免制每年仅支付约70万的劳动奖励金，由此可见，保障水平低是事实。但是2015年引入子女奖励税制后，收入保障水平大大改善。但还是应该注意劳动所得税抵免制对促进就业或增加劳动收入的效果有限的问题。这是因为劳动力市场上优质的工作岗位消失，劳动贫困层的就业能力仍然较弱。

表8 劳动所得税抵免制的受惠者

单位：人，%

	家庭		补贴		领取率（B/A×100）	
	需求（A）	受惠者（B）	需求（A）	受惠者（B）	家庭	补贴
2009	723937	590720	558161	453731	81.6	81.3
2010	676634	566080	522352	436903	83.7	83.6
2011	666816	522098	509405	402003	78.3	78.9
2012	930232	752049	747481	614021	80.8	82.1
2013	1020087	783397	719327	561761	76.8	78.1
2014	1060405	846018	967151	774492	79.8	80.1
2015	1584038	1232546	1360980	1021682	77.8	75.1

资料来源：国家税务服务（历年），国家税收统计数据。

3. 劳动贫困层支援政策模式的变化

上文提到了劳动贫困层支援政策的逐步推行和持续扩大。尽管专家们主张引入综合性的就业福利联结制度，但由于施行具体政策的不同部门各自采用独立的管理方式，结果并未在短期内形成一套结合了收入保障、就业支援、劳动激励三种功能的综合制度安排（institutional arrangement）。2015 年的定制型工资体系变革曾被视为劳动贫困层支援政策的一个重要转折点，但截至 2017 年，劳动贫困层的综合支援制度还未被引进。目前，韩国劳动贫困层支援政策的模式需要转换，即从过去 20 年的政策基调——"事后支援为中心的方式"向"预防为中心的方式"转变。这并不是说就不需要事后支援，而是说需要强化预防或抑制劳动贫困层产生的政策。

致力于事后支援的政策基调从 2000 年开始一直持续到现在。虽然 2015 年定制型工资体系有过变革，但劳动贫困层支援政策并没有大的进展。定制型工资体系是容易满足贫困层的各种要求的支援体系，与以劳动贫困层为对象的收入保障制度相分离，它通过结合就业支援政策和就业激励政策实现了新的变革。但它并没有强化预防劳动年龄层沦为贫困层的政策，也没有实现对雇佣福利联结政策的综合改革。结果，过去数年间的改革只是整合了一部分以劳动贫困层为对象的雇佣福利传达体系，加强了就业成功组合包。

加强劳动贫困层支援政策的预防性功能意味着，应当加强劳动年龄层免于沦为贫困层的事前型支援制度。对此，可以考虑以下三种改变。

第一，需要控制就业不稳定和低收入扩散的政策。如果劳动力市场的就业不稳定和低收入问题失控，如果不能为低学历—非熟练者大规模创造就业机会，就很难预防劳动年龄层进入贫困层或促进劳动贫困层逃离贫困层（이시균，2013）。关于这一问题，可以感知到现政府的政策基调发生了一些有趣的变化。这意味着政府为解决劳动力市场发生的就业不稳定、低收入以及工资差距问题做出了很多努力。但这些努力仍在政策运行的初期，难以预测其产生的效果。从现政府以国政课题提出的市场上的公平竞争，提高最低工资，临时工的正规化和增设公共部门的工作岗位等，可以看出韩国政府对劳动贫困层积极参与劳动力市场做出了积极的干预。和前文提到的一样，这是一种通过控制可能引发劳动年龄层贫困风险的诸因素，加强政策预防贫困功能的方式。

第二，需要完善存在限制的收入保障制度。韩国金融危机后社会保障体系以社会保险为中心构建。通过扩大全国范围的社会保险，政府选择了社会救助制度支出负担最小化的方式。但是因为灵活的劳动力市场化和庞大的非正式部门，在扩大社会保险的参保对象及受惠对象方面存在困难。有正式工作的群体的社会保险参保率达到 90%，但临时工的参保率不到 60%。这意味着，越是失业和贫困危险大的弱势群体，接受社会保险制度的保护越难。因此需要扩大针对低收入家庭的收入保障制度和社会救助制度。但是，从福利政治的角度来看，加强支援劳动年龄层承受负担最大的教育、居住和保育费等必要的开支的普遍性政策更实际。这在低生育问题严重的韩国社会尤为重要。不仅是低收入层，中产阶层也因为教育和居住问题深感痛苦，这被看作低生育问题深化的原因。因此，可以说在教育和住房等领域引入普遍性支援制度，是解决低生育问题的前提条件。当然，普遍性支援制度需要大量财力，这一点也成为争论的焦点。

第三，2017 年韩国劳动贫困层的支援政策应将收入保障制度、就业援助制度和劳动激励制度有机地联系起来，形成新的统合型支援制度。如果不将各种支援制度有机地结合或连接起来，很难有效地支援劳动贫困层的贫困逃脱和受惠逃脱。在过去 20 年的政策实验中，如果不构建可以调整和改革各部门管理的支援制度的稳定系统，很难期待就业和福利可以有机地联系在一起（노대명·황덕순·김재진，2016）。

五　结语

韩国的劳动贫困层由两大群体组成。一个是就业贫困层，即反复经历失业和就业过程的周期性贫困（recurrent poverty）群体；另一个是待业贫困层，即以各种理由不就业的长期性贫困（chronic poverty）群体。这种结构在过去 20 年中没有大的变化。即便如此，现有的劳动贫困层支援政策主要致力于促进失业者就业。这点可以通过加强基本生活保障制度受惠者中以待业者为对象的自立项目，引入就业成功组合包的一系列过程确认。可以说，引入就业贫困层劳动激励政策的契机也是从为了促进待业贫困层的就业，加强就业者的劳动奖励经验中开始的。但就业激励税制引进以来，劳动贫困层支援政策的成果并没有大的改善。加强就业援助计划后，待业者的就业率虽然增长了，但是劳动贫困层的脱贫效果是微不足道的。

在这些原因中，有必要从根本上改革劳动贫困层支援政策的讨论从数年前就开始了。相关讨论提出应从三个方面重组支援政策。第一，需要消除整个劳动力市场都存在的低收入和就业不稳定问题。在劳动力市场上低工资的工作岗位居多的情况下，通过就业带动脱贫的政策想要取得成效是很难的。针对这个问题，可提出提高最低工资和减少临时工等对策。第二，不应停留在增加社会保险的参保率，而应物色引入普遍型收入保障制度的方案。过去多年来在学界热烈讨论的基本收入等也是其中的方案之一。但更现实的是，有必要讨论增加以劳动年龄层为对象的家庭收入（或儿童津贴）、住房津贴、教育经费支援。第三，应当从就业与福利联系的脉络中重新构造劳动贫困层的支援政策。这和前文提到的一样，应将负责收入保障的生计和住房津贴、负责就业支援的自立项目和就业成功组合包、负责劳动奖励的劳动所得税抵免制和子女奖励税制等有机地联系起来，形成综合性支援制度。

韩国劳动贫困层支援政策的经验也许可以给其他东亚国家几个重要的政策性启示。第一，产业结构变化会导致大规模的新兴职业的产生和原有职业的消失，因此有必要慎重地制定政策。大量的失业和临时工的剧增，以及收入差距的增大，会对整个社会系统造成很大的冲击，应注意这是社会团结力减弱的问题，有必要慎重地制定和修订政策。地区开发需要一定比例的财力投资，为了加强社会保障体系，需要投资的战略转变。第二，即使扩大社会安全网，强化以社会保险（特别是失业保险）为中心的社会保障体系也很难保护弱势群体，所以有必要构建以劳动贫困层为对象的雇佣福利联结支援制度。这意味着，在引入各项制度时，便需要在考虑综合性支援制度的前提下进行制度设计。特别是在引入和改革社会救助制度阶段，独立设计并运营以劳动贫困层为对象的制度很重要。第三，有必要积极探索预防增加的福利需求的社会服务扩充战略和就业福利联结战略。当然，社会服务供给政策在提供优质的服务和创造优质的就业机会这两个问题上找到平衡点很重要。这意味着需要在逐步创造社会服务需求的政策和培养服务人才的政策之间实现平衡。当然，扩大社会服务供给在某方面来说，可以促进待业女性和就业困难群体（hard to employ）的就业，也给解决劳动贫困层问题带来很大影响。

参考文献

김철희・나영선・류기락（2013)， 근로빈곤층의 직업능력개발 활성화 방안 연구，

한국직업능력개발원.

노대명 (2013), "근로빈곤층 실태진단과 향후 정책과제", 『보건·복지 ISSUE & FOCUS』, 제193호.

노대명·강신욱·이현주 (2006), 빈곤의 동태적 특성 연구 2003~2005, 사람입국일자리위원회. 한국보건 사회연구원.

노대명·최승아 (2004), 한국 근로빈곤층의 소득. 고용실태 연구, 한국보건사회연구원.

노대명·황덕순·김재진 (2016), 근로빈곤층 근로연계 소득보장제도 개선방향, 한국보건사회연구원·사회보장위원회.

백학영·구인회 (2010), "비정규 노동과 근로빈곤의 관계: 임금 차별과 근로시간의 영향을 중심으로", 『노동정책연구』, 제32호.

심상용 (2006), "우리나라 근로빈곤의 사회구조적 원인에 대한 실증 연구 (1982 - 2004): 거시경제, 노동시장, 분배제도가 근로자가구의 빈곤에 미친 영향의 검증", 『한국사회복지학』, 58 (4).

이병희 (2008), "저임금 노동시장의 실태와 동학", 『동향과 전망』 제73권.

이병희 외 (2010), 근로빈곤의 실태와 지원정책, 한국노동연구원.

이시균 (2013), "최저임금이 근로빈곤 탈출에 미치는 효과", 산업노동연구, 19 (1).

한국보건사회연구원 (2016), 2015년 빈곤통계연보.

황덕순 외 (2016), 고용관계 변화와 사회복지 패러다임 연구, 한국노동연구원.

Bourguignon, F. 2004. "The Poverty-Growth-Inequality Triangle", paper presented at the Indian Council for Research on International Economic Relations, New Delhi.

Eurofound. 2010. Working Poor in Europe.

Eurostat. 2005. "In-work poverty", *Statistics in focus*, Luxembourg, Office for Official Publications of the European Communities.

Joseph Rowntree Foundation. 2008. Addressing in-work poverty, York.

Kakwani Nanak, Khandker Shahid & Son Hyun H. 2004. "Pro-Poor Growth: Concepts and Measurement with country case studies", UNDP International Poverty Centre, Working Paper n. 1.

Leila Chemli & Mounir Smida. 2013. "Interaction between Poverty, Growth, and Inequality during the Crisis: A Panel Data Study", *International Journal of Economics and Finance*, Vol. 5, No. 5, pp. 120-130.

OECD. 2014. How Was Life?: Global Well-Being Since 1820.

Pérez de la Fuente, Beatriz. 2016. "Economic Growth and Poverty Reduction in a Rapidly Changing World", *Economic Brief*.

Ravallion, M. 2004. "Pro-Poor Growth: A Primer", The World Bank, Policy Research Working Paper, No. 3242.

日本社会保护研究

五石敬路[**]

摘　要： 本文关注日本社会保护制度的历史、现状以及最近几年的改革动向。本文介绍了日本社会保护制度建立的社会和经济环境背景，梳理了日本社会保障制度的历史变迁，研究了社会保障制度的具体内容、组织制度、财源，以及近几年的改革动向。

关键词： 社会保护　社会保障

绪　论

本论文主要分析研究日本社会保护制度的历史、现状以及最近几年的改革动向。本文中所提到的社会保护制度是指能够保障人民生活安宁，或者能够提高人民生活水平的政策和制度。具体内容除了社会保障（社会保险、社会扶助、福利机构），也包括劳动市场制度、住宅制度、保健和医疗制度。本文主要介绍如下内容：（1）探讨研究社会保护制度的社会经济背景，以进一步理解其变化动向；（2）梳理日本社会保障制度的历史变迁；（3）分析研究社会保障制度的具体内容、组织制度以及财源；（4）介绍日本民主党政权结束后，社会保护制度近几年的改革动向。

1　社会保护的社会经济背景

1.1　人口减少以及家庭结构的改变

2014年6月，日本的主要月刊《中央公论》上刊登了《消失的市町

---

[*]　翻译：郭蓓，北京外国语大学日语系研究生；审校：梁晨，中国社会科学院社会学研究所助理研究员。
[**]　五石敬路，日本大阪市立大学社会科学系副教授。

村》一文。这篇文章是由日本民间政策建言机关——日本本创生会议下属的人口减少问题研讨会（负责人：增田宽也）成员执笔的。该文实名列举了896个日本未来可能会消失的市区町村等行政区，引发各界不少争议（增田宽也，2014）。此外，安倍政府为了应对日渐严峻的少子老龄化以及人口减少问题，分别在内阁府设立地方振兴推进事务局，在内阁官房设立"城、民、业"创意本部事务局。同时也在全国多地采取相应措施，以求振兴地方发展。

根据以往的统计数据，无法判断日本总人口何时开始减少。虽然根据表1可知，人口总数从2010年开始出现下降趋势。但是根据2015年的全国人口普查，由于旅日外国人口增加，再加上总特殊出生率从2005年的1.26历年最低数值逐年回升，2011~2014年的总人口数有微调迹象。此外，每年的求职人口总量在1998年达到最高值6514万人，此后逐年下降。65岁以上人口占比逐年升高，2014年达到26%。

表1　日本的总人口、65岁以上人口比例、总特殊出生率的历年数据

	总人口[注1]（万人）	求职人口（万人）	65岁以上人口比例（%）	总特殊出生率（%）
1995	12557.0	6457	14.6	1.42
1996	12586.4	6486	15.1	1.43
1997	12616.6	6557	15.7	1.39
1998	12648.6	6514	16.2	1.38
1999	12668.6	6462	16.7	1.34
2000	12692.6	6446	17.4	1.36
2001	12729.1	6412	18.0	1.33
2002	12743.5	6330	18.5	1.32
2003	12761.9	6316	19.1	1.29
2004	12768.7	6329	19.5	1.29
2005	12776.8	6356	20.2	1.26
2006	12777.0	6389	20.8	1.32
2007	12777.1	6427	21.5	1.34
2008	12769.2	6409	22.1	1.37
2009	12751.0	6314	22.8	1.37
2010	12805.7	6298	23.0	1.39

续表

	总人口(注1)（万人）	求职人口（万人）	65岁以上人口比例（%）	总特殊出生率（%）
2011	12779.9	6289(注2)	23.3	1.39
2012	12751.5	6270	24.2	1.41
2013	12729.8	6311	25.1	1.43
2014	12708.3	6351	26.0	1.42

注1：这里的总人口，是将人口普查（1995年、2000年、2005年、2010年）的结果作为基准数值，其他年份的数据都是根据相关人口资料进行推算的结果。但是，2011年以后的数据还未反映2015年人口普查数据结果。

注2：由于东日本大地震的影响，2011年岩手县、宫城县以及福岛县的求职人口统计调查一度搁置。所以2011年的数据是根据2010年人口普查推算的结果。

资料来源：总人口及65岁以上人口比例数据参考总务省统计局《人口推计》（www.stat.go.jp/data/jinsui/index.htm，2016年9月12日查阅）。求职人口数参考厚生劳动省《劳动力调查》长期数据（www.stat.go.jp/data/roudou/longtime/03roudou.htm，2016年9月16日查阅）。总特殊出生率参考内阁府《平成28年版 少子化社会对策白皮书》（www8.cao.go.jp/shoushi/shoushika/whitepaper/index.html，2016年9月12日参考）。

国立社会保障·人口问题研究所的人口推移（死亡率按照单位值推算）数据显示，日本总人口将在2048年跌破1亿，并在2060年锐减至8673.7万人。此外，65岁以上人口占总人口的比例预计将达到39.9%[1]。从社保成本的统计数据来看，老龄阶段的问题在75岁，而非65岁这个年龄凸显。这是因为75岁以上的高龄人群往往需要庞大的护理费以及医疗费开支。据此推断，2025年十分关键。因为这一年是日本战后第一次婴儿潮（1947~1949年出生）出生的人口全体超过75岁的年份。根据日本厚生劳动省统计，2013年，日本75岁以上人口占人口总数的12%（1560万人），在2015年，这一数字将达到18%（2179万人）[2]。

人口总数变化的同时，家庭结构也在发生巨变。1980年之前，单身人士仅占人口总量的20%。如今这一比例骤增，2010年占32.4%。其中，单身老年人的比例为9.2%。单身人口骤增导致社会孤立问题日益严重，"无缘社会"等热词也由此诞生（藤森，2010）。

近年来，多地出现中年人蜗居在家的案例。这些人往往与年迈的父母

---

[1] 国立社会保障·人口问题研究所：《日本未来人口推测（2012年1月数据）》，www.ipss.go.jp/syoushika/tohkei/newest04/gh2401.asp，2016年9月12日查阅。

[2] 厚生劳动省：《社会保障制度改革的总面貌》，www.mhlw.go.jp/seisakunitsuite/bunya/hokabunya/shakaihoshou/dl/260328_01.pdf，2016年9月16日参考。

一同生活，没有稳定的工作，终日靠父母的养老金生活，宅居在家。根据社会福利协议会调查统计的秋田县藤里町数据来看，蜗居在家的人口比例约占劳动力人口的一成左右（藤里町社会福祉協議会等，2014）。人至中年还未结婚也无子女，整日与年迈的父母生活在一起，这类现象被称作8050 问题（80 岁的父母与 50 岁的儿女），近年来这类人群占比逐年上升。在"8050 群体"之中，容易发生多种问题，如虐待老年人、中年人蜗居在家以及老年人照顾老年人等等。针对这一状况，社会工作者藤田孝典 2015 年出版了《下层老年人》，畅销 20 多万册。由此也可以看出国民对于老后生活的种种不安和忧虑。

表 2 统计的是男女（20~49 岁）的未婚率，我们可以观察出以下几点变化。男性的未婚率在 1980 年为 30%，随后逐年递增，并在 2010 年达到了 46.1%。也就是说，在 20~49 岁的男性中，将近半数未结婚。相比之下，女性的未婚率虽然略低于男性，但是从数据来看，比重也从 1980 年的不足 20% 增长至 2010 年的 35.9%。

表 2　单身人口、老年单身人口、母子家庭人口占全体家庭的比例

单位：%

	1960 年	1970 年	1980 年	1990 年	2000 年	2010 年
单身人口	16.5	20.3	19.8	23.1	27.6	32.4
老年单身人口	—	—	2.5	4.0	6.5	9.2
母子家庭人口	—	—	—	1.6	1.5	1.6
未婚率[注]（男）	32.3	31.5	30.0	36.6	44.9	46.1
未婚率（女）	21.4	22.0	19.6	25.2	33.3	35.9

注：未婚率是指，20~49 岁男女未婚的比例。
资料来源：总务省统计局《全国人口普查》实时数据（www.e-stat.go.jp/SG1/estat/NewList.do? tid = 000000101177，2016 年 9 月 16 日参考）。

表 3 统计的是 18~34 岁未婚人士中没有异性交往对象的人口比重。该调查是国立社会保障·人口问题研究所发布的"第 15 次生育动向基本调查"中针对单身人士所做的调查数据①。根据表 3 可知，没有异性交往

---

① 生育动向调查中的数据，是从 2015 年国民生活基础调查中随机抽选的。调查对象为 900 多个调查地区中 18 周岁以上 50 周岁以下的单身人士（其中，表 3 中的调查对象为 18~34 周岁的单身者）。

对象的男女比例逐年上升，2015年，男性近70%，女性近60%。这一比例在一定程度上也导致了近年出生率的连续走低。这不仅仅是价值观的问题，也反映了年轻人对于生活的不安以及忧虑。

表3 18~34岁未婚人士中没有异性交往对象的人口比重

单位：%

	1987年	1992年	1997年	2002年	2005年	2010年	2015年
男性	48.6	47.3	49.8	52.8	52.2	61.4	69.8
女性	39.5	38.9	41.9	40.3	44.7	49.5	59.1

资料出处：国立社会保障·人口问题研究所《2015年社会保障·人口问题基本调查〈关于结婚生子的全国调查〉第15次生育动向基本调查结果概要》（www.ipss.go.jp/ps-doukou/j/doukou15/doukou15_ gaiyo.as，2016年9月16日参考）。

1.2 经济活动的停滞、收入差距、贫困

正如表4所示，1990年以后日本的GDP一直保持在500兆日元左右，没有明显变化。此外，人均GDP以及工资数值也停滞不涨。平均工资之所以没有变化，一是在于生产活动没有进展，二是与工资较低的非正式员工近年来比例不断上升有一定关系（大沢真理，2013）。但是，与其他发达国家相比，日本的完全失业率也并不是特别突出，2002年达到最高值5.4%，之后没有明显变化，2008~2009年雷曼事件发生的时候也仅仅停留在5.1%，2014年甚至降至3.6%。少年（15~19岁）失业率在2002年的时候达到了12.8%，这一数值与其他发达国家相比也并不突出。但是，日本长期失业率居高不下，2013年该数值甚至达到41.2%。经合组织各国的平均值均为30%左右，可见日本的长期失业问题较为严重。

表4 日本的GDP、人均GDP、失业率

	GDP（兆円）	人均GDP（万円）	完全失业率（%）	15~19岁完全失业率（%）	长期失业率[注2]（%）
1995	495.6	402.1	3.2	8.2	18.1
1996	504.6	410.2	3.4	9.0	19.3
1997	515.9	413.4	3.4	9.0	21.8
1998	521.3	404.1	4.1	10.6	20.3
1999	510.9	400.0	4.7	12.5	22.4
2000	506.6	402.6	4.7	12.1	25.5

续表

	GDP（兆円）	人均 GDP（万円）	完全失业率（%）	15~19 岁完全失业率（%）	长期失业率[注2]（%）
2001	510.8	394.4	5.0	12.2	26.6
2002	501.7	390.8	5.4	12.8	30.8
2003	498.0	393.1	5.3	11.9	33.5
2004	501.9	393.5	4.7	11.7	33.7
2005	502.8	395.5	4.4	10.2	33.3
2006	505.3	398.1	4.1	9.4	33.0
2007	509.1	400.8	3.9	8.7	32.0
2008	513.0	382.3	4.0	8.0	33.3
2009	489.5	370.2	5.1	9.6	28.5
2010	474.0	375.3	5.1	9.8	37.6
2011	480.5	371.2	4.6[注1]	9.2[注1]	39.4
2012	474.2	372.1	4.3	7.9	38.5
2013	474.4	379.0	4.0	6.4	41.2
2014	482.4	385.3	3.6	6.2	37.6

注1：完全失业率中 2011 年的数据为推算值，因为受到东日本大地震的影响。
注2：长期失业率是指，失业时间大于一年的人数占全体失业人数的比重。
资料出处：GDP 及人均 GDP 来源于内阁府《国民经济计算（GDP 统计）》（www.esri.cao.go.jp/jp/sna/menu.html，2016 年 9 月 12 日参考）。完全失业率来源于总务省统计局《劳动力调查系列数据》（www.stat.go.jp/data/roudou/longtime/03roudou.htm，2016 年 9 月 12 日参考）。长期失业率来源于 OECD data，long-term unemployment rate（data.oecd.org/unemp/long-term-unemployment-rate.htm，2016 年 9 月 17 日参考）。

收入差距从 20 世纪 80 年代开始有上升倾向。表 5 数据来自厚生劳动省实施的调查，笔者根据内容将其整理为"收入再分配调查"①和"国民生活基础调查"②两份数据。从表 5 可知近年来的基尼系数，以及在税金、

---

① "收入再分配调查"的实施时间为调查年的 7 月中旬。在此期间，国民基础生活调查设定基准单位区，随机抽取 500 个单位区内所有人员作为调查对象。2014 年调查的有效家庭数有 4826 户。
② "国民生活基础调查"每年都实施调查，每三年开展一次全面而大规模的统计。比如 2013 年实施的大规模调查中，调查对象有 9 万余人，共计 4 万余户。中型城市也有实施相关简易调查。比如 2015 年调查对象约有 23000 人，9000 户。在日本，"国民生活基础调查"是计算收入差距以及贫困率的调查，此外，总务省的"全国消费实态调查"数据也是经常使用的重要数据之一。后者的数据与前者相比，基尼系数偏低，贫困率的数值也相对较低（参照表 6）。原因在于，"国民生活基础调查"的调查表是通过各地福利事务所分发的，所以调查对象相对地也包括了更多低收入人群。

社保的影响下，基尼系数改善度的变化。此外，经合组织的 Income Distribution Database（收入分配数据库）是根据日本"国民基础生活基础调查"制作完成的。根据这些数据我们可以得知，在没有税金、社保的前提下，根据市场收入计算出的基尼系数连年攀升居高不下。但是另一方面，包含税金、社保的可调整收入变化并不稳定。另外，在任何条件下基尼系数的改善度都有逐年上升趋势，这是由于受到国民年金（老年人基础年金）的不小影响。

表5 基尼系数以及再分配后基尼系数的改善数值

	收入再分配调查			国民生活基础调查		
	初次收入（1）	再分配收入（2）	改善度（%）1-（2）/（1）	市场收入（3）	可调节收入（4）	改善度（%）1-（4）/（3）
1985				0.345	0.304	11.9
1995				0.403	0.323	19.9
1999	0.4075	0.3326	18.4			
2000				0.432	0.337	22.0
2002	0.4194	0.3217	23.3			
2003				0.443	0.321	27.5
2005	0.4354	0.3225	25.9			
2006				0.462	0.329	28.8
2008	0.4539	0.3192	29.7			
2009				0.488	0.336	31.1
2011	0.4703	0.3162	32.8			
2012				0.488	0.33	32.4
2014	0.4822	0.3083	36.1			

注："初次收入" = 雇用者收入+事业收入+农耕及畜牧收入+财产收入+家庭内劳动收入以及其他收入、补助金（生活补贴、公司年金、人寿保险金等总额）

"再分配收入" = 初次收入-税金、社保费+社保补贴（现金、物品）

"市场收入"（market income）= 收入、补贴收入+资本及财产收入等+自营收入

"可调节收入"（disposable income）= 市场收入+公共社保资金-每户所需支付的税金社保费用

其中，以上所说的每户收入都是通过总收入除以每户人口数的平方根（即均等收入值）计算。

资料出处：厚生劳动省《2014年收入再分配调查报告》，p.16，OECD Income Distribution Database（www.oecd.org/social/income-distribution-database.htm，2016年9月12日参考）。

关于日本收入差距连年扩大的主要原因，《橘木·大竹争论（橘木俊诏和大竹文雄）》一书引起了巨大的争论及反响（橘木，1998；大竹，2005）。在书中，大竹（2005）批判了橘木（1998）的观点，认为收入差距扩大的原因在于社会的老龄化，而每个年龄段内的收入差距其实在缩小。关于这一点，橘木也承认了大竹（2005）的正确性（橘木，2006）。但是，大竹（2005）分析的仅仅是1990年之前的数据。四方（2013）根据2000年以后的数据，在分析每个年龄段收入差距动向时发现，"1994年至1999年，收入差距主要是受到人口结构变化的影响，但是在1999年之后，收入差距的扩大主要是因为每个年龄段内收入差距的扩大"（四方，2013，p.331）。另外，根据厚生劳动省的"收入结构基本统计调查"，太田（2010）分析了1982~2007年个人收入差距的不同以及逐年推移趋势。他指出，虽然全职工的收入差距从1990年开始在不断缩小，但是2000年的时候差距开始扩大，特别是非正式员工的收入差距一年较一年明显（太田，2010，p.319）。

表6中的数据，将中等收入的50%作为贫困线，由此根据"全国消费实态调查"以及"国民生活基础调查"计算得出相对贫困率。"全国消费实态调查"与"国民生活基础调查"的数据相比计算得出的贫困率相对较低（具体理由参考注5），但是无论是哪一份数据，各类调查中的贫困率都有上升趋势，此外，贫困率的改善率也连年上升。从家庭类型来看，单身家庭的贫困率极高，根据2004年的国民生活基础调查数据，阿部（2008）推测单亲母子家庭的贫困率高达66%（阿部，2008，p.56）。

表6　各类调查统计中的贫困率

单位：%

	厚生劳动省		经合组织（国民生活基础调查）		
	全国消费实态调查	国民生活基础调查	税金公开转移前（1）	税金公开转移后（2）	改善率 1-（2）/（1）
1985			12.5	12.0	4.0
1995			19.0	13.7	27.9
1999	9.1				
2000		15.3	23.9	15.3	36.0
2003		14.9	26.9	14.9	44.6

续表

	厚生劳动省		经合组织（国民生活基础调查）		
	全国消费实态调查	国民生活基础调查	税金公开转移前（1）	税金公开转移后（2）	改善率 1-（2）/（1）
2004	9.5				
2006		15.7	28.7	15.7	45.3
2009	10.1	16.0	32.0	16.0	50.0
2012		16.1	32.8	16.1	50.9

注：贫困线是指中等收入的50%。
资料出处：内阁府、总务省、厚生劳动省《关于相对贫困率等问题的调查分析结果》（2012年12月18日），p.7，OECD Income Distribution Database（www.oecd.org/social/income-distribution-database.htm，2016年9月12日参考），笔者制表。

另外，近年来儿童贫困问题受到社会各界广泛关注。表7是儿童贫困率以及上学援助率的时间推移数据。上学援助是指，因为家庭经济条件不好，政府给予上学难儿童一定的生活援助。1997~2012年，儿童贫困率以及上学援助率皆有上涨，其中儿童的贫困程度更是严重，达到六分之一的比例。

表7　儿童贫困率以及上学援助率

单位：%

	1997	2000	2003	2006	2009	2012
儿童贫困率[注1]	13.4	14.5	13.7	14.2	15.7	16.3
上学援助率[注2]	6.6	8.9	10.7	13.6	14.5	15.6

注1：这里的儿童是指17周岁以下的孩子。儿童贫困率是指，在所有孩子中，没有达到等价可调节收入（每户可调节收入除以户数的平方根所得的收入数值）中间值一半的儿童比例。
注2：上学援助是指，根据学校教育法第19条（如果学龄儿童以及学龄儿童的监护人由于家庭经济条件被判断属于上学难，市町村必须要给予他们必要的援助），生活保护法第6条第2项的规定，需要援助的人员必须是市町村教育委员会认定的在相似条件下需要保护的对象。
资料出处：内阁府（2015），笔者根据第3章第3节内容制表。

1.3　非正式员工的增加以及年轻人的生活穷困

表8表示的是，劳动力人口（15~64岁）的劳动力比例以及就业人士中非正式员工所占的比例。其中男性的劳动力比例为85%、非正式员工的比例为23.8%，女性的劳动力比率为67.1%、非正式员工的比例更是超过半数，高达56%。

表 8 2015 年 15~64 岁人口的就业状态以及职业地位

单位：万人，%

	15~64岁人口（A）	劳动力人口（B）	劳动力比例（B/A）	就业者（C）	非正式员工（D）(注)	(D/C)
男性	3879	3298	85.0	3178	757	23.8
女性	3808	2556	67.1	2473	1386	56.0

注：非正式员工＝自营商家、家庭从业者＋非正式职员、从业人员（临时工小时工、劳动派遣事务所的工作人员、契约工、合同工、其他）

资料出处：总务省统计局《2015 年劳动力调查》（www.stat.go.jp/data/roudou/index2.htm，2016 年 9 月 16 日参考）。

一般情况下，非正式员工的收入较低，此外，他们加入劳动保险、国家年金、医疗年金的可能性也较低。表 9 显示的是 20 周岁以上 60 周岁以下公民参加正式年金的情况。日本的年金分为两种，国民年金以及被用者年金，第 1 号投保人属于前者，而第 2、3 号则属于后者。非就业人员中第 2 号投保比例相对较低这点毋庸置疑。问题在于非正式岗位中第 2 号投保人的比例数值仅为 32.6%，相对较低。

表 9 正规年金的参加状况（20 岁以上不满 60 周岁）(注1)

单位：人，%

	正式岗位(注3)	非正式岗位(注3)	非就业人员	其他
第 1 号(注2)	1907（6.5）	7709（45.0）	6103（51.4）	2160（41.7）
第 2 号(注2)	27518（93.2）	5577（32.6）	454（3.8）	2245（43.3）
第 3 号(注2)	87（0.3）	3658（21.4）	5037（42.4）	710（13.7）
非加入者	20（0.1）	177（1.0）	278（13.7）	65（1.3）
共计	29532（100.0）	17121（100.0）	11872（100.0）	5180（100.0）

注 1："正规年金的参加状况调查"是截至 2013 年 10 月 31 日，以 15 周岁以上人士为调查对象的调查，从 2010 年的人口普查中随机抽取对象（www.mhlw.go.jp/toukei/list/141-1.html，2016 年 9 月 16 日参考）。

注 2：居住在日本国内，20 周岁以上 60 周岁以下的所有国民，都有义务加入国民年金。投保人分为三类，第 1 号至第 3 号。其中，第 2 号投保人即指加入厚生年金（正式员工），或者日本共济组合（公务员等）的人员。第 3 号是指，接受第 2 号投保人扶养的配偶。第 1 号是指其他人员（自营商家、学生等）。

注 3：正式岗位＝正式员工或从业人员，非正式岗位＝临时工小时工＋劳动派遣事务所的工作人员＋契约工＋合同工。

资料出处：厚生劳动省《2013 年正规年金的参加状况调查》。

另外，根据厚生劳动省的"关于就业形态多样化的综合情况调查"（2014 年①），参加劳动保险的正式员工比例为 92.5%，其他人员投保比例仅为 67.7%。参加健康保险的正式员工比例为 99.3%，其他人员投保比例仅为 54.7%。参加厚生年金的正式员工比例为 99.1%，其他人员投保比例仅为 52.0%。由此可知，非正式岗位的员工投保比例明显较低。

第 2 次安倍政权出台政策，旨在扩大短时间劳动者参加雇用者保险的规模。受此影响，被用者保险对于劳动者来说更为有利一些，因为价格相对实惠。根据厚生劳动省的计算，假设将现行国民年金的年金保险费用设定为每月 16000 日元，未来每月能够领取的扶助金约为 65000 日元。若是加入厚生年金保险，每月需要支付的仅为年金保险费用的一半，即每月 8000 日元，而未来能够领取的扶助金除了每月基础年金 65000 日元之外，还可以按照工资比例领取 19000 日元②。关于医疗保险，非正式岗位的劳动者一般都会加入市町村直属的国民健康保险，但是如果当地市町村的财政状况不佳，相比健康保险，当事人则需支付更加高昂的保险费。

非正式岗位劳动条件的优劣也会影响当事人是否能够结婚。厚生劳动省实施的"第 3 次 21 世纪成年人全面调查"（2014 年）中的"结果概要"指出③，在正式岗位工作的男性结婚率为 72.9%，在非正式岗位工作的仅为 50.0%。在正式岗位工作的女性结婚率为 80.2%，而在非正式岗位工作的仅为 67.1%。非正式岗位劳动条件在影响结婚率的同时，正如前文所述，它也与出生率持续走低，人口减少等现象有一定的关系。

在非正式岗位不断增加的同时，还有一些群体现在也受到社会各界的注目。比如不工作的年轻人，工作不久经常辞职的年轻人，以及有工

---

① 根据产业类别、事业规模，随机抽取 53000 人作为调查对象。他们隶属于全国主要产业，公司规模在 5 人以上并雇用常用劳动者（www.mhlw.go.jp/toukei/list/5-22.html，2016 年 9 月 16 日参考）。

② 厚生劳动省主页（www.mhlw.go.jp/file/06-Seisakujouhou-12500000-Nenkinkyoku/modelcase_7.pdf，2016 年 9 月 19 日参考）。

③ 2012 年 10 月末，以全国（福岛县一部分地区除外）20~29 岁男女以及其配偶作为调查对象，开展了第 1 次调查（2012 年），参加调查人数共计 13205 名（www.mhlw.go.jp/toukei/list/28-24.html，2016 年 9 月 16 日参考）。

作意愿但是没有公司愿意录取的年轻人。这些年轻人又被称作自由人，或者啃老族。啃老族（NEET）即 Not in Education, Employment or Training（没有上学、工作，或者参加职业训练的年轻人）的简称，这一概念起源于英国的某项劳动政策。在日本，他们也被称作青年无业人员。青年无业人员是指，15~34岁的非劳动人口中，没有上学也没有在家劳动的人。根据厚生劳动省推测，截至2009年，共有啃老族60万人。此外，自由人是指15~34周岁的未婚男性或女性（除了学生），不求稳定工作，只通过打零工或小时工来维持生计。根据厚生劳动省推测，截至2014年，共有自由人179万人（厚生劳働省，2015，资料编，p. 150）。早前，大多数人认为自由人以及啃老族只是年轻人心理健康状况引起的问题，但是现在，这一问题已经渐渐不容忽视，这与年轻人经济生活上的穷困现状以及社会孤立有不可分割的关系（宫本，2015；藤田，2016）。

2 社会保障制度的历史以及构成

2.1 社会保障制度的历史

战后日本的社会保障主要是为了应对当时全国范围内的贫困状况。1947年日本颁布了儿童福利法，1949年颁布了身体残障人士福利法，1950年制定了日本生活保护法。这三项法律又被称作福利三法。此外，1951年制定了社会福利法（当时名为社会福利事业法，2000年修订更名为社会福祉法），规定各自治体必须设立与福利相关的事务所，即福利事务所。1953年，《福利事务所运营方针》颁布。方针指出，正规的福利事务所的组织结构，必须严格遵循福利三法，并由"援护课（系）"统一管理。

之后，日本社保主要围绕社会保险这一问题展开，1950年，社会保障审议会提出《关于社会保障制度的劝告》。这是一份首次提出要以社会保险为核心构建的制度体系。

1958年，国民健康保险法修正，1959年，国民年金法制定，1961年，"国民皆保险·皆年金"成立。但是，并不是所有人都能够享受政府的年金补助，所以在过渡环节，政府首先导入了"福利年金"这一概念。"福利年金"中，70周岁以上的老年人、1级残障人士、丈夫去世子女正在接受义务教育的单身母亲，分别可以享受老年人福利年金、残障人士福利年金以及母子福利年金。1977 年，加入老年人福利年金的人数首次多于参加缴费制老年人年金的人数，此外，从 1976 年开始，前者扶助金额大于后者（岩田，2016，pp. 151–152）。

1970 年以后，日本社会保障的主题发生了转变，从解决贫困转向预防贫困、预防失业（五石，2011）。1947 年日本制定了失业保险制度，1974 年该保险更名为雇用保险。由于引入雇用保险、雇用调整补助金等制度，政府也实现了从救助失业者到预防的转变。这期间制定的具有代表性的福利政策分别是，1960 年的精神薄弱者支援法（现在的智商残障福利法）、1963 年的老人福利法、1964 年的母子以及寡妇福利法（现在的母子、父子以及寡妇福利法），福利六法体制完备。但是1971 年，《新福利事务所运营方针》开始实施，规定，负责低保户的保护课与负责其他福利五法的福利课分开运营。也就是说，福利支援不再是统括六法的整体支援网络，而是一张特殊的支援网，能够针对受保护人群、老年人、残障人士开展更加细致的支援救助（高间满，2016，第 2 章）。后文中也将提到，这种分门别类的救助方法必须要适应现代社会家庭的复合化、复杂化，等等，这是我们现在亟待解决的重要问题。

从 1970 年开始，革新自治体逐渐开始起主导作用，老年人医疗设施逐渐完善，社会保障费用比重越来越大。经过 1974 年和 1979 年的两次石油危机，日本高速发展期逐渐结束，开始进入稳定发展期，1980 年，行政改革成为当时的重要课题。一方面，自费医疗保险负担加重，低保体制正规化后削减了社会保障费用。另一方面，年金制度的改革也在大力实施，并在 1985 年导入了基础年金制度。此外，1980 年代，为了能够进一步在财政上支撑老年人医疗费用以及基础年金的支出，日本制定了缴费金制度，用来帮助社会保险之间的资金周转。

1990 年以后，社会保障制度开始实施地方分权、民营化等行政改革。此外，由于社会福利基础构成改革，福利中原来的措施制度变更为契约制度，民间的福利实施者越来越多，市町村的福利实施任务也越来越重。2000 年开始实施的护理保险制度就是最好的例证（介護保険制度史研究会编著，2016）。

同时，在 1995 年以后，收入差距的扩大、贫困问题加重备受社会各界关注。在政策领域中，1995~2005年，资助流浪汉、年轻人、母子家庭、低保户等的自立支援制度相继施行。1980年后一如既往继续研究日本贫困问题的专家岩田正美曾说过，日本已经"忘记了贫困"。但是进入21世纪之后，对于日本社会中存在的新型贫困以及社会排斥又有了全新的"再发现"（岩田，2007）。

2.2 社会保障的构成

日本的社会保障，由社会保险、社会扶助、社会福祉服务构成。在介绍各项制度之前，首先阐释一下"收入"与"所得"在法律上的差异。根据所得税法，工资所得的金额是从工资等收入金额中减去工资所得扣除后计算得出。

所得＝收入－工资所得扣除等（或者必要经费）
所得税＝（收入－工资所得扣除－所得扣除）×税率－税额扣除（住房贷款扣除等）

工资所得扣除最低须扣除65万日元，在未满65.1万日元的情况下，工资所得扣除后的所得金额为0日元。计算所得税时，还要扣除14种所得扣除（社会保险金扣除、基础扣除、抚养扣除、配偶扣除、配偶特别扣除等）。其中，基础扣除（38万日元）适用于所有情况。近些年，因为怀疑配偶扣除影响了配偶的就业情况，所以配偶扣除引起了广泛的关注，在2016年度的社会税制调查会中，个人所得税中所得扣除的合理方式就是主要讨论点之一①。

（1）社会保险

日本的社会保险分为医疗保险、看护保险、养老金、劳动保险。其中医疗保险由受雇者保险、地域保险、老年人医疗保险构成（厚生労働白书，2015年，资料篇，p.27）。其中，地域保险属于国民健康保险，市町村中国民健康保险的参保人达3397.3万，国民健康保险组合的参保人达295.4万人（参保人统计以2014年3月末为截点，下同）。

受雇者保险主要有以下几种：大型企业的健康保险组合（参保人

---

① 内阁府：《税制调查会2016年度》，(www.cao.go.jp/zei-cho/gijiroku/zeicho/index.html，2016年9月18日参照)。

2927.3万人），主要是中小企业加入的由全国健康保险协会负责的健康保险（参保人3564.3万人），船员保险（参保人12.7万人），国家公务员加入的国家公务员共济组合、地方公务员加入的地方公务员共济组合、私立学校教职员工加入的私立学校教职员共济组合（共济组合总参保人891.4万）等。

医疗保险的参保人在接受医疗服务的时候，医疗保险将承担一部分的医疗费，比例如下：义务教育入学前为20%，义务教育入学后至70岁为30%，70岁至75岁为20%（但是收入与在职员工相同的人报销比例为30%）①。

老年人医疗保险的参保人为，65~75岁被认定为残疾以及75岁以上的人，在2006年的医疗制度改革中引入了后期老年人医疗制度。运营机构是由都道府县单位所组成的后期老年人医疗广域联合，参保人达1543.6万人，医疗费的10%由本人负担（但是收入与在职员工相同的人负担比例为30%）。医疗费的负担细目如下：保险金约10%，支援金约40%，公费约50%（国家40%，都道府县10%，市町村10%）。其中支援金由国民健康保险和受雇者保险承担（后述）。

日本的养老金制度由三部分组成（厚生劳动省，2015，资料篇，p.235）。第一部分是于1985年引入的基础养老金。基础养老金分为1~3号被保险人，1号被保险人（自营业者等）的参保人数为1805万人（参保人统计以2014年3月末为截点，下同），2号被保险人（公司员工，公务员等）的参保人数为3967万人，3号被保险人（2号被保险人的扶养配偶）的参保人数为945万人。第二部分主要由厚生养老金保险（参保人数3527万人），共济养老金（参保人数439万人）组成。第三部分主要是由企业型的确定筹措养老金（参保人数464万人），确定给付企业养老金（参保人数788万人），厚生养老金基金（参保人数408万人）组成。

看护保险的被保险人分为第1号（65岁以上）和第2号被保险人，第1号被保人数为3202万人（截至2013年年末），第2号被保险人数为4247万人（2013年内的月平均值）（厚生劳働省，2015，资料篇，p.228）。

---

① 2014年3月末已有一成人口达到70岁。

2014 年度雇用保险的平均数值如下：适用事业所 210 万所，被保险人 4014 万人，实际领取保险金人数 49 万人（厚生劳働省，2015，资料篇，p. 155）。制度内容由失业等给付、就业支援法事业、被称为二事业的雇用安定事业和能力开发事业构成。其中，失业等给付由求职者给付（基本补贴，高龄求职者给付，短期雇用特例求职者给付，日雇劳动求职者给付）、就业促进给付，教育培训给付，雇用继续给付构成。就业支援法事业面向已经成为被保险人，以及想要成为被保险人的人群，实际上，它是依据 2011 年新引入的求职者职员制度来进行给付。此外，二事业的保险金由事业主独自承担，2016 年的保险金率为 0.3%（仅建设事业为 0.4%）。

劳动者灾害补偿保险由保险给付和社会回归促进等事业（社会回归促进事业，受灾劳动者等支援事业，安全卫生确保等事业）构成，2013 年所适用的事业场数约为 268 万，适用劳动者数约为 5429 万人（厚生劳働省，2015，资料篇，p. 135）。给付方面有，疗养给付和停业给付、残疾养老金、遇难者家属养老金、心脑出现异常结果时的虹健康诊断等给付、由石棉引发健康问题而导致死亡的特别遇难者家属养老金，2013 年，新领取保险金人数为 603000 人，养老金领取人数为 227000 人。

（2）社会扶助（无筹措制给付）

社会扶助是指主要以税金为财政来源的无筹措制的给付。在日本，社会扶助也包括儿童补贴、儿童抚养补贴、特别儿童抚养补贴、生活保护、求职者支援、住宅确保给付金。以下列出了各项制度的对象人群，所得限制（支付的必要条件），窗口，每月给付的金额。所得限制的金额为所得额（从收入中减去工资所得扣除后的金额）。

儿童补贴[①]

【对象人群】中学毕业、在日本国内有所得的儿童的父母等

【所得限制（每年金额）】根据抚养亲人的人数不同而有所差异

○抚养亲人等有 1 人　660 万日元

○抚养亲人等有 2 人　698 万日元

---

① 内阁府：《儿童补贴制度概要》（www8.cao.go.jp/shoushi/jidouteate/gaiyou.html，2016 年 9 月 18 日参考）。

○抚养亲人等有 3 人　736 万日元

【窗口】市区町村

【每月给付的金额】

○0~3 岁 15000 日元

○3 岁至小学毕业

　　　　・第 1 个孩子、第 2 个孩子　1 万日元

　　　　・第 3 个孩子及以上　15000 日元

○中学生　1 万日元

○超过所得限制时　5000 日元（暂时的特别给付）

儿童抚养补贴

【对象人群】父母离婚的儿童，父亲或者母亲死亡的儿童等

【所得限制（每年金额）】根据抚养亲人的人数不同而有所差异

全部支付的所得限制额度

○抚养亲人等有 1 人　57 万日元

○抚养亲人等有 2 人　95 万日元

○抚养亲人等有 3 人　133 万日元

【窗口】市区町村

【每月给付的金额】

补贴的金额根据前一年的所得不同而有所差异

○第一个孩子　　　　　全部支付 42320 日元，部分支付 9990～42320 日元

○第 2 个孩子的附加额　全部支付 1 万日元，部分支付 5000～9990 日元

○第 3 个以后的附加额　全部支付 6000 日元，部分支付 3000～5990 日元

特别儿童抚养补贴[1]

【对象人群】未满 20 岁，精神或身体上有残疾的儿童的父母等

---

[1] 厚生劳动省：《关于特别儿童抚养补贴》（www.mhlw.go.jp/bunya/shougaihoken/jidou/huyou.html，2016 年 9 月 18 日参考）。

【所得限制（每年金额）】根据抚养亲人的人数不同而有所差异

○抚养亲人等有 1 人　本人 497.6 万日元，配偶及义务抚养者 653.6 万日元

○抚养亲人等有 2 人　本人 535.6 万日元，配偶及义务抚养者 674.9 万日元

○抚养亲人等有 3 人　本人 573.6 万日元，配偶及义务抚养者 696.2 万日元

【窗口】市区町村

【每月给付的金额】

○1 级　51500 日元

○2 级　34300 日元

生活保护

【对象人群】即使使用了全部的资产与能力，生活依然贫困的家庭

【所得限制】无法支付最低生活费

【窗口】福祉事务所

【每月给付的金额】收入 - 最低生活费基准

求职者支援①

【对象人群】特定求职者（无法领取雇用保险的失业等给付，同时被认定为需要接受职业培训及其他就业支援的求职者）

【所得限制（支付的必要条件）】

1. 本人月收入在 8 万日元以下
2. 家庭月收入在 25 万日元以下
3. 家庭金融资产在 300 万日元以下
4. 没有现居住所以外的土地、建筑物
5. 出席所有培训
6. 在同一家庭中，没有另一个人同时领取本给付金并接受培训

---

① 厚生劳动省：《雇用保险制度概要》，职业安定分科会雇用保险部会（2016 年 9 月 5 日）资料，p.26（www.mhlw.go.jp/file/05-Shingikai-12602000-Seisakutoukatsukan-Sanjikanshitsu_Roudouseisakutantou/0000135802.pdf，2016 年 9 月 18 日参考）。

7. 在过去三年内，没有通过撒谎及其他不正当行为领取特定的给付金

【窗口】 公共职业安定所

【每月给付的金额】 职业培训听讲给付金 10 万日元＋福利机构补贴

住宅确保给付金①

【对象人群】 由于离职而失去住所，或有很大可能性生活贫困者

【所得限制（支付的必要条件）】（以东京 23 区为例）

①收入条件 （单身家庭）月收入约 13.8 万日元，（2 人家庭）19.4 万日元

②资产条件 （单身家庭）存款金额 50.4 万日元，（2 人家庭）78 万日元

③就业活动条件 每月在公共职业安定所进行 2 次以上职业商讨，每月在自治体进行 4 次以上的面试支援等

【窗口】 福祉事务所设置的自治体

【每月给付的金额】（以东京 23 区为例）

关于支付的金额上限②，单身家庭 53700 日元，2 人家庭 64000 日元。支付时间原则上为三个月（在认真进行就业活动的情况下，可以延长 3 个月，最长可以延至 9 个月）。

（3） 费用承担

日本的社会保障费用，不仅是由国家和自治体（都道府县）来分担（参照表 11），在各项制度之间也有筹措金的交换等，十分复杂。在社会保险中，国民养老金承担给付的二分之一，全国健康保险协会负责的健康保险中，给付的 16.4% 是由国库进行补助，从中可以看出构成十分复杂（参照表 10）。

---

① 厚生劳动省：《关于生活贫困者自理支援制度》，2015 年 7 月（www.mhlw.go.jp/file/06-Seisakujouhou-12000000-Shakaiengokyoku-Shakai/2707seikatukonnkyuushajiritsusiennseidonituite.pdf，2016 年 9 月 18 日参考）。

② 基于生活保护的住宅扶助特别基准额。

表 10 医疗・看护保险、养老金、劳动保险概况（2016 年 9 月）

	被保险人的资格	主管・窗口	给付	保险金	承担方・补助方
全国健康保险协会负责健康保险	适用于事业所中雇用的 75 岁以下员工，但不适用于短期劳动者等	日本全国健康保险协会、日本养老金机构	医疗・看护保险 业务灾害以外的疾病、负伤、生产、死亡相关的给付	由劳动者和雇用者平摊（注1）+标准奖金额）× 酬每月金额（注1）+标准奖金额 0.03~0.13（由都道府县决定）	16.4% 为国库补助
国民健康保险	健康保险法规定的被保险人以外的住民	市町村	疾病、负伤、生产、死亡相关的给付	各市町村不同（基本上为：平等部分+均等部分+所得部分+资产部分）（注2）	疗养给付费的 32% 由国库负担
看护保险	第 1 号被保险人（65 岁以上），第 2 号被保险人（40 岁以上 65 岁以下）	市町村	看护给付（被保险人处于需要看护的状态）、预防给付（被保险人处于需要帮助的状态）	第 1 号由各市町村决定（2015～2017 年，全国平均金额为每月 5514 日元，但根据所得阶段而有所差异）。第 2 号保险金包含在医疗保险的保险金中，根据医疗保险的不同而有所差异（注3）	国家 25%，都道府 12.5%，市町村 12.5%
厚生养老保险	适用于事业所中所雇用的 70 岁以下员工，但不适用于短期劳动者等	日本养老金机构	养老金 老龄厚生养老金、残疾厚生养老金以及残疾补贴金、遗难者家属厚生养老金	由劳动者和雇用者平摊（注3）+标准奖金额）× 酬每月金额（标准报×18.182%	基础养老金筹措金额的二分之一由国库承担
国民养老金	在日本国内拥有住所处 20 岁以上 60 岁以下的人群，同时不属于第 2 号及第 3 号被保险人（第 1 号被保险人）（注4）	市町村、日本养老金机构	老龄（老龄基础养老金、附加养老金）、残疾（残疾基础养老金、附加养老金）、死亡（遗难者家属基础养老金、寡妇养老金、死亡慰劳金）	每月金额 16660 日元（有全额免除、一次性免除、延期制度）	给付金额的二分之一由国库承担

续表

被保险人的资格	主管·窗口	给付	保险金	承担方·补助方
劳动保险				
雇用保险	适用于事业所中所雇用的65岁以下员工（一般被保险人），但不适用于短期劳动者等	劳动基准监督署、公共职业安定所	失业等给付（求职者给付、就业促进给付、教育培训给付、继续雇用给付）	一般事业1.1%（事业主0.7%，被保险人0.4%），农林水产等1.3%（事业主0.8%，被保险人0.5%），建设业1.4%（事业主0.9%，被保险人0.5%）	求职者给付（基本补贴等）承担四分之一
劳动者灾害补偿保险	劳动基准法第9条所规定的劳动者	劳动基准监督署、公共职业安定所	业务灾害、通勤灾害、二次健康诊断等给付	全部金额由事业主负担。保险金比率根据事业不同而有所差异（0.25%~8.8%）	无法定比率，在预算范围内进行补助

注1：在计算健康保险金时，并不是直接使用月收入的实际金额，而是使用换算成标准报酬每月金额的数值，标准报酬每月金额分为50个等级。例如，月收入是63000日元以下（第1级）的标准报酬每月金额全部为58000日元，63000日元以上73000日元以下（第2级）全部为68000日元，最高的第50级，即135.5万日元以上则全部为13万日元，以此数值来进行计算。

注2：例如，大阪市的国民健康保险金由医疗部分保险金、后期老年人支援金部分保险金、看护部分保险金（仅限于家庭中有40~60岁的被保险人）三种保险金构成，各个家庭的每月金额的保险金计算方式如下（无资产部分）：

①医疗部分保险金

平等部分（每个家庭32850日元）+均等部分（被保险人数×20118日元）+所得部分 [（所得-33万日元）×2.82%]

②后期老龄者支援金部分保险金

平等部分（每个家庭11541日元）+均等部分（被保险人数×7068日元）+所得部分 [（所得-33万日元）×2.82%]

③看护部分保险金

平等部分（每个家庭9551日元）+均等部分（家庭中看护部分保险金+后期老年人支援金部分保险金+看护部分）

国民健康保险金=医疗部分保险金+后期老年人支援金部分保险金+看护部分保险金

（www.city.osaka.lg.jp/fukushi/page/0000007853.html，2016年9月17日参阅）。

注3：与健康保险一样（参照注1），在计算厚生养老金的保险金时，并不是直接使用月收入的保险金，而是使用换算成标准报酬每月金额的数值，标准报酬每月金额分为31个等级。例如，月收入是93000日元以下（第1级）的标准报酬每月金额全部为88000日元，93000日元以上101000日元以下（第2级）全部为98000日元，最高的第31级，即60.5万日元以上则全部为62万日元，以此数值来进行计算。

注4：第2号被保险人是厚生养老金保险的被保险人，第3号被保险人是第2号被保险人的配偶，并依第2号被保险人的收入来维持生活的人群中，20岁以上60岁以下的人。

表 12 展示了社会保障给付收支的总体情况，可以看出复杂的资金交换。值得注意的是收入中的"来源于其他制度的转移"和支出中的"向其他制度的转移"。比如说，国民养老金中"来源于其他制度的转移"是 18.33 兆日元，金额庞大，这是因为有来自厚生养老金保险和各种共济组合的转移（基础养老金筹措金）。因此，厚生养老金保险中的"向其他制度的转移"为 16.28 兆日元，金额有所增大。此外，后期老年人医疗制度中的"来源于其他制度的转移"是 5.65 兆日元，金额庞大，这是因为各个医疗保险（健康保险，国民健康保险等）都支付了后期老年人支援金。后期老年人医疗制度的给付费用中，约 40% 是后期老年人支援金，50% 是公费，10% 是保险金。

表 11 无筹措制给付的费用负担比例

	费用承担	
儿童补贴	【受雇者】	
	0~3 岁	事业主 7/15，国家 16/45，自治体 8/45
	3 岁至中学毕业前	国家 2/3，自治体 1/3
	【受雇者之外】	
	0~3 岁	国家 2/3，自治体 1/3
	3 岁至中学毕业前	国家 2/3，自治体 1/3
	【特例给付（超出所得限制）】	
	国家 2/3，自治体 1/3	
	【公务员】	
	所属厅承担	
儿童抚养补贴	国家 1/3，自治体 2/3	
特别儿童抚养补贴	国家 10/10	
生活保护	国家 3/4，自治体 1/4	
求职者支援	国家 27.5%，劳动者与雇佣者承担 72.5%（劳动者与雇佣者均摊）	
住宅确保给付金	国家 3/4，自治体 1/4	

2.3 福利服务等咨询支持

近年来，由于贫困人群需求的复杂化和多样化，社会保护，不仅要解决贫困人群的经济困难问题，应对社会孤立和社会排斥问题也很有必要（宫本，2009）。为此，地区咨询支援服务将发挥愈发重要的作用，其作为社会福利服务的窗口，以各类福利机构的形式呈现，如负责各项福利服务的福祉事务所及老年人、儿童和残疾人福利机构等。并且，其与就业支援和医疗服务等关联度也在逐步提高（参考表 13）。

表 12　2014年度社会保障给付收支

单位：兆日元

	收入						支出			
	筹措		公费承担(注1)	来源于其他制度的转移(注2)	其他收入(注3)	收入总计	给付	向其他制度的转移(注4)	其他支出(注5)	支出总计
	被保险人	事业主								
医疗保险										
全国健康保险协会负责健康保险	4.29	4.21	1.40	0.00	0.11	10.02	5.13	4.38	0.12	9.63
组合负责健康保险	3.81	4.50	0.03	0.00	0.61	9.00	4.01	3.98	0.39	8.37
国民健康保险	3.55	0.00	5.63	3.97	0.54	13.69	9.92	2.86	0.57	13.35
老年人医疗・看护										
后期老年人医疗制度	1.06	0.00	7.23	5.65	0.49	14.42	13.43	0.00	0.45	13.88
看护保险	1.89	0.00	4.95	2.60	0.17	9.62	9.10	0.00	0.37	9.47
养老金										
厚生养老金保险	13.16	13.16	8.84	0.88	2.38	52.69	23.15	16.28	0.20	39.64
厚生养老金基金	0.26	0.81	0.00	0.10	0.03	4.92	2.14	0.00	0.12	2.26
国民养老金	1.63	0.00	1.99	18.33	0.03	22.97	20.82	0.93	0.20	21.94
国民养老金基金	0.11	0.00	0.00	0.00	0.08	0.71	0.16	0.00	0.02	0.18
农业从业者养老金基金	0.00	0.00	0.12	0.00	0.01	0.20	0.11	0.00	0.09	0.20
船员保险	0.02	0.02	0.00	0.00	0.00	0.05	0.03	0.02	0.00	0.04
农林渔业团体职员共济组合	0.00	0.03	0.00	0.00	0.00	0.04	0.16	0.00	0.00	0.16

续表

	收入						支出			
	筹措			来源于其他制度转移(注2)	其他收入(注3)	收入总计	给付	向其他制度的转移(注4)	其他支出(注5)	支出总计
	被保险人	事业主	公费承担(注1)							
日本私立学校振兴·共济事业团	0.33	0.32	0.12	0.01	0.00	0.91	0.42	0.39	0.01	0.81
养老金										
雇用保险	0.83	1.41	0.14	0.00	0.02	2.41	1.70	0.00	0.19	1.89
劳动者灾害补偿保险	0.00	0.87	0.00	0.00	0.22	1.22	0.89	0.02	0.08	0.99
家人补贴										
儿童补贴	0.00	0.44	1.95	0.00	0.02	2.42	2.39	0.00	0.01	2.40
公务员										
国家公务员共济组合存续组合等	0.88	1.14	0.29	0.08	0.05	2.66	1.81	0.88	0.01	2.70
地方公务员等共济组合	0.00	0.18	0.00	0.00	0.00	0.31	0.07	0.14	0.00	0.21
国家公务员灾害补偿	2.45	3.18	0.72	0.18	0.00	8.00	5.26	2.29	0.03	7.58
地方公务员等灾害补偿	0.00	0.01	0.00	0.00	0.00	0.01	0.01	0.00	0.00	0.01
旧公共企业体职员业务灾害补偿	0.00	0.03	0.00	0.00	0.01	0.04	0.03	0.00	0.00	0.03
国家公务员抚恤金	0.00	0.01	0.00	0.00	0.00	0.01	0.01	0.00	0.00	0.01
地方公务员抚恤金	0.00	0.02	0.00	0.00	0.00	0.02	0.02	0.00	0.00	0.02

续表

		收入					支出		
		筹措		公费(注1)承担	来源于其他制度的转移(注2)	其他收入(注3)	收入总计	给付	向其他制度的转移(注4)	其他支出(注5)	支出总计
		被保险人	事业主								
公共卫生		0.00	0.00	0.72	公共卫生保健服务	0.00	0.72	0.62	0.00	0.10	0.72
生活保护		0.00	0.00	3.72	0.00	0.00	3.72	3.68	0.00	0.04	3.72
社会福利		0.00	0.00	5.42	社会福利	0.00	5.42	5.14	0.00	0.28	5.42
雇用对策		0.00	0.00	0.21	雇用对策	0.00	0.21	0.03	0.00	0.17	0.21
战争牺牲者		0.00	0.00	0.49	战争牺牲者	0.00	0.49	0.49	0.00	0.00	0.49
其他社会保障制度(注6)		0.02	0.53	0.87	其他社会保障制度	0.07	1.49	1.39	0.00	0.04	1.44
总 计		34.28	30.87	44.84	31.79	4.86	168.36	112.10	32.15	3.50	147.76

注1：国库及地方自治体承担。
注2：来源于其他制度的转移包括前期老年人交付金、后期前期老年人交付金、后期老年人支援金、基础养老金交付金、看护给付费交付金等。
注3：资产收入等。
注4：向其他制度的转移包括前期老年人缴纳金、后期老年人缴纳金、后期老年人支援金、基础养老金筹措金、看护缴纳金等。
注5：管理费、使用损失等。
注6：包括自治体用单独的公费列支来实施的社会保障（医疗费补助金等）。
资料出处：国立社会保障・人口问题研究所《2014年度社会保障费用统计》。

表 13　不同领域、不同设置主体的主要咨询支援服务机构

	国家	都道府县	市町村	民间（法定业务）
整体福利		福利事务所（郡部）、生活贫困者自立支援咨询服务（郡部）	福利事务所、生活贫困者自立支援相谈服务	社会福利协商会、民生委员·儿童委员
就业	公共职业安定所	免费职业介绍(注1)	免费职业介绍(注1)	民间职业介绍
医疗		保健所(注2)	保健所(注2)、市町村保健中心	
老年人			地区全方位支援中心	家庭护理支援事业所
儿童		儿童咨询所(注3)	儿童咨询所(注3)	儿童家庭支援中心
残疾人		身体残疾人士更生咨询所、智力残疾人士更生咨询所、精神保健福利中心(注4)	残疾人咨询服务支援、精神保健福利中心(注4)	残疾人就业·生活支援中心

注1：自治体向厚生劳动大臣提交资料备案后方可开展免费职业介绍业务。
注2：保健所由都道府县、政令指定城市、核心市及其他政令中规定的市和特别区设立。
注3：儿童咨询所由都道府县、政令指定城市、核心市设立。
注4：精神保健福利中心由都道府县、政令指定城市设立。
资料出处：笔者根据北海道综合研究调查会（2014），pp.18-19 制作。

首先，福祉事务所依据社会福祉法第 14 条法规设定，负责管理福祉六法（生活保护法、儿童福祉法、母子及寡妇福利法、老人福利法、身体残疾人福利法及智力残疾人士福利法）规定的相关事务。都道府县、市、特别区必须设置，町村可自由设置。截至 2016 年 4 月 18 日，各地事务所的设置总数为 1247 所，其中都道府县 208 所，市、特别区 996 所，町村 43 所①。

保健所基于地区保健法设置，在地区保健思想的普及与提高、营养改善及食品卫生、母子婴幼儿及老年人保健、精神保健和疾病预防等方面制定企划、进行调整、给予指导及开展相关事业（第 6 条）。此外，市町村允许设置保健中心，面向当地居民开展健康咨询、保健指导和健康诊察等。

---

① 厚生劳动省：《福利事务所》（www.mhlw.go.jp/stf/seisakunitsuite/bunya/hukushi_kaigo/seikatsuhogo/fukusijimusyo/index.html，2016 年 9 月 18 日参考）。

儿童咨询所是基于儿童福利法第 12 条设立的儿童福利机构。其根据 1997 年修订的儿童福利法，创设了新型儿童家庭支援中心。该中心开展面向地区、家庭的咨询业务，为市町村的地区儿童福利需求给予技术上的咨询服务和提供其他必要的援助。大部分儿童福利设施都为社会福利法人设立。

地区全方位支援中心是以市町村为设立主体，配备保健师、社会福利、主任护理支援等专业服务，开展地区老年人综合咨询、权利维护、地区支援体制建设及护理预防等必要援助的机构（护理保险法第 115 条 46 款第 1 项）。其于 2005 年根据护理保险法修正案创立（2016 年施行）。截至 2012 年 4 月末，全国共设有 4328 家支援中心（三菱总合研究所，2013）。

身体残疾人士更生咨询所和智力残疾人士更生咨询所分别基于身体残疾人士福利法第 11 条和智力残疾人士福利法第 12 条于各都道府县设立。其具备身体和智力残疾人士相关的专业知识和必要技术，在医学方面、心理方面及职能方面对身体、智力残疾人士进行判定。同时，精神保健福利中心是基于精神保健和精神残疾人福祉相关法律第 6 条，于都道府县、政令市设立，开展精神保健和精神残疾人士福利相关咨询活动的机构。此外，面向残疾人士的咨询服务是依据残疾人士综合支援法开展，由市町村或者接受市町村委托的业务群体或人员实施。

20 世纪 90 年代之后，这些咨询服务机构随着行政改革和地方分权进程的发展，呈现由自治体一并设置、统合的倾向。比如：大阪市虽有 24 个区，但各区的福利事务所被统合为市町村保健中心，作为"保健福利中心"运营。另外，身体残疾人士更生咨询所和智力残疾人士更生咨询所也被统合为"大阪市身心残疾人员康复中心"。

此外，迄今为止，自治体中虽设置了各种各样的咨询服务窗口，但由于老年人和残疾人等各个专业领域的福利分化，制度格局反而缩小，机构选择困难或辗转利用问题显著。由此，自 2015 年以来，日本规定全国设有福利事务所的自治体基于贫困者自立支援法设置咨询支援服务中心。在大阪市 24 区中，咨询支援服务委托给民间从业人员于区役所内设置咨询服务窗口。

福利与保健、医疗相关咨询机构基本由自治体设置，与就业劳动相关的咨询机构基本由国家负责管理，两者如何相互协调、相互促进将是今后的重大研究课题（详细情况后述）。

3 近几年的改革动向

3.1 改革的必然原因

正如第一部分所叙述的，近年来，由于人口减少、少子高龄化、非正规职业增加导致国民生活不稳定、经济长期停滞等各类问题交织，日本政府难以出台有效的政策。并且这些矛盾给社会保护制度造成的影响中，首当其冲的便是财政。

财务省数据显示，2016年一般会计预算约为96.7万亿日元。其中，国债为23.6万亿日元（一般会计预算中所占比例为24.4%）、地方交付税交付金等为15.3万亿日元。因此，国家在余下的57.8万亿日元中，必须保证社会保障、教育、公共事业等的年度支出费用，而其中社会保障方面32万亿日元的费用就占了剩余金额的一半。另一方面，目前，一般会计预算的年度支出当中，税收为57.6万亿日元，不超过整体的60%；公债费用为34.4万亿日元；整体的35.6%需要用借款保证。而其带来的结果便是：国家和地方的长期债务余额高达1062万亿日元，占GDP的205%。这一数据与其他发达国家相比较为突出。

表14为社会保障费用的未来预测。从表中可以看出，社会保障的支付费用由2012年的109.5万亿提高到了2025年的148.9万亿日元，共增加近40万亿日元。并且随着社会保障支付费用的增加，公费负担也从2012年的40.6万亿日元提高到了2025年的60.5万亿日元，共增加约20万亿日元。与其他发达国家相比，日本经常被指出教育预算少，近年来，由于地震和洪水灾害等大规模自然灾害频发，考虑到应对灾害所必要的公共事业费用，政府自然会尽可能地压缩社会保障费用。在表14即将激增的社会保障费当中，较为显著的是医疗费和护理费。正如前所述，由于到2025年，第一次生育高峰的出生人口将达到75岁，医疗费和护理费用的急速增加不可避免，政府开展的社会保障改革目标也会集中于这些相关领域。

表 14　社会保障费用未来预测（2012 年 3 月）

		2012 年		2025 年	
		兆円	占 GDP 比例（%）	兆円	占 GDP 比例（%）
支付费用		109.5	22.8	148.9	24.4
	养老金	53.8	11.2	60.4	9.9
	医疗	35.1	7.3	54.0	8.9
	护理	8.4	1.8	19.8	3.2
	儿童·育儿	4.8	1.0	5.6	0.9
	其他	7.4	1.5	9.0	1.5
公费负担		40.6	8.5	60.5	9.9
	养老金	12.4	2.6	13.7	2.2
	医疗	15.0	3.1	25.5	4.2
	护理	4.8	1.0	11.1	1.8
	儿童·育儿	3.9	0.8	4.8	0.8
	其他	4.5	0.9	5.4	0.9
GDP		479.6		610.6	

注：2025 年的预测值来自政府在 2011 年 6 月 30 日公布的《社会保障·税一体改革》中的《社会保障改革的具体方案、工程及费用预算》一文。

资料出处：厚生劳动省：《关于社会保障相关费用未来预测过程》，2012 年 3 月。

若将社会保护改革的内容进行分类，则可以分为社会保障费用的抑制、人口减少和为应对少子化的育儿支援、非正规职工劳动条件的改善及具有地方特色的综合性支援体系的构建等内容。以下，笔者将以第 1 部分中的经济社会背景和第 2 部分中的社会保障制度的历史和构成为前提，根据图 1 对社会保护改革的必要性进行说明。

图中的曲线表示随着经济发展阶段的变化收入分配的变化。横轴表示经济发展阶段，纵轴表示收入分配水平（越往上收入分配越不平等）。在经济发展的初期，收入分配水平虽呈现恶化趋势，但随着经济的发展，其势头逐渐减弱。这也被称为库兹涅茨（Kuznets）的倒 U 形曲线（inverted U-curve）。而呈现这种倒 U 形曲线的理由可根据哈里斯－托达罗模型（Harris-Todaro model）进行说明。也就是说，随着经济的发展，劳动者会从工资水平较低的农业部门向工资水平较高的制造业部门转移。这样一来，初期虽然工资水平较低的劳动者占很大部分，但随着工资水平较高的

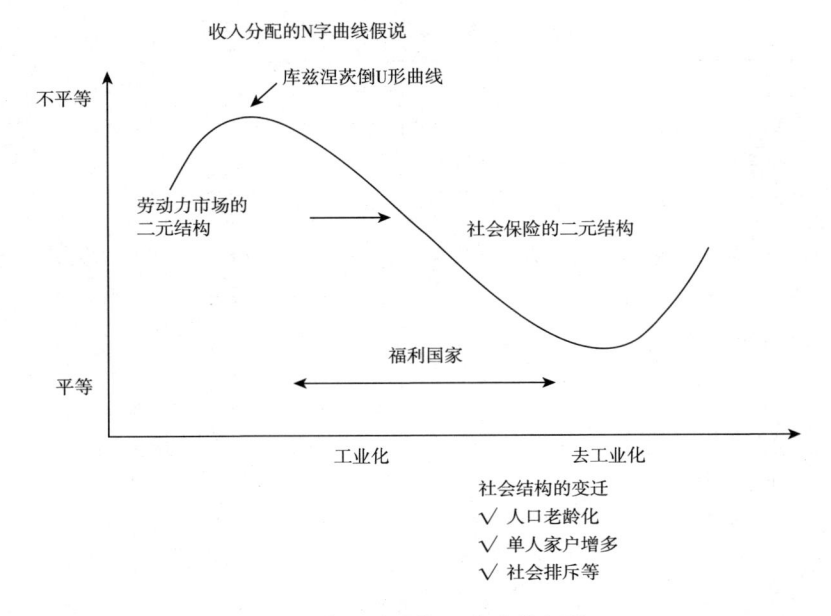

图 1　收入分配的 N 字曲线假说

劳动者逐渐增多，工资的差距也会扩大，而工资水平较高的劳动者占到大部分时，工资水平的差距又会开始缩小。但是，一旦经济发展成熟，劳动者又会开始从工资差距小的制造业部门向工资差距大的服务业部门转移。如此一来，社会整体的差距又会再次扩大，收入分配整体的曲线将会呈现为 N 字形（N-curve）。

艾斯平－安德森（Esping-Anderson）等的福利国家论是基于收入分配差距最小的阶段。这之后，随着经济向服务业发展，老龄化、单身人数的增加、社会排斥的深化等社会变化也会同时发生。并且，这一过程也会迫使福利国家发生变化。非正规职工或者工薪穷人的增加就是其中的一种变化。社会的变化带来福利需求的多样性，公共职业安定所和福利服务窗口等既有的支援机构也将重新组建。

另外，作为日本的特殊情况，第一部分中出现的地区保险和员工保险这种二元结构被指出在近年来助长了收入差距的扩大。虽然这一事态的起因是 1961 年"国民全体入保，全体享受养老金"这一法律的出现，但仍是基于经济发展初期的经济二元结构（田多，2011）。二元结构在初期阶段始于城市和农村的差距，随后在城市化的过程中，以城市中的大企业和中小企业、正式部门和非正式部门、外资和内资的高产能企业和传统的低产能企业差距这样的形式呈现。

问题是这样的二元结构目前仍未有所改善。过去个体工商业者和务农者几乎都是国民养老金和国民健康保险的投保者，但现在无业者和非正式劳动人员占大多数，这也成为财政恶化的原因。另外，对于离职者和非正规劳动人员来说，由于无法加入员工保险从而在经济上呈现劣势，又继续助长了差距的扩大。20 世纪 80 年代之后，日本政府为解决这种社会保险的二元结构问题和随之而来的财政制约问题采取的对策是前面提到的——在社会保险中使用捐助金的形式（玉井，2002）。正如在超老龄医疗制度中所呈现的那样，这一方法也同样适用于老年医疗。

3.2 改革的具体内容

（1）整体流程

在着重抑制社会保障支出的小泉政权（2001~2006 年）及短暂的第一次安倍政权（2006~2007 年）结束后，福田政权（2007~2008 年）开始对社会保障制度的整体设想展开讨论。福田政权设立了社会保障国民会议，于 2008 年 11 月发布最终报告。该会议中提出了公共养老金制度及医疗护理费用的模拟结果。继任的麻生政权（2008~2009 年）设立的安心社会实现会议于 2009 年 6 月发布了最终报告，指出重树雇用信心（持续创造岗位、形成更加灵活放心的雇用体系、实现社会性的统一统合）、丰富育儿援助、提高民众对教育的信任感等是最优先的议题。

在民主党政权下（2009~2012 年），2010 年 12 月公布了《关于社会保障改革的知识分子研讨会报告》，2012 年 2 月公布了《社会保障·税一体改革大纲》 境内阁会议决定。该大纲提出了社会保障改革的方向：①加强未来投资（儿童、育儿援助）；②加强医疗护理服务保障，加强社会保险制度安全网络功能；③加强贫困及贫富差距应对（构建多层次的安全网络）；④建立能够支撑起多元化工作方式的社会保障制度（养老金、医疗）；⑤实现全员参与型社会及尊严劳动；⑥保证社会保障制度的稳定财政来源，并指出了具体改革项目。然而，最终在法案当中出现的仅有与儿童、育儿及养老金相关的法案（寺澤泰大·根岸隆史，2014，p.29）。

2012 年 8 月，包括社会保障制度改革推进法在内的一体改革关联法案（儿童育儿援助相关 3 法、养老金功能协会法案、参保人养老金一元化法案、国税改正法案、地方税改正法案）出台了。社会保障制度改革推进法在2009年度税制改正法附则104条的规定①基础之上，为了保证稳定的财政来源、确立起受益与负担相平衡的可持续发展的社会保障制度，明确提出了社会保障制度改革的"基本思路"（第2~3条）、社会保障4领域（养老金、医疗、护理、少子化对策）和"改革的基本方针"（第5~8条）。此外，该法中还规定需设立社会保障制度改革国民会议（第9~15条）。

因此，2012年11月社会保障制度改革国民会议成立。该会议以社会保障制度改革推进法所规定的"基本思路""改革的基本方针"，以及3党（民主党、自民党、公明党）实务者协议归纳的关于社会保障4领域的"讨论项目"为基础进行审议。社会保障制度改革国民会议于2013年8月发布了最终报告。

2013年12月，在社会保障制度改革国民会议的审议结果基础之上，社会保障制度改革项目法（关于推进建立可持续社会保障制度的改革的法律）制定。该法明确指出了社会保障制度改革的整体布局及推进方式，少子化对策、医疗制度、护理保险制度、公共养老金制度的改革皆为其对象。这同《医疗护理综合保障推进法》的制定也是相关的（后述）。此外，依据该法，设立了以首相为本部长的社会保障制度改革推进本部，在内阁设立了社会保障制度改革推进会议。

（2）社会保障支出的抑制

抑制社会保障支出、面对老龄化社会的准备、打消对老年生活的不安，面对这些问题政府首先着手的是养老金和医疗保险改革。

关于养老金，因为日本的养老金制度采用的是修正赋课制，所以劳动人口一旦减少，保险金相比于支付金额就会减少。在这一层意义上，2004年实施的养老金制度改革有着非常重要的意义。因为这一改革，才实施了国库负担金额在基础养老金中占比上升（由1/3到1/2）、财政验证（至少每五年一验）、保险金水平固定（厚生养老金金额2017年以后固定为18.3%，国民养老金金额2017年以后每月为16900日元），以及宏观经济调控等措施。

2012年8月，日本制定了养老金功能强化法（因公共养老金制度的财政基础及最低保障功能的强化等而部分修正国民养老金法的一部分）

---

① 该条规定："为阶段性地对含消费税在内的税制进行彻底改革，须于2011年内采取必要的法制措施。"

及参保人养老金一元化法。养老金功能强化法将养老金的领取期限由目前的 25 年缩短到了 10 年（2017 年 4 月 1 日施行），扩大了短期劳动者的厚生养老金・健康保险的适用范围（2016 年 10 月 1 日施行）。此外参保人养老金一元化法中加入了公务员及私立学校教职员也加入厚生养老金，养老金的第二层结构统一为厚生养老金，统一共济养老金及厚生养老金的保险费率（上限 18.3%），将属于共济养老金的公共养老金的第 3 阶部分（职务部分）废止（于 2015 年 10 月 1 日起实施）等内容。

2012 年 11 月，养老金生活者支援给付金法（关于依靠养老金生活者的援助金发放的法律）出台。该法是针对养老金领取者当中低收入老年人及残障人士提供福利的法律，预计自 2017 年 4 月 1 日起实施。

另一方面，在医疗费用方面，2006 年实施了医疗制度改革。该改革将收入相当于劳动年龄人口的老年患者负担金额上调二至三成，创设了高龄老人医疗制度等，为了控制整体的医疗支出实施了大范围的改革。

2015 年 5 月，国民健康保险法修正案出台（为了构建可持续的医疗保险制度而将国民健康保险法等部分法律进行修正）。该修正案规定，为了稳固国民健康保险制度，自 2018 年度起都道府县将作为财政运营的责任主体（同时政府自 2015 年起，为了加强对低收入人群的支持，投入约 1700 亿日元，对被保人保险费用降低的自治体加大了财政援助）。同时，将作为健康保险的保险费用的计算依据的标准月薪之上限额度由 121 万日元上调至 139 万日元（自 2016 年 4 月 1 日起实施）。

（3）应对人口减少及少子化问题为育儿提供援助

民主党政权在竞选宣言中提出，要导入每月 26000 日元的少儿补贴，用以替代现行的儿童补贴。这是民主党政权陷入困境的要因之一（伊藤光利・宫本太郎，2014），2011 年 8 月，少儿补贴支付特别措施法（关于少儿补贴支付等的特别措施法）① 制定（自 2011 年 10 月 1 日起实施）。相比于过去的儿童补助，少儿补贴的特点在于支付条件中取消了收入限制。支付金额 0~3 岁为 15000 日元，3 岁至小学毕业，第 1 胎和第 2 胎为 1 万日元，第 3 胎之后为 15000 日元，中学生为 1 万日元。然而，少儿补贴实施时间不长，只持续了半年。2012 年 3 月，儿童补贴法修正，少儿补贴被废止，名

---

① 厚生劳动省：《关于平成 23 年度少儿补贴支付等的特别措施法的概要》（www.mhlw.go.jp/bunya/kodomo/osirase/dl/h23_gaiyou.pdf，2016 年 9 月 18 日阅览）。

称也再度改回"儿童补贴",开始对收入进行限制,支付金额同"少儿补贴"相同。

在此之前,2010年5月《儿童抚养补贴法》被修正,自2010年8月起单亲家庭中的父亲成为支付对象。同时,2016年5月的《儿童抚养补贴法》修正当中,规定自2016年8月1日起,第2胎、第3胎之后的加算金额提高(第2胎由每月5000日元提高到最多每月1万日元,第3胎之后由每月3000日元提高到最多每月6000日元),自2017年4月起配合物价变动引入了物价浮动机制。

在育儿援助方面民主党政权最大的成绩就是于2012年8月颁布了《儿童育儿援助法》。

(4)改善非正规就业者的劳动条件

最近几年,针对非正规就业劳动者的劳动保险及被保人保险的适用范围扩大正在逐步进行。2010年3月,《雇用保险法》被修正,短期劳动者的适用条件由"预计将有6个月以上的雇用"放宽为"预计将有31天以上的雇用"。随着这一政策的制定,短期劳动者的适用标准放宽至每周工作20小时以上、预计将有31天以上的雇用(自2010年4月起实施)。

2012年8月,《养老金功能强化法》制定,养老金的领取资格期限由现行的25年缩短至10年(自2017年4月1日起实施),并放宽了对短期劳动者的厚生养老金、健康保险的适用范围(自2016年10月1日起实施)。

2016年1月,《国民健康保险法施行令》修正。这是扩大针对低收入人群保险费用削减范围的修正,提高了减轻保险费用所得的基准。然而,这一提高额度极为有限①。此外,国民健康保险的保险费用,有年间征税限额。也就是无论收入多高,保险费用也不会超过征税限额。过去的征税

---

① 基于国民健康保险的法令保险费用分别减轻七成、五成、二成。其所得基准,也因施行令的修正做出如下变更。同时,所得意为自收入当中减去相关税金(或必须的经费)之后的金额。

过去的减轻判定所得	改正后的减轻判定所得
七成减轻=33万日元	七成减轻=33万日元
五成减轻=33万日元+26万日元×(家庭被保人数)	五成减轻=33万日元+26.5万日元×(家庭被保人数)
二成减轻=33万日元+47万日元×(家庭被保人数)	二成减轻=33万日元+48万日元×(家庭被保人数)

限额为医疗分保险费用52万日元，高龄老人援助金分保险费用17万日元，护理分保险费用16万日元，修正后（自2016年4月1日起实施），医疗分保险费用提至54万日元，高龄老人援助金分保险费用提至19万日元（护理分保险费用保持16万日元不变）。

关于非正式雇用人员劳动条件的改善措施，2012年3月修正了《劳动者派遣法》（自2012年10月起实施），原则上禁止劳动契约在30天之内的短期派遣（日雇派遣）。雷曼危机时，曾通过手机进行每日派遣。2006~2007年，从事日雇派遣的年轻人住在网咖（韩国的所谓PC房），"网卡难民"成为一大社会问题。为于2008年末失去工作和住所的劳动力在都内的日比谷公园提供生活方面的咨询的"派遣村"也引发热议（湯浅誠，2008），村长汤浅诚先生于民主党政权时期加入内阁，为生活穷困者自立援助事业提出了议案。

同时，2014年4月，《兼职劳动法》得以修正（自2015年4月起实行）。此次修正扩大了禁止同正式员工进行区别对待的兼职劳动者的范围。在兼职劳动者的待遇与正式员工不同时，企业方面必须考虑到职务内容、人才结构及其他各种事项，不得含有不合理内容。

在劳动者整体措施方面，2007年11月《最低薪金法》得以修正（自2008年7月起实施）。此次修正明文规定，各地区在制定最低薪资标准时，要保障劳动者能够获得健康且能享受最低文化活动的生活条件，需考虑到生活保障的整合性（第9条第3项）。

另一方面，2013年12月，《生活保护法》自1950年制定以来第一次进行了大幅度修正，为了实现从保障生活向脱离贫困的转变，引入了补助金制度。这是生活保障领取人员增加的重要因素之一，因为这一制度考虑到了可能领取人员的增加。同时，因为合理地把握住了收入、有效地控制了医疗补助，还加入了强化福祉事务所调查权限和合理调整医疗补助等内容（自2014年7月起实行，部分内容自2016年1月起实行）。

（5）在地区构筑特殊的综合支援体制

首先，可以从老年人支援领域着手，在地区构筑特殊的综合支援体制。该体制是为了营造环境，哪怕是老年痴呆症患者也不一定非得进入相关看护机构，而是能够在平时熟悉的地区迎接人生的最后阶段，而不是在冰冷的医院。2006年4月，护理保险法修改，导入预防给付和地区紧密型服务，在市、町和村设置了地区全面支援中心。在2012年4月修订的护理保险法中，导入 24 小时定期巡检和临时对应服务。从这时起，"地区全面型护理"这一说法开始出现，它代表了地区老年人支援事业的应有姿态。

如前面所述，在日本，到 2025 年，第一次婴儿潮时期出生的人将会超过 75 岁，对医疗和护理的需要将会急剧增加。为此，厚生劳动省开始着力构建体制，提供全面地区支援，目的在于让老年人能在熟悉的地区继续生活，度过人生的最后阶段。厚生劳动省、相关研究人员和支援人士称这种体制为"地区全面型护理系统"（三菱 UFJ 调查 & 咨询，2015）。地区护理系统需要以地区特性为基础，构筑全面覆盖医疗、护理、福利、住所等领域的支援体制。为此，厚生劳动省开始在全国各地推进"地区护理系统"，这是以地区全面支援中心为核心的辅助系统。

如果想实现"地区全面型护理"，改革医疗制度迫在眉睫。日本的医疗制度拥有自由开业和自由参与的特色。与其他发达国家相比，日本医院的平均住院天数长，病床数多，负责每张病床的平均医生数和看护职员人数少（寺澤泰大·根岸隆史，2014，p. 24）。为此，病床的功能分类与联合、丰富居家医疗和护理服务、培育医疗从业人员并确保人数，势在必行。

2014 年 7 月，医疗、护理综合确保推进法出台。该法律规定，为了强化医疗与护理的联合，厚生劳动大臣制定了基本方针。在医疗法领域，则做出了以下规定：为确保地区医疗体制的高效运转，医疗机关需要向都道府县知事报告病床的医疗功能（高度急性期、急性期、恢复期、慢性期）等事项。而都道府县则需要以此为基础，在医疗计划中制定地区医疗计划。在护理保险法方面，还规定了将护理保险中的预防给付（上门护理、设施护理）纳入市、町、村负责的地区支援系统，将进入特别照顾老人院的老年人界定为中重度需求护理者，进一步削减低收入者的保险费用等条款。

接下来，在育儿支援领域，2012 年 8 月，新的儿童、育儿支援制度正式出台。该制度综合了三部儿童、育儿的相关法律，分别是《儿童、育儿援助法案》《认定幼儿园法修正案》《关于儿童、育儿援助法案以及认定幼儿园法修正案的实施等的法律》。实施主体是市、町、村。

首先，关于整合了幼儿园和保育所功能的认定幼儿园。之前幼儿园归文部科学省管理，保育所归厚生劳动省管理，也就是说认定和负责指导监督的体制不一样。而该制度则规定，幼保联合型幼儿园将幼儿园和保育所合为一体,提供一体化的学龄前教育与保育①。

其次,在导入小规模保育给付(地区型保育给付)的同时,进一步完善"地区儿童、育儿的支援事业",包括建立地区育儿支援场所和放学后儿童俱乐部等内容,目的是进一步促进儿童、育儿支援。其对象并不仅限于幼儿园或保育所,还包括了所有没有这些设施的育儿家庭。可以说,该制度力求在地区层面构建育儿支援体制,而不是停留在设施层面。

另外,根据与育儿支援相关的2004年儿童福祉法修正案,各市、町、村必须设立需要保护的儿童对策协议会,以尽早发现虐待儿童等现象,并尽早做出必要的保护。在该协议会中,参会人员可以相互交换需要保护的儿童的相关信息,并商讨支援内容。根据厚生劳动省统计,2013年,全国的儿童咨询所共收到73802次关于虐待儿童应对方法的咨询。咨询次数从2004年的33408次逐年递增,在这十年间,次数已经翻了一倍以上。

在残疾人支援领域,从1970年代开始,残疾人人群以及市民团体开始不断实践,不断摸索该如何让残疾人在地区中自立生活,而不是被送到残疾人护理机构。在2003年支援费制度通过后,2006年残疾人自立支援法正式施行。但是,在民主党执政期间,该法律被废除(伊藤,2015,第6章)。其原因在于该法律要求享受残疾人福利服务的人员需负担相关费用(应益负担),而这一点受到了相关人员的强烈反对。

后来,2012年6月,残疾人综合支援法(为综合性支援残疾人的日常生活和社会政策的法律)正式出台。该法律的目的,在于保护残疾人特别是残疾儿童的基本人权,让他们能保持作为人的尊严,投入到正常的日常生活以及社会生活中。在之前的残疾人自立支援法条文中,曾经写道"根据残疾人和残疾儿童所拥有的能力和适应性营造环境,让他们能自立地投入到正常的日常生活以及社会生活中",这句话强调了"能力"和"自立"。而与之相对应,新支援法则明确写出了"作为人的尊严",这是前后两个法案的一大不同点。另外,在2013年6月,消除残疾人歧视法案通过,并于2016年4月1日正式施行。

关于残疾人综合支援中的支援内容,市、町、村是实施主体。除了在残疾人自立支援法中规定的对残疾人福利服务进行补助以外,还明确规定了要通过地区生活支援事业展开支援。对残疾人福利服务进行补助,包括

---

① 认定幼儿园除了幼保联合型以外,还有幼儿园型、保育所型和地方裁量型。

了护理补助（居家护理、疗养护理、生活护理等）、训练等补助（自立训练、支持就业援助），原则上来说国家需要承担一半费用。另外，地区生活支援事业包括了咨询支援、沟通支援、地区活动支援等内容，国家补助不超过一半的费用。

上述内容是针对老年人、儿童以及残疾人的传统福利领域的改革。可是，正如之前所述，国家并没有采取合适的措施，对那些被社会孤立的，没有被纳入既有社会保障和福利制度的对象，处于制度边缘的生活穷困者展开社会性支援。长期闭门不出，处于灰色地带的人群，长期失业人员，无家可归或是没有固定住处的人员则属于这个范畴。因此，在2013年12月，生活贫困层自立支援法正式制定（2015年4月施行）。

该法律规定，以现在正处于经济窘迫，难以维持最低限度生活的人为对象，实施全面型支援政策，包括自立咨询支援政策、支付确保住处援助金、就业准备支援政策、临时生活支援政策、家庭收支咨询支援政策、学习支援政策以及一切促进生活穷困者生活自立的措施。实施主体是全国设置了福利事务所的自治体。自立咨询支援和确保住处援助金是必须开展的政策，其他则可以自行选择。

虽然生活贫困层自立支援包括了就业支援，但是整体支援进展缓慢。这是因为以前，就业支援归国家管理，但现在却归设置了福利事务所的自治体，也就是交由市级机关来管理。长期以来，都道府县都根据职业能力开发法制定职业能力开发计划（第7条）、运营职业能力开发学校（职业训练所），在2000年地方分权改革以前运营过公共职业介绍所等等，因此，都道府县拥有支援就业的技巧。但是，在就业支援方面，市级机关基本没有基础。

以此为背景，2015年12月，内阁会议通过了《有关对地方提案的对应方针》。该方针规定要设置"地方性公共职业安定所"（自治体自发性免费介绍就业）。现行的职业安定法，仅规定自治体可以根据申请情况免费介绍就业（第33.4条的第1项），但对应方针则宣布这条规定作废。另外，关于雇用对策中国家与自治体的联合（雇用对策法第31条），该方针明确自治体可以与国家缔结协议，谋取共同合作，以职业安定行政为中心共同促进雇用政策实施。该协议可以涵盖既有公共职业安定所（Hello Work）管理的全部事务。另外，在法律上规定了将以下两个服务合为一体，并鼓励持续性实施。

表 15 最近几年关于社会保障和劳动市场的主要报告书、制度改革

	整体社会保障	第1层安全网	第2层安全网	第3层安全网	社会福利	劳动市场
2008年	11月 社会保障国民会议报告书					
2009年	6月 安心社会实现会议报告书					
2010年	12月 关于社会保障改革的知识分子研讨会报告				5月 儿童抚养补贴法修正案	3月 雇用保险法修正案
2011年	6月 社会保障·税一体改革成案	6月 护理保险法修正案	5月 求职者支援法		8月 少儿补贴支付特别措施法	
2012年	2月 社会保障·税一体改革大纲 8月 社会保障制度改革推进法	8月 养老金功能强化法、参保人养老金一元化法案 11月 养老金生活者支援给付金法案			3月 儿童补贴法修正案 6月 残疾人综合支援法 8月 儿童、育儿援助法	3月 劳动派遣法修正案
2013年	8月 社会保障制度国民会议报告书 12月 社会保障制度改革项目法		12月 生活贫困层自立支援法	12月 生活保护法修正案	6月 消除残疾人歧视法案、儿童贫困对策推进法	

续表

	整体社会保障	第1层安全网	第2层安全网	第3层安全网	社会福利	劳动市场
2014年	7月 医疗、护理综合确保推进法				4月 新生代培育支援对策推进法修正案	4月 兼职劳动法修正案
2015年		5月 国民健康保险法修正案				12月《有关对地方提案的对应方针》内阁会议决议
2016年		1月 国民健康保险法施行令修正案			8月 儿童抚养补贴法修正案	

注：表中时间为国会通过法律的月份。
资料出处：参考了福原（2012）、寺泽泰大·根岸隆史（2014）、厚生劳动省各式资料。

最后，在住宅方面，我们以前的住宅建设基本计划法案都是以确保住宅数量为目的的。但是，2006 年，住宅生活基本法正式制定，其主要目的在于确保需要特殊照顾的人群有稳定的住所，包括低收入者、受灾群众、老年人、育儿家庭等等。并且该方案规定，2007 年，开始制定住宅安全网法案，该法案将在住宅方面需要特别照顾的人群称为"确保住宅特别照顾人群"，其中包括了低收入者、受灾群众、老年人和育儿家庭等。该法案力求促进出租房屋的提供（公营住宅、UR 出租房屋等）。该法案规定，自治体要将以"确保住宅特别照顾人群"为对象的出租房屋供给相关事项写入"地区住宅计划"（第 9 条）。同时还规定，自治体和支援团体等机构要组织"居住支援协议会"，共同商议采取必要措施（第 10 条）。

结　语

现在，在内阁中设立的社会保障制度改革推进会议正在以医疗和护理为中心，讨论推进社会保障制度方面的重大改革[①]。

同时，2016 年 7 月 15 日厚生劳动省将厚生劳动大臣作为本部长，成立了"我的事，大家事"地区共栖型社会实现本部。厚生省对其主旨进行了如下说明：在护理保险法、残障人士综合援助法、少儿育儿援助新制度等各项制度不断完善的同时，人口减少、家庭及地区的变化也给现有的体制带来了许多问题。今后，要转变传统福利模式，福利不应当分为"提供方"和"接收方"，而是应当由地区的全体居民共同分担、相互支持，建成每个人都能各展其长的社区，即一个能同公共福利服务协同起来互帮互助的"地区共栖型社会"[②]。

具体而言，在中、小学校等贴近生活的区域，地区统合援助中心或者社会福祉协议会应当成为中心，应对育儿、护理、残障、贫困等复合化复杂化问题，推动市町村综合协商援助体制的建设，在 2020 ~ 2025 年在全国范围内实施。因此，要重新评估老年人、残障人士、儿

[①] 社会保障制度改革推进会议的资料以及会议记录在网上统一公开（www.kantei.go.jp/jp/singi/syakaihosyou_ kaikaku/index.html，2016 年 9 月 19 日参考）。

[②] 厚生劳动省：《"国事一览"关于实现地域共生社会部署》（www.mhlw.go.jp/file/05-Shingikai-12601000-Seisakutoukatsukan-Sanjikanshitsu_ Shakaihoshoutantou/0000134707.pdf，2016 年 9 月 19 日参考）。

童等三类不同人群的专业化设施、援助服务设备、人员配置标准及报酬体系，全面布局整体把握，以确保相互间或整体的运行更加顺畅。同时，也要对拥有专业资格的人士的业务范围及资格考试培训课程进行重新评估①。

这些均与第 3 部分所述地区的特殊、综合支援体系的建设有明显关联。然而这些仅为厚生劳动省所示之方针，其实施效果及方式如何还有待今后观察。

参考文献

阿部彩（2008）『子どもの貧困』岩波新書。
伊藤周平（2015）『社会保障改革のゆくえを読む —生活保護、保育、医療・介護、年金、障害者福祉』自治体研究社。
伊藤光利・宮本太郎編（2014）『民主党政権の挑戦と挫折 —その経験から何を学ぶか』日本経済評論社。
岩田正美（2007）『現代の貧困 —ワーキングプア/ホームレス/生活保護』ちくま新書。
岩田正美（2016）『社会福祉のトポス』有斐閣。
大沢真理（2013）『生活保障のガバナンス —ジェンダーとお金の流れで読み解く』有斐閣。
太田清（2010）「賃金格差 —個人間、企業規模間、産業間格差」（樋口美雄『労働市場と所得分配』慶応義塾大学出版会、所収）。
大竹文雄（2005）『日本の不平等 —格差社会の幻想と未来』日本経済新聞出版社。
介護保険制度史研究会編著（2016）『介護保険制度史』社会保険研究所。
厚生労働省（2015）『平成 27 年版　厚生労働白書』。
五石敬路（2011）『現代の貧困ワーキングプア —雇用と福祉の連携策』日本経済新聞出版社。
四方理人（2013）「家族・就労の変化と所得格差 —本人年齢別所得格差の寄与度分解—」『季刊　社会保障研究』49（3）。
高間満（2016）『公的扶助の歴史的展開』みらい。
田多英範（2011）「福祉国家と国民皆保険・皆年金体制の確立」『季刊　社会保障

---

① 厚生劳动省：《深化地区全面社保、实现地域共生社会》，2016 年 7 月 15 日（www.mhlw.go.jp/file/05-Shingikai-12601000-Seisakutoukatsukan-Sanjikanshitsu_Shakaiho-shoutantou/0000130500.pdf，2016 年 9 月 19 日参考）。

研究』47（3）。
橘木俊詔（1998）『日本の経済格差　-所得と資産から考える』岩波新書。
橘木俊詔（2006）『格差社会　-何が問題なのか』岩波新書。
玉井金吾（2002）「日本社会保障と「財政調整」システム」『大原社会問題研究所雑誌』No. 523。
寺澤泰大・根岸隆史（2014）「医療提供体制及び介護保険制度改革の概要と論点―地域における医療及び介護の総合的な確保を推進するための関係法律の整備等に関する法律案―」『立法と調査』No. 351。
内閣府（2015）『子ども・若者白書』。
平岡公一・杉野明博・所道彦・鎮目真人（2011）『社会福祉学』有斐閣。
福原宏幸（2012）「日本におけるアクティベーション政策の可能性　-現状と展望-」（福原宏幸・中村健吾編『21世紀のヨーロッパ福祉レジーム　-アクティベーション改革の多様性と日本』糺の森書房、所収）。
藤里町社会福祉協議会・秋田魁新報社（2014）『ひきこもり町おこしに発つ』秋田魁新報社。
藤田孝典（2015）『下流老人　-一億総老後崩壊の衝撃』朝日新書。
藤田孝典（2016）『貧困世代　-社会の監獄に閉じ込められた若者たち』講談社現代新書。
藤森克彦（2010）『単身急増社会の衝撃』日本経済新聞出版社。
北海道総合研究調査会（2014）『2013年度セーフティネット支援対策等事業費補助金社会福祉推進事業　生活困窮者自立相談支援機関の設置・運営の手引き』
増田寛也（2014）『地方消滅』中公新書。
三菱総合研究所（2013）『2012年度老人保健事業推進費等補助金老人保健健康増進等事業　地域包括支援センターにおける業務実態や機能のあり方に関する調査研究事業報告書』。
三菱UFJリサーチ&コンサルティング（2015）『2015年度老人保健事業推進費等補助金老人保健健康増進等事業　<地域包括ケア研究会>地域包括ケアシステムと地域マネジメント』。
宮本太郎（2009）『生活保障　-排除しない社会へ』岩波新書。
宮本みち子（2015）「若者が自立できる環境をどうつくるか」（青砥恭編『若者の貧困・居場所・セカンドチャンス』太郎次郎社エディタス、所収）。
湯浅誠（2008）『反貧困　-「すべり台社会」からの脱出』岩波新書。

学者对谈：贫困治理与反贫困政策实践过程

王晓毅[*] 王春光[**] 张 浩 郑少雄 梁 晨

导 言

中国的扶贫攻坚已经进入关键阶段，围绕扶贫攻坚所形成的自上而下的贫困治理体系影响甚至重新形塑着各级政府和老百姓的行为方式。因此，对反贫困政策的讨论不能脱离政策的实践过程，需要从贫困治理角度对其进行重新思考。为此，我们邀请中国社科院社会学所王晓毅和王春光二位研究员参与对谈。二位研究员多年从事农村研究，在农村反贫困领域有着深厚的积累，对当下农村扶贫实践中的很多问题有着独到的见解。他们与几位年轻学者共同就贫困治理理念以及其中存在的问题、当下扶贫制度的设计与现实的张力、贫困理论研究、反贫困政策实践过程中的各主体和乡村的主体性、未来扶贫工作的方向等主题进行了深入的讨论。

我们希望通过二位学者对贫困治理和反贫困政策实践过程的透视，展示出不同思维方式对同一问题的认知，以期找到中国反贫困的特殊性及可能的解决路径。

王晓毅：

当下关于扶贫的争论很多，这些争论主要针对现实中存在的很多问题，比如乡镇和村干部都在抱怨要填好多表格，没时间做正经事；还有针对产业扶贫的批评，比如某个村说自己做了八次产业，但是都失败了。同

---

[*] 王晓毅：中国社会科学院社会学研究所，研究员。
[**] 王春光：中国社会科学院社会学研究所，副所长、研究员。

时从另一个角度，我们发现扶贫制度设计较之以前更为完善。以前会有项目设计不合理、对象不精准等问题，现在更加瞄准扶贫对象，而且各个环节都要审查，社会参与也越来越多、越来越完善。这两种现象同时存在，就形成一个悖论：一方面关于扶贫的争论很多，存在很多问题；另一方面制度设计越来越完善和完美。因此我们谈贫困问题，要把尺度设得大一些，把这个问题看清楚，要看本质的问题。

如果回到最熟悉的贫困治理脉络的话，我们会发现，中国最早形成这样一个贫困治理理念主要受世界银行的影响，我们关于贫困和反贫困的概念基本上都是从世行过来的。我们目前所采用的这套制度设计与世行的项目非常契合，因此世行对我们的表扬也很多。这种理念和脉络有几个最基本的特点，那就是所谓贫困治理要回答三个问题：帮扶谁？谁帮扶？怎么帮？纵观我们30多年的扶贫历史，基于这三个问题，我们已经建立了一个特别完善的体系。

先看帮扶谁的问题。我们首先要看究竟有多少帮扶对象。三个贫困线让我们知道总体有多少贫困人口。但我们不知道具体的扶贫对象是谁，因此我们就在这30多年的过程中不断逼近贫困人口，比如最先做的区域扶贫，我们把扶贫款投在青海就一定比投在广东扶贫效果更明显，因为青海贫困人口比例更高；后来发现区域有点泛，开始做重点县扶贫；再后来发现也有不足，开始针对贫困重点村；现在终于针对到户，搞建档立卡，精准到户。这是一个非常完善的机制。

再看谁来帮扶的问题。刚才提到的中国扶贫体系中，"谁帮扶"的体系也在不断完善。比如对口帮扶有一个非常清晰的路线图，包括社会组织参与、企业参与等，形成一个非常完善的"谁帮扶"体系，是在政府主导之下的社会各界的广泛动员。现在动员更加广泛，通过一个非常强大的、自上而下的传导机制，把中国整个动员起来了。

第三就是怎么帮的问题。这是我们最有中国特色的方式，叫作"开发式扶贫"。这与原来的救济式扶贫不一样，要投入大量生产资金支持贫困户发展，形成一整套体系。这套体系包括基础设施投入，比如电力、交通，向贫困地区倾斜；包括提供培训，因为农民没有知识；包括信用贷款，因为农民缺少资金；还包括一套公司+农户和合作社的体制，因为农民不会做生意；等等。帮扶体系就这样越来越完善，对于实在帮扶不起来的，还有政策兜底，比如低保；还有教育方面的措施，比如两免一补、营养餐；还有医疗等方面的措施作为补充。

我们会发现，这个系统是一个非常完善的系统，从上到下都覆盖到了。但是我们总能看到现在扶贫仍旧存在很多问题。那么这些问题出在哪里？我个人的感觉，很可能是出在系统本身解决不了的问题上，不是通过加强系统就能够解决现在的问题。比如第一个例子是，政府和学界都说在精准识别中存在识别不准的情况，有"优亲厚友"的现象。而事实上，在农村乡土社会中，农民本来就是有各种各样的社会关系的，农民本来就不是我们假设的那样，像一个非常公正的公民一样去认定和判断贫困户，本来乡土社会就是这个样子的。我们在选择谁是贫困户、谁是受益人的时候，需要考虑到农民一定带有其乡土行为特点，我们很难通过治理和制度设计来把这一部分抹掉。所以很多地方都说，如果只给村里5个低保贫困户名额，那很容易就能把这5户确定，而且很公正，大家都没有意见，因为谁都知道村里有几个最穷的人，比如老弱病残。但如果给50个名额，那这个事情就很不好办了。信息不透明，大家都想选择合适的贫困户，那50个贫困户该怎么选呢？怎么能够清楚选谁呢？除了那5个最穷的人之外，其他人差别有多大呢？所以说，群众参与能解决很多问题，也面临很多困境。而且目前的指标不是村里决定的，村里没办法决定有多少个贫困户名额，这完全是上面按照因素分解法来分解出来的，而因素分解不一定与实际情况相契合。但其实上，政府发现，通过这么多年的各种尝试，这种经过测算来决定给地方多少名额之后再层层分解的因素分解法是最可行、最公正的。要让地方政府上报的话，如果资源与之相匹配，他们敢报90%都是贫困户和贫困村；如果要求脱贫算作成绩，那他们可能一个都不会报。因此根本不可控，所以统一测算，做因素分解是相对最公正的。第二个例子是驻村帮扶，我们看到现在驻村帮扶的制度基本能做到了，基本可以保证外来干部在村里住着，但是住在村里是不是一定能解决村里问题呢？那就不一定了。很多驻村干部都说不知在村里能做什么。

所以我感觉现在这一套扶贫治理机制基本已经达到最大化了，已经设计到最完美、最精致的程度了。比如责任制，在中国历史上从来没有出现过双首长对上级签署军令状的制度，菜篮子工程最多市长签，现在扶贫要书记、市长一起签，这是从来没有过的。还有第三方评估，底下有很多抱怨，说第三方评估的学生来了也不会问问题，问"你们家住房有保障吗？"（众笑），还问"干部有来你们家帮扶吗？"，老百姓说"没有"。

问"干部来过你们家吗?"老百姓说"没有"。指着旁边的干部问老百姓:"这个人你认识吗?"老百姓说"这个人我认识"。(众大笑。)这种事情很多,就让我们思考该如何看待这样的扶贫体制。这个体制在快速推进解决贫困问题的时候成效非常大。宏观来看,如果没有这样一套体制,基础设施改善速度会慢很多。虽然目前的扶贫体制带来一些问题,比如现在有农户失败或者目前成功以后会失败的情况,还有公司套取政府补贴,这些现象都存在,但是这套体制下依然能看到好多好的公司进入村庄,帮助村庄发展起来了。而我们能看到好的一面的同时,也能看到问题的另一面。所以我们需要对问题进行梳理。

第一个问题是大家最常讲的公平问题。这是个老问题,如果贫困线是3000元的话,2999元和3001元将面临截然不同的处境。为什么(年收入)2999元的就可以被帮扶,但是(年收入)3001元的就不能被帮扶?围绕3000块钱上下有一堆人,谁进入建档立卡户,谁就能享受贷款资金、政府补贴、教育扶贫等一系列的优惠政策。而年收入人均2999元的和3001元的两家实际差不多,没进入的就什么都没有。不管贫困线如何提高,仍然无法解决边缘的公平问题,这个问题依然会存在。所以不管怎么评价贫困线的标准,逐年提高也好,逐年动态帮扶也好,总是存在一个贫困线边缘群体的公平问题。

第二个问题是挤压地方实践空间的问题。这么多年,我们一直有一个很美好的梦想,但是最近我觉得这个梦想要破灭一下了。这个梦想是什么呢,是政府与民间组织之间不同模式的相互影响和学习。之前有很多民间组织介入扶贫,民间组织一直想找到一个好的扶贫方式,因为它们没有太多钱,只能做三五个村,所以只能探索发明一个好的、有效率的方式把事情做好,然后把这个方式推荐给政府,由政府去把这个方式大面积复制。政府也特别想把自己的高效办法推荐给民间组织,觉得民间组织在一个村里做了十年还没起到作用,来学习我们,三五年就能起来。双方一直在试图相互影响,达到最优,但后来发现这两个东西本来就像两个道上的车,本身就没办法相互影响。中国政府在扶贫方面有两次借鉴了社会组织的经验去大规模复制,但是每每政府复制都会变形。一次是小额信贷。小额信贷最早是福特基金会和社科院搞了4个点,后来包括一些国际组织迅速把这个方式推开,政府也开始按照这个方式做无抵押、无担保、农民组成小组的贷款,但是发现坏账率特别高,农民不还,所以政府要求农民还得抵押。最后的结果是，小额贷款到了政府手里，就变成仅仅是额度比较小，但是方式仍类似传统贷款，还要抵押。为什么？当时农行扶贫处的处长和社科院扶贫中心主任在会上"吵架"，处长说，你们别说我们农行做小额贷款做得不好，你们社科院做了4个点，你们有多少研究员和博士投入在里面了？按照这种人力投入，农行做不了啊！其实这里面存在这样一个问题，（政府和社会组织的）运作方式不一样，很难把另外的方式大面积推广和复制。另一次就是参与式扶贫，整村推进的时候说的是参与式规划。但是这个东西一旦落实下去，政府一操作就会变形。我们当时在青海调研，乡里的人说，这个月他们已经做了16个村的参与式扶贫规划了，他们根本没办法真正按照参与式扶贫规划的方式来操作。四川那边有个社会组织做参与式扶贫做得非常好，政府说你们这个做得很好，购买服务吧。社会组织问政府要做几个村。政府说你把我们全县都覆盖了吧。（众笑。）社会组织说这个我们真做不了。扶贫中，政府这系统之外有很多不同的主体和方式，而且不是政府说想拿过来用就能拿过来用的，这就是我所说的地方实践。但是在我们这样自上而下推动力越来越强的时期，相对空间就小一些。所以我们看到很多地方原来能做的，现在难度越来越大，有学者也在写文章说现在扶贫中看不见社会组织的身影了。

　　第三个问题是这种大规模的投入在多大程度上可持续的问题。基本上目前的政策规划只到2020年，现在到2020年之前按照这个路走下去是没问题的，但是这之后怎么走也需要考虑。同时可能更重要的是精准扶贫中"按期脱贫"的提法，贫困村要摘帽，贫困户要脱贫，我们设计了非常详尽的退出机制。其实贫困本身就是一个非常多样性的东西，而且很可能不断反复和循环，不是扶好了就真的不返贫了。我们现在还没有一个非常有效的监测机制看是不是真的可持续脱贫了，也存在很多信息不通畅的问题，所以检测中面临很多问题。比如，如果有两个记者在贫困县做调查，要求不让有任何人跟着，结果全县总动员，把记者的车牌号、长相都发出去。（众笑。）这是很反面的例子，但我如果是一个主政者，这是可以理解的。因为我们必须承认，记者、学者们等局外人看到的不一定是百分之百真实或全面。这是社会科学的常识，但是在现实生活中我们经常会忽略这种常识。这种情况下，也许我们将来扶贫，在2020年能够满足基本需求，有社会保障能够让基本生产真正成问题的人得到基本的保障。这种情况下，我们需要考虑扶贫策略问题。在这个意义上说，大规模的开发式扶贫也许真的就不合适了。就像十年前王思斌教授讲的那样，社会政策时代到来，社会政策可能就是这样。这次精准扶贫给了我们一个思路，就是细化，不再是单纯意义上的贫困，而是涉及一些具体的方面。以后是不是对实际贫困人口有一个测算，但实际政策发力是针对不同的贫困群体，比如农村的五保问题就是五保政策解决、学生上学就是依靠教育政策、农民工就业问题就依靠农民工就业政策、残疾人就业问题就依靠残疾人就业政策等，在操作上针对不同的社会问题，比现在的针对建档立卡一般贫困户的政策更容易把握和操作。

上次有领导说，2020年以后如何解决贫困问题现在还存在很多争论。第一个想法是，按照原有的套路，把贫困线提高，还会产生一批贫困人口，这种提高依然有理论基础。比如有人写一篇文章关于如何实现稳定脱贫。稳定脱贫有两个概念，一个是提高贫困线，打出富余来；还有一个是测算收入来源是不是稳定。所以说提高贫困线是有理论基础的，是可能的。但是有两个问题比较麻烦，一个是我们已经宣布要全部脱贫了，再来一次提高贫困线，难免发生政策反复；另一个是关于相对贫困也有人在争论，是10%还是15%还是20%。

王春光：

晓毅说的很有意思，有几个问题可以继续讨论。

第一个，说我们的扶贫体系已经很完善了，而且越来越完善，但效用已经最大化了。现实是不是这样？是不是我们的体制已经很完善、效用已经最好了？

第二个是，政府和民间的两套运作机制和规则是不一样的，是两个轨道。民间轨道的空间现在越来越小，政府想用民间轨道做还做不好。

第三个我想讨论关于大规模的运动式、动员式的扶贫的问题，这个时代要慢慢终结，要逐渐进入一个常规性的治理阶段，通过社会政策、公共服务、基础设施等来稳定下来，针对不同人群采用不同政策，这可能是2020年之后要考虑的问题。这个我比较赞同。

这是三个我觉得很有意思的问题，也可以继续讨论。

而还有一个问题我觉得需要提出来。晓毅谈的是扶贫研究的体制，而反贫困研究还有一个需要关注的是贫困研究。贫困研究和反贫困研究是两个思路，而目前我认为政策部门对贫困的研究是相对滞后的，不管是理论上还是实践上都是相对滞后的。贫困的本质是什么？这是理论界难以达成共识的。就我们国家来说，农村贫困是什么？这个在理论上并没有搞清楚，所以政策只能看实际可操作的东西，比如贫困线、家里有没有病人、"两不愁三保障"这样的。对于"两不愁三保障"，我个人感觉，现在农村90%以上不存在吃饭问题，基本不存在温饱问题，"不愁吃"基本上是假问题。"不愁穿"基本也是假问题，只是穿得好不好的问题，有些人穿得差一些，以前那种一家人穿一条裤子的时代已经过去了。"两不愁"基本是假问题。再看"三保障"，保障读书、住房、医疗，这是大问题。住房安全有保障，通过危房改造解决，而危房改造的过程中也面临很多困境和问题，贫困户反而改造不起，越改造越穷，因为要欠债；教育确实要政府投入，如何改变贫困地区的教育，不只是贫困人口的教育，而且是城乡教育、区域教育的问题；医疗也同样是城乡、区域不均衡的问题。那我们回头来看看，什么叫贫困？什么样的情况是我们要帮扶的贫困？最容易的操作是贫困线以下的都算贫困，都需要帮扶。那存在一个最大的问题就是测量不精准，即便测量精准，也存在公平问题，就是晓毅讲的，2999元和3001元的边缘不公平问题。这种操作太机械，机械造成了不公平。这是我认为应该讨论的贫困研究需要更加深入的问题。

还有一个需要讨论的问题是政府在反贫困中的角色。政府在反贫困中能做什么，应该做什么？现在扶贫中，一方面老百姓盯着政府说"你要帮我脱贫啊，这是你们干部的任务，是你政府的任务"，有的贫困对象甚至跟扶贫干部说，"我脱不了贫你就走不了，产业项目来了你得给我种上"；另一方面老百姓争资源，争当贫困户，就像刚才晓毅讲的，指标少好办，五六户就能给最穷的人，大家都知道谁家穷，给的指标多，建档立卡户捆绑那么多政策和好处，贷款有特惠贷、孩子上学有助学金、盖房子有补贴，都有好处，那大家就都争了，搞的村庄鸡飞狗跳，因为反贫困政策的落实，村庄的团结被破坏。政府的反贫困究竟为了什么？仅仅是为了贫困户的收入短期内迅速提升，还是要构建一个让村民在一起活得更和谐、更融洽的社会？这个很重要，但是政府做不到。政府卷入越深，农村问题越多，这是个悖论。看上去似乎是只要政府在这个村实施的项目多，村庄就会出现问题，要么干部挪用、截留，要么引起老百姓的矛盾。对干部的监控当然先加大，现在有些村干部说当村干部越来越累，越当越穷，我们在贵州调查，看到好几个村书记都辞职了，一个月两千多块钱，摩托车油费、手机电话费都不够。

那我们回过头来看，贫困是个什么东西？政府在这里究竟该发挥什么作用？能起到什么作用？哪些是政府的责任？哪些不是政府的责任？政府该如何履行它的责任？不是政府的责任的，政府应该放开空间让社会参与，不能总是采取包办的方法。我觉得目前反贫困最大的问题是，从上到下都觉得反贫困应该是政府的责任，所有问题都要政府解决。这样做的好处是体现了政府为人民着想，坏处在于政府解决不了现实中不断发生的各种贫困问题，难以消除所有的贫困。从"八七攻坚"到现在的精准扶贫，再到2020年之后我们该怎么办，其根本还是我们扶贫系统、学术界怎么从理论上思考贫困的问题。世界各国的贫困理论，如何落到中国的现实上？中国的农村贫困是什么概念？用什么手段干预贫困？我赞同晓毅的观点，还是要有常态的、多元的干预方式。政府做好自己公共服务、社会政策兜底保障的部分，把发展交给市场、交给村庄、交给社会组织，形成互相帮助、各行其道的格局。现在不是各行其道，而是政府占了社会的道，占得满满的，因为上面交办的任务很重，而且时间很急，要求2020年必须完成。如果交由社会组织来做，社会组织有一套程序，见效很慢，很难在时限内完成任务。

关于社会政策，现在我们国家在扶贫中采用的是选择性政策，而普适性政策太少。应该尽可能减少选择性政策，建立长期、普遍的政策。我觉得越是选择性政策，带来的问题越严重。现在选择性、临时性政策太多，大家都觉得过了这个村就没这个店。选择性政策的结果就是，大家都争选择性的政策，打破原来的价值。这也是为什么政府对农村的扶贫产生了没有预先考虑到的后果，就是价值观的破坏和扭曲问题，这个问题比较严重。价值观受影响体现在几个方面：原来的合作、团结、互助理念受到破坏；鼓励懒人，勤快的人得不到奖励，懒人得到"奖励"，得到更多好处，打破了传统勤快和努力的价值观；原来穷人抬不起头，现在争着当穷人，争当建档立卡户，不以穷为耻，其实以穷为耻还是有用的；对政府来说，其在培养福利依赖的价值观，吃不饱饭、孩子上不起学都找政府，造成农民个体自主性在下降，这也造成政府的执政风险很大。这也是我比较忧虑的。

因此需要讨论农村的主体性。乡村要么是被折腾的对象，要么是受益的对象，走向了这两个极端。那么我们反过来看中国农村反贫困的路径，从区域性反贫困到贫困县、贫困村，再到精准到户这个发展历程。现在精准到户，资源都投入户里，但是忽略了村庄，尤其是自然村。其实村落共同体的建设很重要。现在资源集中到户，实际上扶贫促使村庄原子化，农民各找各的利益，大家都在拉关系，把村庄原来的共同体、邻里互助破坏了。这样做下去扶贫效果和可持续性都会打折。所以乡村社会主体性如何建构，是扶贫推进中要考虑的，要用社会建设手段去脱贫。前几天我们讨论，大家都认为农村社会在解体，在扶贫中要加入社会建设的视角。所以说农村发展中纳入社会建设，是值得期待的，是很值得思考的方向，也是社会学研究很好的契机。

晓毅提出的这几个问题非常好，我刚才谈了几点体会。主要是说，第一，扶贫体制按现在的路径来讲确实很完善。但这个路径是不是有问题？背后的政策理论是不是碰到一些问题？第二，贫困研究这方面，如何推进和深化理论方面的研究和提升，更好地推进农村扶贫，这是很有价值的研究领域和主题。第三，社会政策在扶贫中的使用，是选择性政策还是普惠性政策更为适用？第四，关于扶贫中对乡村主体性的重新塑造，需要将社会建设纳入视野。

王晓毅：

既然是对谈，那我也回应几个比较有意思的方面。

先从小的说起，说到社会政策与养懒人。这个社会一定会养一批懒人。很多人批评我们的社会政策是养懒人，但是这个批评是没有道理的。这个社会一定要养一批懒人，他们就不想工作，我们社会又不能让他们死去。问题是要保持一个什么样的标准，不能让他们起到示范作用，不能让想工作的人都不干工作了。要解决最基本的生存权问题，这是一个基本的政府责任。

所以实际上要回到这样一个问题：有效的社会支持应保持在一个什么样的水平？已经有人开始讨论，最低生活保障应该维持在一个什么水平上，是不是越高越好？还是只要保持在一个必要的水平上？这方面我不是专家，具体标准我不谈，但是目前社会上有一种普遍的"养懒人"忧虑，尤其是还有将结构性因素简单归结到贫困户个人特质上的趋势，说穷人"懒"、缺算计、喝酒，我们在宁夏的调查中就有类似的案例，当地政府先说贫困户懒，把他们定义为懒人，然后把他们所有的行为都归结到"懒"上，一会儿说他们竟然懒到不出去打工，一会儿又说他们竟然懒到只去打工而不去干别的。

第二个回应，是我对你的说法有点保留。我认为在扶贫中政府应当承担一个最重要的责任，因为反贫困本身是财富再分配的过程。从这个角度看，政府不仅应该扮演主要角色，而且应该再加强。前几天我在外面讲课，画了几条线。一条是贫困人数在减少的线，我们一直说我们的贫困人口在减少，这是没错的。但是很少有人注意另外一条线，就是基尼系数，我们的基尼系数在上升，也就是说，在一个非常有效的、全世界公认的反贫困有效的国家，实际收入差距在扩大，社会不公平程度在增加。我们的反贫困很大程度上要和如何构建一个更加公平的社会直接产生关系。构建公平社会，从宏观来讲在于政府如何进行财富再分配。从这个意义来讲，政府承担着主体责任，这不仅不能削弱，而且还需要加强。

第三个回应，很有意思的一个点是社会建设。社会建设急需加强，因为我们面对着非常快速的乡村社会解体过程，这不仅仅是政府反贫困和给钱造成的，还有一个很复杂的社会变迁背景，包括市场化、人口流动，也包括村庄合并等结构性的因素。社会建设是我们需要面对的一个很重要的方面。但我仍然觉得，村庄建设中我们可能没有办法走一条世界公认的道路，也就是村庄自治。在中国基层社会中，包括社会福利、环境保护等越来越多是在自上而下的分配体制中，如果没有一个更强的行政权力更深地介入村庄，那么不知道将建设成一个公平、和谐的村庄社会，还是建设成"恶霸治村"的村庄社会。在社会建设中，政府的作用是不可替代的。

第四个回应是关于贫困理论和研究的。事实上现在有很多研究从社会学和其他角度对贫困的理论进行论述，包括普适性政策效果高于目标瞄准的政策研究，比如有人说学生上学全免费将更为合适，因为只有贫困户免费的话可能造成村干部在选贫困户的时候以权谋私，监控成本很高，就算政策能落实，也将对穷人的心理产生影响。还有对营养餐的研究，说现在对贫困地区的普适性营养餐政策效果远远高于目标瞄准的政策。还有包括贫困户的识别和认定的研究，早期有人在甘肃做参与式扶贫的时候就在村里讨论如何识别贫困户，当地人说这个太简单了，看谁家是光棍就行。然后明天就去和贫困户聊，你们需要什么，怎么能帮你脱贫。人家说帮我儿子找个老婆，找个老婆就脱贫了。（众笑。）我们都当成一个笑话讲，但这背后有很深的社会意义，如果连人口再生产都无法维持的话，他怎么能不是贫困户呢？他们家粮食够吃、衣服够穿，但是娶不到老婆，这肯定是贫困户，而且当他成为贫困户之后，娶老婆就更难了。还包括贫困户的心理的研究等，其实这些都有很丰富的研究内容。但是你提的贫困理论研究的点非常有道理，在于这些研究与决策层之间有鸿沟，这个鸿沟的产生，与我们目前这种特定的贫困治理机制有关。我们的贫困治理机制本身就是从世行来的，先找出穷人，再动员资源对他们采取办法，而背后那些复杂的社会贫困问题在视野之外，没粮食、看不起病是在他们理解的贫困之内，但是娶不上媳妇在这个框架的理解范围之外，而且无法操作。比如贫困户贷不了款，驻村干部可以用工资担保帮他贷款，这都可以操作，但是说娶不上媳妇，这个没法操作啊，在政府系统中是无法操作的。这就产生了对贫困研究的不同需求。我们现在大量的、丰富的贫困研究无法满足政府的需求，而政府需要的贫困研究，比如阿玛蒂亚·森的概念如何用，究竟中国是单向的贫困还是多维的贫困，还是过渡到相对贫困？相对贫困究竟应该是10%还是15%还是20%？如何测算？决策层对这些问题有很大的需求，围绕这些问题也有很多研究机构产生。在研究和需求之间是这样的现象，而并不是研究不足。

王春光：

我也对这些回应来回应一下。前三个问题，懒人问题、收入分配问题和社会建设问题。我最近在考虑怎么分析构建整个社会政策，就涉及懒人问题和收入分配问题。懒人问题对应的是我们社会政策最基本的功能，就是兜底保障。在兜底保障方面，不管懒不懒，兜底的政策都得"兜着"。我所说的懒人问题不是这个问题，是指在已经有兜底政策的情况下的其他政策，如果这些发展型政策给懒人的话将可能伤害到其他人。而社会政策的兜底保障功能是一定要做好的，不能让懒人吃不起饭。社会政策第二个阶段是基本普惠，从原来的生存权上升到社会权、公民权，这是基本普惠。第三个阶段开始高质量的普惠。现在欧洲关于社会质量的研究中提到要解决（过大的）收入差距问题，过大的收入差距是大问题。政府在多大程度上能解决收入差距问题，怎么解决收入差距问题，都有很多研究，比如关于税收政策、转移支付政策、社会购买服务政策等。我不是说政府不要投入到反贫困中去，而是说政府要怎么投入、用什么方式投入的问题。实际上，政府对反贫困的投入还很少，跟别的支出比起来，去年在扶贫方面一共投入1600亿，并不是很多。反贫困要缩小收入差距，但问题是要怎么做才能缩小，现在的做法能否缩小这种差距，这也是值得我们考虑的。

第三个问题是社会建设。政府肯定是社会建设中一个很重要的主体，没有政府的参与是不可能搞社会建设的。但政府怎么参与？我认为一是出钱，二是出规制。规制要弄好，农村出恶霸很可能是因为规制得不到执行，这里面问题出在政府的治理能力和治理方式上。我也同意没有一个全世界统一的乡建道路，但是理念很重要，社会建设理念很重要，有这种意识和理念、方式，相互可以学，也可以有区别。带有科学性的方法和理念到村里也未必能做好，社会建设需要一个过程，需要和村民互动、交往、讨论的长期过程，我们社会学界这方面的干预性行动还是缺少的，我们在力图做这个东西。

第四个问题，贫困研究这几年的确很丰富，贫困研究的成果跟政策之间也的确存在鸿沟。这个讨论让我想到，对决策过程的探究一定很有意思，比如现在决策基于什么样的研究，为何没把丰富的研究内容变成政策，等等。比如选择的专家是什么样的专家，是部门熟悉的，认可本部门做法的专家，还是其他专家？政策咨询是否在小范围内进行？不仅是扶贫系统，其他各部门的专家咨询也是类似的，是否屏蔽了很多研究成果在政策决策的视野之外。决策过程会影响决策结果。这是个很有意思的研究领域。

张浩：

刚才春光老师提到几个问题，几个隔阂，我觉得很值得讨论。

政府决策部门与研究之间的隔阂很明显。研究者关注自己的脉络，政府部门各自承担自己的具体事务，只关注自己的具体事务，希望找到能为己所用的人。这是刚才提到的其中一个隔阂。

农村有自己一整套的逻辑，是与当下工业化社会不太一样的东西，这也是一套隔阂；无论政府还是学者，与农村之间也是存在隔阂的。像刚才晓毅老师提到的那个极端例子，娶媳妇就能解决贫困，听起来是个笑话，但我这几年在村里跑，隐约能感觉到农民对社会阶层划分有自己的一套标准和理解。经典的阶层划分会根据财富、权力、声望，村里很有钱的人，村干部或者家族里有人在政府做事的人，小学教师和医生，等等，通常我们认为这些人能对村庄有影响，地位比较高。但同时还看到，在村庄里影响社会地位的因素也许与其他方面，比如家庭生命周期等有关。举个例子，我在调查中认识一个人，是个在周围村庄很有能力的人，年轻的时候在周围二十几个村庄范围内是年轻人的把头，现在也是村干部，但是他个子很矮，老婆却很漂亮，因为他年轻时在周围村里的年轻人中很有影响力。但是因为他个子矮，所以他儿子个子也矮，他儿子二十七八岁娶不到老婆，没有完成家庭生命周期任务，所以他现在非常抬不起头，压力很大。后来他找到村里他原来很看不上、村里最底层的人，那个人找个傻子做老婆，生了个闺女，这个闺女还不错。他主动找到这个人说能不能把你女儿许给我儿子，我帮你建个大房子，人家说这不行，我女儿有自己的选择。当然这个是极端例子，与当下农村性别比失调有关，但我隐隐约约觉得，根据恰亚诺夫实体派关注的话，除了经典的村庄内部财富、权力、声望的划分之外，村民还有自己的一套认知阶层的方式。这是我们希望能够去触摸的，试图发现村民是如何考虑问题的，理解农村是如何实际运作的。这也是当下对村庄贫困的关注与村庄贫困实际之间的隔阂。

梁晨：

虽然二位老师之间存在一些分歧，但还是有共识的。晓毅老师说如此完善的制度和现实之间存在严重悖论，恰恰因为完善的制度基于忽略了贫困问题的复杂性，忽略了背后的社会，这个框架本身是完善的，但正是因为完善而和现实有张力，这个张力可以具体化为政府该做什么，政府那套框架面对复杂社会问题时该做什么，再引出如何做社会建设。

所以我想请教二位老师，一是政府有忽略复杂社会问题的完整设计；二是学者对乡村有复杂性的想象；三是农民复杂社会生活，政府的、学者的和农民的三套系统之间的张力使得精准扶贫政策在扶贫实践中不断碰撞，请问二位老师如何看待这个事情？

王春光：

政府建构完善制度的前提是把社会过程看得太复杂了，基本不相信下面的人，认为下面的人一定会造假，一定做不好，所以必须把所有的步骤、环节都规定好了，都还原成数字。政府看到了复杂性，它要屏蔽复杂性，要可操作化，然后设计出更为复杂的程序，在现实中也越来越复杂、越难操作。我认为应该有一个"弹性空间"，有些问题不应该在中央规定清楚，中央规定清楚之后，到下面往往变得很不清楚。这是个很有意思的事情，政策出台，在哪一级出台，哪一级执行和运作，是可以梳理清楚的，而现在基本上都由部委规定得很死。上面把每方面都揽过来，认为自己可以设计出完美的政策，但是下面层层政府的主动性、动力都没了，都是被动的，甚至是应付的，就会出现这种情况。我们看到的是，这种运动式的扶贫，体制上是有问题的。现有的扶贫体制与其他机制匹配是有问题的，比如现在的扶贫体制设定了很好的第三方评估力量，但是第三方在哪里，找不到的。

王晓毅：

放大一点看，这个问题带有某种阶段性，不仅在扶贫里面存在，在其他领域也一样存在。

梁晨：

就像我们刚才提到的研究和政府决策实践之间的张力，其实从政府的决策和实践内部来看，各级政府之间的利益诉求等也有所不同，上下级之间的关系，也是在系统之内存在的复杂因素。

王晓毅：

比如说驻村帮扶、干部下乡，一定有合适的干部和不合适的干部。四川在做的一个事情就是，实在做不好的人可以回来。比如有一个外科医生，下去驻村帮扶，说我一个拿手术刀的怎么懂得驻村帮扶。后来就让他回来了。当时主流媒体对这个事是赞扬的，因为选择合适的人是很重要的。后来发现允许回来，那会有非常多的驻村干部回来，不管自己会干不会干。这个事情还要怎么办啊？后来这个政策变得越来越严，比如有不脱贫党政一把手不许挪地方等一系列强化，要求在做完活儿之前，不管是否合适，想跑都是不可以的。前面换人基于人合适不合适，第二次决策基于体制问题，只要允许一个人跑，其他人就都跑了。

王春光：

昨天在一个"西部地区精准扶贫地州市财政局长培训班"上谈到精准识别，下面一下就乱了，吵翻了，精准识别问题太多了。都说自己地区精准识别中碰到什么问题，精准派人、精准识别，从理想型来讲都没问题，应该瞄准贫困的人来解决。这点现实很复杂，仅限于理想型。我们去下面调查的时候发现精准派人也是一样的，不会把骨干派下去，每个单位都忙得一塌糊涂，不会让最能干的人去，可能会派最调皮的、最不能干的，甚至有把司机派下去的。

王晓毅：

作为决策者，应该不断通过完善制度来解决这个问题，就因为你们派了不合适的人，所以现在让一把手承担责任，这个村解决不了贫困问题，不找派驻干部，找他们单位一把手，所以一把手就派能干的人，让这人只做这个。

王春光： 所以不是派不派人、派谁下去的问题，而是这种做法有没有效、有没有确实起到解决贫困问题的效果。

张浩： 我想请教二位老师关于建档立卡的问题。我在河南调研的时候发现，一个农户家里只要有人出去打工就一定会超过这个贫困线，但是那个村为什么可以申请省级贫困村呢？因为申请到省级贫困村可以申请 50 万的路，听到这个消息，村支书动员，找财政局拿到省级贫困村的帽子，得到了 50 万。要达到省级贫困村，就要造一个册子，就完全是造册。

王春光：

乡镇、县或村干部对贫困指标有内在动机，不仅是为贫困户着想，也有自己的发展目标在里面的，比如乡里规划一个产业，把附近这几个不算贫困的村都算作贫困村，利用反贫困的政策发展产业，规划之外的比较穷的村庄就很难纳入政策里面。大家都在用这个政策。

梁晨：

那二位老师觉得现在的扶贫政策规定是太死了还是太宽了？一方面我们觉得政策规定太死板，基层发挥的空间或者说弹性空间太小；另一方面我们发现可操作的空间又很多。

王春光：

看哪个方面，有的方面规定太死，有的方面没法规定死，只能宽松。比如搞特惠贷，每户 5 万，贫困户不愿意贷款，非贫困户愿意贷款但是没有资格贷款。基层政府就开始变通，让贫困户贷出来给非贫困户，或者组建合作社，让贫困户贷出来给合作社，就像入股分红一样。从"五个一批"到"八个一批"，里面不是增加了"资产收益扶贫"吗？

上面规定再细的政策，下面都有空间，因为政策很难把边界封闭起来，无法彻底做到封闭，因为社会关系网络、人们的价值观念无法用政策规定。

所以我认为，要扶贫还是以自然村为单元，国家如何鼓励它，比如财政拿出社区公共服务发展基金，让村庄自己折腾，政府给设定一些边界，有吵闹就让他们去争论，也会有干部做得不好，但不能都由政府替代。这种基金可以增加村庄的合作与自主性。

王晓毅：

20 年前我会百分之百同意你说的，现在只剩不到 15% 同意了。不仅因为刚才说的"恶霸治村"问题。实际上我们假设农民会自主解决他们的问题，但是包括我们现在有很多很成功的典型，其实这些在社会组织进入之前都不可能做到。换句话说，如果村庄的问题已经自己解决了，也就不需要扶持了，就已经不是贫困村了；而在多数的贫困村，让社会内部解决自己的问题，几乎是不可能的，失败的案例比成功的案例多太多了。

王春光：

所以第二点就是，我们需要社会力量和社工力量跟着进来，一方面是能力建设，一方面是作为第三方在里面运作。刚才晓毅讲村庄传统文化会影响他们的合作，第三方的社工力量进来也会有帮助。当然可能会失败，会存在问题。

第三点是，政策性银行做社区发展基金，就像乐施会在云南做的试点，还有政策性银行，比如农业发展银行和国家开发银行可以在村庄里搞社区小额发展基金、低息融资贷款，是不是可以做，比国家直接介入好得多。银行的基金是贷款，这是低息贷款，社区自己决定要做的就去贷款。除此之外还有公共服务基金，是政府财政拨款，比如成都正在做的，是让社区自己修路、修厕所、改造饮水、改造公共空间等。后者是普惠的，每个村庄都给。

张浩：

刚才晓毅老师说，村庄很难自主解决问题，这是村庄层面做不成，还是因为条件不具备，还是因为其他的原因？比如我们去看的台湾的社区营造，做的效果也挺好的。

王晓毅： 我一直很怀疑台湾的社区营造到底是不是像他们宣传的一样好。比如我们去看过的一个村，说有一个妇女把村里开发出来，吸引青年来创业，做得很好。但是带我们去看的时候那些门面都锁着门，人都不在。而且大陆农村更复杂，现在很多村庄是移民村，很多村庄合并了，很多村庄空心了，还有很多存在多得不得了的内在矛盾。

王春光： 农村治理是过程，现在好未必永远好，现在不好以后未必不会变好。我们在安顺做调查的一个村，刚开始农民积极性特别高，动员把自己家门口的卫生都打扫了，过了一个月热情就没了，后来项目来了就争这个项目，干部之间吵得一塌糊涂，现在村干部选举都要打架。有由于资源的下放而从好变成不好的，也会有从不好慢慢变得团结的。

王晓毅：

其实我们发现对于决策者来讲，他们更多的不是考虑权力的问题，因为决策者一直以为自己代表老百姓的利益，要保证老百姓的利益。

比如我去 LB 看到的一个现象，村里要做一个很艺术化的民宿，要搞环球音乐节，让村民都从原来住的地方搬出来，原来住的地方成为一个景点。在这个问题上可否达到农民和老板的利益勾连在一起的效果？其实是很难的，各有各的利益。其中一个老板还不是通常意义上的企业家，而是一个很有情怀的艺术家。但是在利益面前，再加上权力的力量，本质上还是很难能坐在一起商量，很难形成一个利益共同体。

王春光：

所以需要一个对话的平台，一个谈判的过程。农民有自己的考虑，也是可理解的，不能说人家不按照你说的种就不让人家种田，农民有自己的利益和考量。否则一波未平一波又起，容易制造出更多的矛盾。

王晓毅：

对的，比如扶贫搬迁，有的官员说农民在山里面没有发展的欲望，我们先得把他们的欲望激发出来，他们在山里面什么都没见过。我跟他说，你说得对，人们在山里没有发展，他们落后。但是这些依然不是你要把他们搬出来接受你的生活方式的理由。在我们的生活中，所谓权力的影响是很大的。

郑少雄：

今天二位视点碰撞特别棒。总体感觉是，一个偏市场决策，一个偏国家决策，倾向性很明显，多少有些立场差别。

赫兹菲尔德提出文化亲密性概念，我们人类学觉得很会心。我觉得两边都有点"偏执"，强调市场作用的那批人容不得世界上有懒人，强调国家作用的那批人容不得世界上有穷人。但是文化亲密性说的是，社会在一定程度上保持和国家之间的混乱关系，就像春光老师说的弹性空间，有点弹性就好，不会因为绷得太紧而断掉；市场也要容忍有人懒一点儿，国家也要容忍有人穷一点儿。不一定要让所有人都很完美，世界上大部分事情是达不到完美的。而且贫穷是个动态过程，哪怕 2020 年之后全实现了脱贫，之后也可能返贫。我们城里的中产阶级，孩子生个病，马上就断工，今天还是中产阶级明天就不是了。大家都要容忍一些其他空间。

还有刚才说老婆都娶不了，还能不贫穷吗？这个恰恰印证了春光老师的话，我们对贫困的理解还需要有更多样化、更深入的研究。

梁晨：

感谢二位老师和各位年轻学者一起带来的精彩对谈。二位老师一个偏向于市场，一个偏向于国家；一个略显乐观，一个略显悲观。

非专题论文

福利多元主义[*]

彼得·亚伯拉罕松（Peter Abrahamson）[**]

摘　要：全球化过程发生以来，福利国家的发展可用四个概念来充分描述，福利多元主义就是这四个概念之一。从描述性意义来看，它指的是一种福利菱形，表明公民福祉取决于从国家、市场、NGO 或非正式网络获得的资源。但从规范性意义来看，福利多元主义和混合福利经济与新自由主义以及国家福利的废除有关，取而代之的是私有化和市场化。同样，从规范性意义来看，福利组合的概念与社群主义思想有关，它们不太喜欢国家，并将市民社会视为福利的供给者。本文旨在梳理福利多元主义、混合福利经济、福利组合和公私组合等概念的不同规范性与描述性意义。此外，有人认为与本文的部分内容相反，新自由主义不是新的正统观念；而通往教育、卫生和社会保障等主要福利领域的生产主义方法（且是以国家为基础的），是由社会投资型国家观点所提出的。

关键词：福利多元主义　混合福利经济　福利组合　社会投资型国家

导　言

2016 年 10 月 1 日，政策出版社（Policy Press）出版了约翰·奥费尔和罗伯特·派克编辑的《社会政策和福利多元主义》（*Social Policy and Welfare Pluralism*）；2014 年，诺曼·约翰逊于 1999 年出版的《混合福利经济》（*The Mixed Economies of Welfare*）也再次发行。这表明在社会政策和福利国家研究中，福利多元主义的概念及其孪生概念——混合福利经

---

[*]　翻译：孙降生。
[**]　彼得·亚伯拉罕松，丹麦哥本哈根大学社会学系，主任、教授。

济——具有极强的生命力和相关性。约翰逊（Johnson, 2014 [1999]: 22）认为："这两个术语的含义相同，可以互换使用"。它们现在的应用十分广泛，最近已被应用于中国（Ngok and Huang, 2014；Wang and Liu, 2012；Zhu, 2013；Li and Ban, 2015；Wei and Liu, 2013；Sun, 2014）、瑞典和德国（Leis-Peters, 2015）、芬兰（Kokkinen et al., 2015；Hiilamo, 2012）、丹麦（Andersen, 2012）、日本（Higuchi, 2012；Saito, 2014）、韩国（Kim et al., 2014）、马其顿（Gerovska-Mitev, 2016）、加拿大（Savard and Bourque, 2014）以及巴斯克地区（Etxezaretta and Bakaikoa, 2012）等福利社会。福利多元主义的概念也被应用到了所谓的发展中国家（Devereux and McGregor, 2014）。福利多元主义和混合福利经济这两个概念均源自英国，福利多元主义最先出现在1978年的《志愿组织的未来：沃尔芬登委员会报告》(*The Future of Voluntary Organization: Report of the Wolfenden Committee*) 中，而英国的混合福利经济诞生得更晚。这些概念迅速传播到了世界各地，首先是欧洲，然后是世界其他地方。

　　然而，不同作者对福利多元主义的理解也千差万别：有人认为它是一个描述性术语，阐述的是福利三角形（Abrahamson, 1991；Peng, 2006）中国家、市场和市民社会三方面之间的分工；还有人认为它是一个规范性术语，阐述的是1974年第一次石油危机（Johnson, 1987；2014 [1999]）之后，从国家福利到市场和志愿福利的一种不必要的、决定性的转变，因此与众所周知的新自由主义转变和全球化有关。因此，在第一种解释中它是一个灵活的工具，能够充分说明不同行为者在社会政策领域的存在；而第二种解释则着重强调了规范性。这显然令人困惑。

　　使用不同术语来解释同一现象更加重了这种混淆性：公私组合和福利组合可被列入上述福利多元主义和混合福利经济的应用范畴，事实证明它们同样受欢迎，得到了广泛使用：社会科学学者就利用它们描述了经合组织的当代福利发展（Kamernan and Kahn, 2014 [1989]），其中包括欧洲或欧盟（Oosterlynck et al., 2013；Czischke et al., 2012；Defourny and Nyssens, 2012；Naldini et al., 2012）等地区、北欧国家（Karsio and Anttonen, 2013），以及日本（Shimmei, 2016）、英国（Rees et al., 2013；Teasdale et al., 2012）、德国（Theobald, 2012）、比利时（Hustinx and Waele, 2015）、克罗地亚（Matančević, 2014）、瑞典（Jegermalm and

Grassman，2012）和荷兰（Hooren and Becker，2012）等单一国家。2014年，皮特·阿尔科克和玛格丽特·梅推出了第四版《英国的社会政策》（*Social Policy in Britan*），响亮地提出了福利组合的概念，现在它已成为欧洲等地的一种标准术语，完全融入了社会政策词汇。

福利组合的概念起源于 20 世纪 80 年代后期的欧洲福利供给比较研究，这种研究最初由当时位于维也纳的欧洲中心发起（Evers and Wintersberger，1987）；公私组合起源于同一时期从机构角度（Rein and Rainwater，1986）展开探索的西方社会学家。与使用福利多元主义和混合福利经济概念的学者类似，进行福利分析时喜欢使用福利组合和公私组合这些概念的学者通常采用描述性或规范性的方式，他们常会参考许多行为者，比如耶格马尔姆和格雷斯曼（Jegermalm and Grassman，2012）。为进一步分析国家、市场、志愿和非正式关怀组织等福利供给机构之间的相互作用，一些研究人员使用了"福利组合"、"混合福利经济"或"福利多元主义"等概念。但这些术语从规范性角度来看也等同于私有化和新自由主义（Kamernan and Kahn，2014［1989］），或被视为赋权、自我管理以及市民社会在福利供给方面普遍增多的转折点（Evers and Wintersberger，1987；Evers，1988［1990］）。

因此我们现在面对的是四个概念，从描述性的角度来看它们都是同一样东西，但从规范性角度来看却同时具有消极和积极的含义。本文旨在进一步阐明福利多元主义的概念及相关术语的不同含义和解释，从而更好地将其应用于中国及其他国家的社会科学研究。

这四个概念都描述了国家、市场、志愿组织和市民社会网络（比如家庭）四个行为者之间的分工与协作；它们还有另外一个共同点：都反映了被称为全球化或新自由主义（西方社会和其他地方从 20 世纪 70 年代中期开始发生变化）的新时代，但不同学者对 1974 年之后的变化各有理解。这方面的一个例子是诺曼·约翰逊 1987 年编著的《转型期的福利国家：福利多元主义的理论与实践》（*The Welfare State in Transition: The Theory and Practice of Welfare Pluralism*）。我们从中能够看到一种规范性极强的全球化之后福利国家发展观点，它认为二战后公民义务方面的社会契约已被抛弃，取而代之的是私有化，由此造成了福利国家的废除。西方当时是玛格丽特·撒切尔（英国）和罗纳德·里根（美国）的统治时代，约翰逊正确且精确地描述了当时的主宰性话语。1980 年，经合组织出版了《危机中的福利国家》（*Welfare States in Crisis*），指出根据米尔顿·弗里德曼等芝加哥经济学家的观点，福利国家赋权已成为一种经济负担，并提出应减少国家预算，将制订计划的任务留给市场。约翰逊在 1999 年出版的《混合福利经济》中对这一观点提出了批评，2014 年的再版也保留了这种态度。他的这个观点与当代社会和福利国家方面的大多数政治经济学文献都一致，认为目前状况是新自由主义意识形态和福利国家紧缩占主宰的地位（如 Fine，2014）。

20 世纪 70 年代中期以来，这些概念的另一位创始人阿达伯特·埃弗斯提出了同样具有规范意义和积极意义的发展观点，1987 年他与赫尔穆特·温斯伯格共同出版了《福利组合的变化》（*Shifts the Welfare Mix*）。20 世纪 80 年代中期以来，埃弗斯（Evers，1987；1988；1995；1996）和他欧洲中心的同事指出国家作用的减少不一定意味着市场作用的增加，这可以且应该意味着出现了更多的市民社会——为底层的民众计划腾出空间——而不是自上而下的国家计划。这种认识与所谓的"新社会运动"及后来演变成西方社会"赋权"浪潮的社会科学观点非常吻合，表明国家对民众生活的深层干涉一直是以恩人自居，是一种安抚。这同样受到了德国社会学思想的影响，其中最权威的代表人物是尤尔根·哈贝马斯（Habermas，1980），他认为国家行为以行使法律权力和暴力为基础（德文中的 Gewalt 一词既指权威，又代表暴力）。埃弗斯受到了绿色运动的影响，这项运动对国家干预持怀疑态度，并提倡自我组织和地方自治，且能真正了解主流社会（整个西方社会，尤其是德国）经济发展方式的普遍阻力。

埃弗斯（Evers，1988）参考所谓的"福利三角形"对福利组合做出了阐述，"福利三角形"由他和一群丹麦社会学家在 20 世纪 80 年代中期独立勾勒出来（Abrahamson et al.，1987；Abrahamson，1991），后由彭华民教授（Huamin Peng，2006）引入中国。它假定在任何市场社会中，资源只能从三个领域流向个人：市场、国家和市民社会；因此，公民个人的福利取决于他们从任何一个或所有这些领域吸引到的资源数量，这便是福利组合。在同一时期福利三角形演变成所谓的福利菱形，市民社会——有些人所称的社区——被分拆成了非正式网络（尤其是家庭）和 NGO（Pestoff，1995；Abrahamson et al.，2005），正如耶格马尔姆和格雷斯曼（Jegermal and Grassman，2012）在上文所述。后来，伊托·彭（Peng，

2009）在有关东亚福利制度的讨论中提到了它，并将福利菱形的概念归属给了詹森和圣马丁（Jenson and Saint-Maitin, 2003）。但如上文所言，它实际上可追溯到1987年或更早的时间。

有了福利三角形，有关福利组合或福利多元主义的讨论便与福利模式或制度讨论建立了联系，因为福利三角形的三个方面指的是埃斯平-安德森《福利资本主义的三个世界》（Esping-Andersm, 1990）中提到的主导机构，其中国家主宰着社会民主主义制度，市民社会主宰着保守主义制度，市场主宰着自由主义制度。与福利组合和福利多元主义一样，福利制度差异化也可包含一个规范性的维度：奥利·坎加斯借用塞尔吉奥·利昂著名影片《黄金三镖客》的标题，对埃斯平-安德森的著作进行了评论，由此生动地说明了这一点。许多福利国家研究者——特别是许多社会工作研究者——都将斯堪的纳维亚模式或社会民主福利制度视作典范，并认为自由主义制度对穷人有害无益。但是，有关福利制度的讨论也可被看作一种描述性工具，有了它我们不通过道德判断便能理解它们之间的根本差异。

接下来，我将首先探讨约翰逊所提出的福利多元主义的可行性；然后再讨论埃弗斯提出的截然不同的规范性观点，之后分析一下这些讨论中的更具描述性的内容；最后，我将从社会投资型国家的角度对福利多元主义做出评估。

混合福利经济

一些学者喜欢使用"混合福利经济"的概念，他们将其视为全球化和新自由主义之后福利国家的承诺出现倒退的证明，其中最有影响力的作者是约翰逊。如前所述，他交互使用了福利多元主义和混合福利经济，对我这一代的许多人来说，他1987年编著的《转型期的福利国家：福利多元主义的理论与实践》让我们第一次接触到了这个社会科学概念。从这本书的书名便可看出，约翰逊认为福利多元主义能够描绘出（西方/欧洲/英国）福利国家在第一次石油危机之后发生的变化，他看到的情况并不乐观。他在几年后发表的一篇文章中解释说："英国一直是多元化的福利国家，因为它拥有多个福利来源。但是，目前的政府（保守派撒切尔）对混合福利制度更加喜爱，这种制度希望减少国家的作用，同时相应地增加非正式、商业和志愿组织的角色分量。"（Johnson，1990b：169）他早期有关福利多元主义的论述也提到了同样的论据和参考（Johnson，1987：55 ff.），表明他对非正式、志愿和商业部门接管福利供给任务持有一种根深蒂固的怀疑。

对于非正式部门，约翰逊认为这实际上指的是家庭和亲属（尤其是妇女）的关爱，但随着人口的变化和时间的推移，家庭面临的压力会大大增加。将来，照顾体弱长者的看护者将会减少，更何况大多数看护者都是女性，而女性参与有偿就业的情况会更加普遍。此外，客户或用户可能更喜欢专业人士来提供非正式的帮助。总之，"从发现的问题看来，我们似乎不应询问家庭是否能在未来提供更多的关爱，而是家庭是否能够维持目前的照料水平"（Johnson，1990b：172）。

志愿部门方面也出现了其他问题。如果这个部门没有承担更多任务，那将需要引入某种责任制或审计制度，这可能会威胁到它的独立性。"公共机构和志愿机构之间的区别将会变得模糊，志愿机构的行动独立性将会受到影响，因为争取和履行地方当局的合同会消耗掉它们的一些资源和精力。"（Johnson，1990b：174）。另一个问题是其供给的不均衡性。一般来说，在需求量最大的低阶层人群所居住的地区，志愿组织的数量反而较少。约翰逊还认为："志愿部门的特点是碎片化和不协调，由此会引发重叠和空白的问题，有的地区会出现设施过多，有的却会非常短缺。"（1990b：175-6）。

约翰逊认为，商业部门参与个人服务供给的主要问题是它有可能发展成当地的垄断部门和同业联盟，不过他承认"这可能有些反应过度"（1990：177）。20世纪80年代个人服务供给组织形式的变化意味着"……地方当局的社会服务部门将会变得面目全非"（Johnson，1990b：183）。他在同年发表的另一篇文章中表达了自己的一般性意见："有充分的理由怀疑非正式、志愿和商业部门在福利领域有效替代国家的能力。"（1990a：147）

回想起来，约翰逊的担忧很明显是基于一种推测，并不是反映英国福利国家的实际性废除。随后的一项研究显示，尽管撒切尔夫人和其他保守派政治家言辞强烈，公共社会服务还是在1980年及以后得到了发展，社会总支出逐年增加（Abrahamson，2010）。20世纪80年代，约翰逊有关（英国）福利可能废除的猜测既可理解也在预料之中，因为它们反映了

"铁娘子"当时喊出的、现在仍流传甚广的主宰性话语："社会是什么呢？根本就不存在这样一个东西！社会上存在的就是个体的男人、女人和家庭，政府只有通过人民才能有所作为，人民最先依赖的还应该是他们自己。"（Thatcher，1987）

然而，有些奇怪的是约翰逊在1999年的著作（2014年又被再版）中保留了自己的怀疑态度，引用约翰·希尔的话说："有关社会政策缩减——或至少是抑制社会政策发展——的讨论已变得相当普遍……即使福利国家支持者当中也出现了转变——从致力于发展国家主义变成了'混合福利经济'。"（Johnson，2014［1999］：22）约翰逊还认为："混合福利经济是一种新的正统观念：它们是对全球目前状况的一种已被接受的解释，以及对未来的一种展望。"（Johnson 1999：257）他在简介中指出："（混合福利经济的）总体目标是减少国家作为直接服务提供者的职责，但同时要维护其在财政和监管方面的作用。这样，国家就变成了推动者而不是提供者。"（2014［1999］：25-26）他继续解释说："'混合福利经济'应被看作一个中立的术语，因为它并不属于任何一种组合；但是，它的应用一点儿也不中立。向混合经济过渡是世界各国重新评估的一部分。"约翰逊认为保守派政府对混合福利经济非常喜欢，因为它们能让"减轻国家负担"的相关政策合法化，他还举了里根和撒切尔夫人的例子（2014［1999］：26）。

他把与福利组合转变相关的变化总结如下。
- 削减福利、服务以及更多受限制的合格标准；
- 增加收费和共同付款；
- 增加家庭护理、养老、住房和医疗保健方面的私有化；
- 承包制从美国和英国向其他众多国家传播；
- 不平等和贫穷程度增加，特别是受到新自由主义哲学家极大影响的国家，以及经济、政治和社会经历了迅速变化的中东欧国家；
- 政府结构和公共服务的性质发生变化（Johnson，2014［1999］：273）。

这种有关福利国家前景的悲观论调在"全球化"相关文献中屡见不鲜，却是毫无根据的——这一点我将会在后文论证。接下来，我将以"福利组合"为标题，总结出其他占据主宰地位但截然相反的规范性福利多元主义观点。

福利组合

将福利组合作为当代福利社会的一种正确应用，推动人们对这个观点展开讨论，这方面贡献最大的一位欧洲社会科学家可能是阿达伯特·埃弗斯。他与诺曼·约翰逊都认为，朝着福利组合或福利多元主义的方向再定位，表明国家在福利供给方面的作用已有所减少。但与约翰逊不同的是，埃弗斯认为这是一种积极的发展。对他来说，福利组合方式有助于制定出更自主和更严肃的社会政策。他有关福利多元主义的著作是这么开头的："在社会保障和福利方面，我们无疑会发现自己正处在深刻变化和重新定位的阶段。此外，过去几十年的经济、社会结构和文化变迁已腐蚀到了所有西方社会中国家主导的社会和社会政策发展的主宰性话语。"（Evers and Olk，1996：10）。

埃弗斯认为，福利组合作为一种社会政策意识形态已渗透到了所有现代社会，而这是一件好事。他对福利组合或福利多元主义方法的理解是基于各种"绿色运动"的经验，尤其是石油危机之后的 20 年间它们在西德的发展。这些是社群主义者的论点："……各国的一般资源制度应是一种混合形式，应以工作和国家或社区的赋权为基础。"（Evers and Wintersberger，1987：152）埃弗斯和温斯伯格还发现，"如果要从福利国家进入福利社会，帮助市民社会重新获得对自身再生产的控制便是一个关键问题。"（Evers and Wintersberger，1987：164）他们所说的并不是废除公共干预，而是达成比较均衡的福利组合。

在 1988 年发表的更具理论性的著作中，埃弗斯参考福利三角形更系统地介绍了福利组合的概念。这个灵感来自理查德·罗斯，他将福利组合定义为"家庭、市场和国家三个非常不同的社会机构对社会总福利的贡献"（Rose，1985：4）。从罗斯的表述中也可看到一种乐观的评价："只要家庭、市场和国家还不是完善的福利供给者，那么多种资源的存在就有益可言。"（Rose，1985：4）。

对埃弗斯来说，在福利三角形和福利组合概念的应用中，最重要的是它们提出了与"政治与市场"福利国家思想的普遍二分法截然不同的观点，埃斯平-安德森 1985 年的第一本书便是这种释义。在 1996 年有关"福利多元主义"的著作中，埃弗斯与奥克共同提出，与目前相比，平等、自助团体、友好社会等计划将会在社会保障和福利发展中扮演更重要的角色（Evers and Olk，1996：10）。他们在该书中提出了四个元素：市场、国家、社区和市民社会。他们认为行为应以原则为指导，比如志愿服务、个人承诺、尊重、好论点的优势、沟通、利他主义、联合、个人参与、社会和政治激励等。按照哈贝马斯的概念，这些都是生活的世界的基本理论，与等级和金钱等系统理论（市场和国家）形成了鲜明对比。但是，这并不意味着法律、自由、平等、福利和安全已不太重要。这里需要注意的是不同机构之间的逻辑规则行为也不相同，对此我将在下文论述。

此外，埃弗斯还提出志愿组织和 NGO 应在福利菱形中享有特权地位，因为它们能在各机构间展开调解："这种中间性和冲突性的合作在复杂社会中变得至关重要，不同部门和子系统间的相互关联性越来越强。"（Evers，1995：166）他继续说道："对于志愿组织来说，成功在很大程度上取决于它们串联官僚机构、市场和社区之间不同理论的能力，帮助这些私人和地方性利益与公共利益建立联系。"（Evers，1995：67）

如果埃弗斯的这个假设正确，我们可对欧洲和其他地方社会政策所谓的福利组合和福利多元主义方法采取更乐观的态度。

另一位早期就开始使用福利三角形阐述当代社会关系、论述福利组合的学者是维克多·佩斯托夫（Pestoff，1992：25）。他也持有一种乐观态度，并且认同埃弗斯有关第三方或志愿部门重要性的看法。他认为加强志愿部门的作用具有三种优势：第一，有助于为福利消费者赋权；第二，有助于工作条件的升级和改善；第三，借助于同第三方部门的相互作用，有助于公共部门更好地实现目标（Pestoff，1992）。

此外，佩斯托夫将福利组合与福利模式和制度的讨论也联系了起来（Pestoff，1995；1996）。他认为福利制度的制度化联合方式各不相同，因此是分别通过纵向和横向联合的特定概念展开讨论的。他写道，纵向联合"意味着国家积极参与了资源从一个社会群体向另一个社会群体的转移……中央政府通常会以收入集结者和社会项目融资者的身份参与纵向联合……"（Pestoff，1995：9）另一方面，"横向联合意味着更多的个人参与，公民积极参与提供福利服务，政府直接参与减少"（Pestoff，1995：10）。佩斯托夫进一步将其分为三类：个人消费者/各种社会服务客户之间的横向联合可被称为"参与式"；某一类别员工之间的联合可被称为

"互利式"；富裕群体和贫穷群体之间的联合可被称为"慈善式"（Pestoff，1995：10）。对于纵向联合的概念，佩斯托夫的阐述与其他学者的描述都一样，但对于横向联合他增加了一些内容。

福利多元主义

正如本文开头所提到的，罗伯特·派克等在2016年发表了题为《社会政策和福利多元主义》的论文专辑。作为一名学者，他最为坚定地为社会科学领域引入和使用了福利多元主义的概念。他对这个概念的理解可以说很"中立"，同时他也认识到这是一个颇具争议的概念（Pinker，1995：85）。他认为："福利多元主义一个有意思的事实是它不是被知识分子或政客发明的，他们只是发现了它，而且……他们从那时起便在不断努力理解它、归纳它。"（Pinker，1995：85）根据约翰·奥费尔（Offer，2012）的说法，派克的一个主要关注点是研究"福利多元主义"或"混合福利经济"的发展趋势。

派克认为这些表达方式没有差别，但认为所涉及的基本想法存在重大差异："它可以指一种系统，在这之中服务提供者的范围和种类会不断增加，而中央和地方政府的法定机构通过某种转移支付承担着主要的资助责任；它也可指开发出新的、能够替代法定资金的多元化服务提供商，最终目标是实现整个社会福利财务结构的私有化。"（Pinker，1990：126）

派克在1995年的文章中提出，福利多元主义是自由主义与社会主义长期对抗的意识形态之间的一个必要的"折中"。

因此，保守主义者会继续宣扬竞争市场的优点，同时努力降低市场失灵所抬高的社会保障支出水平。社会主义者会继续倡导集体主义规划，同时留下足够的空间来充分发挥市场力量，确保经济增长。在这种智慧和经济环境中，福利多元主义可被看作一种损害限制，一套理论和政策的缺陷会或多或少被其他理论和政策的长处所弥补（Pinker，1992）。

就此，派克在后来的一段话中指出："……有充足的迹象表明，过去两个世纪以来主宰着福利理论的两个伟大意识形态已达到使用年限"，然后又称"在决策的宏观和微观层面，福利多元主义都有极大的用武之地"（Pinker，1995：83，84）。这个观点基本上体现了混合福利经济中的灵活性和复杂性，它期望官僚作风和繁文缛节将会变得更少，各行为者和机构将能通过合作提供更加丰富的服务。

在最近的一篇文章中,他的言词变得更具规范性,他指出:"福利多元主义优化了相互依存的机会,降低了总体依赖的风险","而在多元论者的混合福利经济中,服务提供者会变得多样化,大大降低了总体依赖的风险以及整体系统失败的风险"(Pinker,2006:19)。

约翰逊和派克的观点都具有一定的正确性。如果采用纯粹的市场解决方案,就可能导致现有的不平等现象愈演愈烈;如果将所有重点都放在慈善机构方面,不道德的、保守的家庭价值观就会占据主宰地位。不过,正如保罗·斯皮格(Spicker,2008 [1995])所提出的,有许多组合都是出于中立的角度。与约翰逊一样,斯皮格也认为福利监管只是国家的问题。因此,把这一点放在一边,留下来的问题就是我们必须提供和资助福利,而这个任务可由多个行动者或机构来完成。就提供者而言,其分类包括公共、私人、志愿、互助和非正式。对于资助,其分类是公共、私人和企业以及向消费者收费。我们共有 21 个混合福利经济的例子。比如,互助机构提供的福利服务可由公共部门(比如国家赞助)或私营部门(比如雇主资助工人组织)资助,或者向消费者收费(出租)(比如建房互助协会),或者进行捐助(比如工会养老基金),或者通过志愿资助(比如自助团体)。同样,公共部门也可资助自己的社会服务部门、私营部门(如私人养老院)、志愿组织(如代理机构服务)、互助机构(比如国家赞助的互助计划)或非正式部门(比如寄养)等提供的福利服务。

在题为《恢复福利组合方法》(*Restoring the Welfare Mix-approach:The Way of Producing Care*)的论文中,芬兰社会科学家雅妮丽·安东尼和约尔马·希皮拉(Anttonen and Sipilä,1999)专门将关怀作为福利供给的一个重要元素,他们认为可通过八种不同的方式加以实现。他们和我一起参与了维也纳欧洲中心与埃弗斯组织的比较研究,并提出"社会关怀当然是研究福利组合的最有效领域,它们在这方面几乎无所不在(非正式部门和正式部门之间的必要灵活性),而且关爱缔造中的众多要素有机会创造出新的组合"。表 1 列出了这些形式。安东尼和希皮拉采用了一个福利组合方法来实现福利,尤其是现代社会的关爱缔造。他们认为上述分类是福利组合方法的一种恢复,但只被当作福利多元主义或混合福利经济时仍缺乏分析的完整性。

表 1 八种关爱缔造方式

关爱缔造方式	最终供资者	融资方式	关爱缔造者	关爱提供者
志愿	慈善家	捐款	志愿组织	志愿者
商业	高产阶级人士	全额付款	企业	受雇者
灰色市场	中产阶级人士	直接现金	家庭	雇工
社会保险	保险公司	保险费	签约组织	受雇者
公共边际	纳税人	税款	地方当局	受雇者
公共普遍	纳税人	税款	地方当局	受雇者
关爱支付	纳税人	税款	家庭	半薪家庭
家庭主义	家庭	工作	家庭	无薪成员

资料来源：Anttonen and Sipilä，1999：13。

将灰色市场、社会保险和关爱（共同）支付等因素包括在内后，这些因素展示出了福利组合高度的复杂性。在下一节中，我将利用福利三角形和福利菱形以及社会政策分析的福利制度方法，来说明这种福利多元主义描述性解释的有用性。

福利三角形、福利菱形和福利制度方法

正如 20 世纪 80 年代中期以来所提到的那样，我一直在利用福利三角形来说明个人与福祉之间的关系。1987 年，我首次在芬兰的一场研讨会上见到了埃弗斯，我们各自画出了它的图形，如图 1 所示。

图 1 福利三角形

资料来源：Abrahamson et al.，1987；Abrahamson, Boje and Greve，2005。

图1表明，资源只能通过三个社会部门——国家、市场或市民社会——流向个人；个人福祉取决于这些资源的总和。不过，我们可以像其他人那样，将市民社会从中分离出来，将其列入非正式网络，比方说家庭和NGO。这样，我们就得到了所谓的福利菱形，如图2所示。

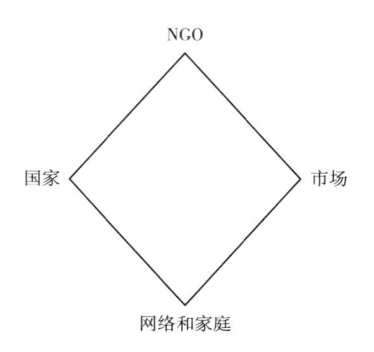

图2　福利菱形

资料来源：Abrahamson, Boje and Greve, 2005。

如果按照正式和非正式、公共和私人、营利性和非营利性来区分，那么福利菱形便可与福利三角形结合在一起，这样NGO就从市民社会的非正式部分（比如家庭等）分离出来。我们从佩斯托夫（Pestoof, 1992：25）身上学到了这一点，他的福利三角形如图3所示。

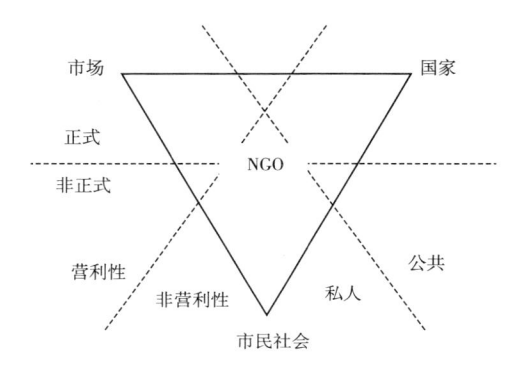

图3　将NGO从市民社会中分离出来后的福利三角形

资料来源：Pestoff, 1992：25；Abrahamson, Boje and Greve, 2005。

将NGO作为正式机构和非正式网络进行区分，对此埃弗斯和奥克在1996年出版的著作中已做出阐述；我们能够或者应该受到施特雷克和施米特（Streeck and Schmitter，1985）的重要文章的启发，其标题——《社区、市场、国家和协会？利益管理对社会秩序的前瞻性贡献》（*Community, Market, State-and Association? The Prospective Contribution of Interest Governance to Social Order*）——就能说明一切。正如我将在下一节中提到的，参照福利三角形或福利菱形来区分人类经验是一种十分古老的社会学理解；它指的是现代社会中的基本区别，与福利制度方法密切相关，对此查德·蒂特马斯（Titmuss，1987［1972］）和埃斯平-安德森已有阐述。让我们回想下后者对福利国家制度的理解：

> ……福利国家制度的概念点明了指导和塑造社会政策决策、支出发展、问题定义以及公民和福利消费者应急需求结构的制度安排、规则和理解。政策制度的存在反映了历史制度框架内的短期政策、改革、辩论和决策情况，而这种框架在各国差异很大。（Esping-Anderson，1990：80）

埃斯平-安德森提出的三个制度是按照所谓的非商品化程度及其造成的社会分层来区分。伊恩·高夫（Gough，2001：167）是这么总结的："简而言之：福利制度＝福利组合＋福利成果＋分层效应。"

自那以后，有人建议可再增加一个（即第四个）制度。这个制度在空间上被称为"南部"，指的是世界南部（或从有限的欧洲角度来说是指欧洲南部），见表2。

表2 四种理想典型的福利制度

	南部/家庭主义	大陆/社团主义	大西洋/自由主义	斯堪的纳维亚/普遍主义
赋权标准	需求/贡献	贡献	需求	权力
主导政治意识形态	家庭主义（基督教民主主义）	保守主义	自由主义	社会民主主义
主要机构	家庭	NGO	市场	国家
融资	NGO	社会伙伴	国家	国家
受益人口划分	家庭和社区成员	劳动市场成员	公民	公民

四个理想典型的福利制度与福利菱形完全相符，表明每个制度的中央

机构都对应着福利菱形的每个角。福利组合或福利多元主义说明在现实生活中，社会政策和福利国家与理想典型的福利制度相互关联，表明它们的元素是相互融合的，不过更倾向于福利菱形的一个角。对于福利多元主义和福利组合，有人提出了欧洲福利国家融合（Abrahamson，1994），如上所述约翰逊就提出福利多元主义是全球一种新的正统观念。剥离了规范性意义之后，福利多元主义在福利社会中实际上只意味着公共部门（中央、地区和州）的四个社会部门、市场行为者（公司/企业）、社区组织（NGO和非营利组织）和非正式网络（家庭、友谊）之间的分工与协作，但通过绘制特定福利社会的实际福利组合，并将其与理想典型的福利制度相比较，我们将能更清楚地了解其运作方式。我们还应记住我们必须提供、资助和监管社会赋权和福利，这样我们将会得到很多方式的福利组合。

现代社会秩序

埃弗斯和奥克在自己的福利多元主义著作中列出的四项社会秩序不同特性表明，"行动协调原则"是分别以不同部门的竞争、层次、个人责任和志愿活动为基础的。（选择）自由、平等、互惠/利他和联合之间的"主要参考标准"有所不同，"交换媒介"是金钱、法律、赏识/尊重或说服/沟通。

表3 埃弗斯福利多元主义中四大福利机构的特点

机构	市场	国家	社区	市民社会
福利生产部门	市场	公共部门	非正式部门/家庭	非营利部门/中介机构
行动协调原则	竞争	层级	个人责任	志愿服务
主要集体行为者（供应方）	公司	公共行政	家庭（邻居、家族、同事、朋友）	协会
需求方的补充作用	消费者，顾客	拥有社会权利的公民	社区成员	协会会员/公民
接收规则	支付能力	合法保障权利	归属/联选	需求
交换媒介	金钱	法律	赏析/尊重	说服（Argumente）/沟通
主要参考标准（Bezugswert）	（选择）自由	平等	互惠/利他	联合

续表

机构	市场	国家	社区	市民社会
有效性的更多标准	福利	安全	个人参与	社会和政治活化
主要缺陷	不平等，忽视了非货币后果	忽视了少数民族的需要，处置自由减少，打击了自助动机	道德义务减少了个人参与自由，排除了非成员	供给和货物分配不平等，缺少专业化，管理效率降低，组织结构松散

资料来源：Evers and Olk, 1996: 23。

这些区别在很大程度上来自德国社会学，它们所论证的是：社会行为以不同社会阶层之间差异极大的逻辑为指导，这对福利多元主义来说是一种非常重要的见解，因为这样的话这些部门便不具备快速互换性。让我们简要探究一下它的出处。

尤尔根·哈贝马斯（Habermas, 1989 [1981]）认为我们的社会经验可分为生活的世界和制度的世界。哈贝马斯将前者视为社会象征性再生产的领域，后者是物质性再生产的领域。此外，生活的世界可分为各种文化和政治公共领域（öffentlichkeiten）和私人领域，而制度的世界可分为市场和国家。提出这些区别的原因是，哈贝马斯认为不同领域通过不同的媒介在运作，互动是以不同形式的理性为基础的。私人和公共领域的指导媒介是沟通，在国家（政府）领域是权力，在市场领域就是金钱。我认为，菲斯克提出的四种人际关系基本形式可作为哈贝马斯的结构和概念的一种补充。在生活的世界中我们平等交流、相互尊重，试图达成类似于菲斯克共同分享概念的共识："公共分享是一种均等关系……它的特点是人们参加团体组织，形成共同认知……人们会有一种团结、联合和归属感……"（Fiske, 1991: 13）表 4 展示出了这一点。

表 4　福利菱形的四种社会秩序（哈贝马斯术语）及其媒介

生活的世界（象征性再生产）	制度的世界（物质性再生产）
文化和政治公共领域（öffentlichkeiten）	国家
联合/沟通	权力
私人领域	市场
联合/沟通	金钱

而在公共部门，互动形式是以个人公民的统治当局为基础的。菲斯克也对权威等级进行了定义："权威等级是一种具有传递性的不对称关系，这是一种不平等关系。人们……之间的相互理解是基于社会重要性或地位方面的不同。"（Fiske，1991：14）最后，市场中的互动以金钱为中介：行为者彼此平等，但互不关心。菲斯克将这种形式的社会关系称为市场定价："市场定价是一种由市场体系决定的价值观关系……人们以单一、通用的度量标准展示价值，通常是价格或（'效用'）……这种标准具有比例性。"（Fiske，1991：15）

回到福利三角形的问题。社会学告诉我们："社会秩序（社区、市场和国家）的主导模式无人不知……因此我们能够进行快速传递。"（Streeck and Schmitter，1985：121）而刚刚建立起来的"国家、市场和社区是人们共同生活和行动的理想典型模式，是个人及其行动的协调模式。它们每一个都是依赖于三种相关的集体能力——人类也是利用这些能力来塑造社会世界——中间的一个：动机、兴趣和激情"（Offe，2000：79）。此外，克劳斯·奥费指出："这三种人类能力中的每一种都会形成相应的社会秩序模式，都擅长将某种独特的价值最大化。就国家而言，这种价值是包括义务和权利在内的平等法律地位；就市场而言是选择自由；就社区而言是身份及其保留（通过承诺、联合和忠诚）。"（Offe，2000：79-80）。这些区别如下表5所示。

表5 社会秩序的不同类型

社会秩序	市场	国家	社区
人类能力	利益	理由	热情
价值	选择自由	法律地位平等	身份（奉献）

资料来源：Offe，2000：79-80。

这个小小的社会学运用表明，现代社会拥有截然不同的社会秩序。所以，虽然政治话语将福利多元主义视为一种没有疑问的替代和互补游戏，但社会科学话语则认为不同的社会秩序或现代社会制度拥有不同的理论和逻辑。因此，一种特定的社会福利从一个部门转移到另一个部门、从一个社会秩序转移到另一个社会秩序就显得非常重要。除了在新自由主义阵营中，与联合相比更喜欢自由、选择和市场定价的人士外，福利多元主义倡导者对这个问题的认识还不够。

新的正统观念、福利多元主义和社会投资型国家

当 20 世纪 70 年代后期出现福利多元主义的概念时,许多人认为我们已将它视为理想典型的社会民主主义或斯堪的纳维亚普遍主义福利国家政权的替代品,但在社会政策规定的现实世界中,权利一直非常混杂,所以当沃伦登委员会在 1978 年提出要让志愿组织更多地参与社会政策时,实际上是要求我们回到早些时候为公民提供福利的方式。在欧洲和美洲的早期现代性中,我们现在所称的 NGO 是关爱穷人、病人、残障人士和伤残人士的主要组织和集体协助组织。在古代东方,国王承担着这项义务。但无论在何处,大多数帮助都是来自直系亲属、家族和邻里,是一种非正式的帮助。在欧洲,这种情况自 20 世纪 30 年代中期以来——尤其是二战之后——发生了急剧变化,国家越来越多地承担起了为公民提供福祉的责任;但除了东欧、苏联和中国等社会主义社会外,人们生活依赖的是复杂的资源配置与协助组合。20 世纪 70 年代中期石油危机之后,全球化引发了意识形态向新自由主义的决定性变化,但事后看来,我们发现它并没有在公共福利赋权和供给中显露出来。与此相反,所有国家继续在发展人们生活的集体干预方式——其特点便是福利多元主义。

随着全球化的发展,新自由主义确实在一段时间内成了一种新的统治西方意识形态的正统观念,但到了 1996 年、1997 年,主要国际金融机构(世界银行、国际货币基金组织、经合组织等)已不再将其作为一种指导原则,而保罗·皮尔森(Pierson,1994;2001)等人也证明,向新自由主义转化并没有导致福利国家的解散:"大多数政治制度都包含了阻碍彻底变化的正式或非正式的关键否决权。在大多数国家,没有迹象表明混合福利经济的基本承诺面临着根本性的政治挑战,也没有太多证据表明一些新自由主义正统观念正在出现。"(Pierson,2001:13)15 年后情况依然如此,一个简单的例证就是,从我们的研究来看,世界各地的公共社会总支出都已出现增长。表 6 显示了 1990 年以来的发展变化。

表 6　世界各地公共社会总支出在国内生产总值中的占比

	1990 年	1995 年	2000 年	2005 年	2010 年
北非	4.2	4.3	5.9	6.4	9.0
撒哈拉以南非洲地区	2.4	2.5	3.2	3.8	4.2
亚太	3.4	2.8	3.5	3.0	5.3
中东	4.9	5.2	6.6	7.6	8.7
西欧	20.9	23.6	23.3	24.8	26.7
东欧和中欧	12.8	15.5	14.6	16.6	17.6
拉丁美洲和加勒比	8.0	9.6	10.2	11.4	13.2
北美	14.0	15.8	14.7	16.1	19.4
全球	5.8	6.0	6.5	6.7	8.6

资料来源：ILO，2014。

考虑到国内生产总值在同一时期出现了大幅增长，过去 25 年来的人均公共福利支出增长即使没有达到三倍，也至少翻了一番。那么为什么大部分社会科学文献是另一种言词，不断重复着约翰逊在 1987 年所提出的担忧呢？

部分原因在于时间、空间和政策领域的参考基准不精确。在较短的时间内，一些地方的社会事业被削减了一些，但这并没有从整体上减轻整个国家的负担；许多西方国家出现了减少边缘化人口福祉的普遍趋势，而富裕群体得到的利益却越来越多。另一个解释在于新自由主义的定义，以及福利国家的紧缩和解散。如果福利发展是根据政治家和政策的言辞而不是行动来判断，那么就有很好的理由将新自由主义视为当代福利国家的气候，因此如果话语分析是首选的调查方法，其结果就是新自由主义世界。最重要的是，造成误解的不是供给、融资和社会政策监管方面的差别；供给已在很大程度上被外包给了私营和非营利性公司，即市场行为者，但融资在很大程度上仍是通过社会保险或税收来筹集，而国家负责监管，因此这种发展是以福利多元主义而不是新自由主义为指导，这便是一种放松管制，把一切都交给了市场来决定。

然而有一种新的正统观念，它从描述性角度被称为社会投资型国家，而从消极的、规范性角度来看它被称为竞争型国家。彼得·泰勒-戈比认为福利国家属于生产主义。他提出的是"政府要在日益国际化的市场上提升国家竞争力,从一个被动供给国家转变成一个力求加强自主活动、责任感和民众有偿工作调动性的国家。社会政策正在从社会供给转向社会投资"(Taylor-Gooby, 2008:4)。也有其他人持这种观点,比如简·丹尼斯·詹森和圣马丁(Jenson and Saint-Martin, 2003)曾在一篇文章中指出,福利政策建议正在向更加注重社会凝聚力的方向变化。詹森后来进一步分析了这个观点,并问道:

> 新自由主义失败了吗?它的承诺非常宏大:解放市场,减少国家的福祉创造职责。但到了20世纪90年代中期,直截了当的新自由主义撞上观念、政治和经济之墙。承诺减少国家活动和国家支出的大量节省行为忽略了为幼儿教育提供公众支持的长期优势,没将其作为重点。过去十年间,在各类制度下,将公共资金用于早期教育与关怀已成为一种常态,认为这是对儿童未来的投资,会带来集体和个人收益……
>
> 随着经合组织逐渐脱离经典的新自由主义,它成了欧洲和其他地方社会投资概念的首批推动机构之一。(Jenson, 2010:65, 72)

同样,泰勒-戈比提出新的正统观念(即新的福利国家解决方案)与他所称的"宽松货币主义结论,即福利国家往好处说是不相关,往坏处说是逆效"并不相符。与此相反,它试图在维持大众服务的一般范围,但对成本效益造成了持续的压力。这里的重点是福利被视为一种社会投资,而不再是一种经济负担。他发现欧盟、经合组织和(欧洲)主要国家政府都支持这种对福利国家的生产主义解释。弹性安全是福利国家生产主义解释中的一个要素,更加强调活化作用,但主要是通过利益重新设计而不是对工作之间流动性的切实积极支持(Taylor-Gooby, 2008:11)。他总结道:"放松管制;利用政策增加工作对低工资就业者的吸引力;削减不需要受助者寻找工作的被动福利计划,比如提早退休或创造就业岗位;更多地利用规范性的社会援助和个案管理;为高风险群体制定针对性计划(缺乏技术的年轻人、单亲家长);提供更多的儿童保育服务,特别是针对低收入者。"(Taylor-Gooby 2008:13)社会投资型国家文献中提出的一个关键论证是它解决了后工业社会的新社会风险,比如工作和家庭生活的协调,而旧的福利国家解决的是工业社会的老风险(Boloni, 2007;

Morel, Palier and Palme, 2011), 并指出经合组织目前已建议成员国对家庭政策展开投资。

社会投资型国家的这个想法与菲利普·凯尼提出的竞争型国家想法类似, 反映的是"国家干预如何（改变）, 来回应、塑造和控制不断增长的国际经济相互渗透及其产生的跨国结构"（Cerny, 1990: 205）。他在 1997 年的一篇文章中总结了以下变化:

(1) 从宏观经济向微观经济干预主义转变, 这从放松管制和产业政策都可看出; (2) 干预主义的重点从发展和维持一系列的"战略"或"基本"经济活动, 以保持关键部门的经济自给自足, 转变为灵活应对一系列多元化和快速发展的国际市场的竞争条件, 即追求与"比较优势"不同的"竞争优势"; (3) 将控制通货膨胀和一般新自由主义货币主义——会转化为无通胀增长——作为国家经济管理和干预主义的试金石; (4) 将政党和政府政策的重点从国家福利的普遍最大化（全面就业、再分配转移支付和社会服务供给）转变为促进私人和公共部门的进取、创新和盈利能力。（Cerny, 1997: 260）

也就是说, 竞争型国家的观点反映出了现代国家在全球化条件下的变化方式, 从描述性角度来看, 它类似于社会投资型国家的观点, 但并没有认识到世界已从新自由主义时代进入了社会投资时代。

从规范性角度来看, 竞争型国家的观点更为消极, 将发展与新自由主义联系在了一起。国家的作用已随着全球化发生了根本性变化。其主要目标不再是增加平等和社会保障, 而是为国际竞争创造最佳条件。持竞争型国家观点的凯尼等人认为将会出现极简主义国家, 其社会福利和赋权都会减少, 以便根据"强全球化论"为国际竞争提供更好的国家环境。相比之下, 社会投资观点更倾向于"弱全球化论", 国家干预并没有被放弃, 而是得到了调整。这两个不同的全球化和福利国家发展观点分别被称为竞争论和补偿论。我非常赞同后者的观点, 认为国家应为全球交流增强所造成的后果对民众提供补偿, 但在此过程中遵照社会投资型国家和福利多元主义的观点更便于人们的理解。

参考文献

Abrahamson, Peter. 2010. "European Welfare States Beyond Neoliberalism: Toward the Social Investment State." *Development & Society* 39 (1): 61-95.

Abrahamson, Peter, Thomas P. Boje and Bent Greve. 2005. *Families and Welfare in Europe*. Aldershot: Ashgate.

Abrahamson, Peter. 1994. "Welfare Pluralism: Towards a New Consensus for a European Social Policy." In *Poverty and Social Politics: The Changing of Social Europe*. Copenhagen: Samiko Project.

Abrahamson, Peter. 1991. "Welfare and Poverty in the Europe of the 1990s: Social Progress or Social Dumping?" *International Journal of Health Services* 21 (2): 237-264.

Abrahamson, Peter, John Andersen, Jan Peter Henriksen and Jørgen Elm Larsen. 1987. *Fattigdommens Sociologi* [*Sociology of Poverty*]. Copenhagen: Forlaget Sociologi.

Alcock, Pete & Margaret May. 2014. *Social Policy in Britain*. London: Palgrave MacMillan.

Andersen, Jørgen Goul. 2012. "Convergence of Welfare Reforms in Social Services." *Voluntas* 23: 515-519.

Anttonen, Anneli and Jorma Sipilä. 1999. "Restoring the Welfare Mix-approach: The Ways of Producing Care." *Paper presented to the European Conference of Sociology*, Amsterdam, August.

Bonoli, Giuliano. 2007. "Time Matters: Postindustrialization, New Social Risks, and Welfare State Adaption in Advanced Industrial Democracies." *Comparative Political Studies* 40 (5): 495-520.

Cerny, Philip. 1990. *The changing Architecture of Politics: Structure, Agency, and the Future of the State*. London: Sage.

Cerny, Philip. 1997. "Paradoxes of the Competition State: The Dynamics of Political Globalization." *Government and Opposition* 32 (2): 251-274.

Czischke, D. V. Gruis, D. Mullins. 2012. "Conceptualising Social Enterprise in Housing Organisations." *Housing Studies*.

Defourny, Jacques & Marthe Nyssens. 2012. "The Emes Approach of Social Enterprise in a Comparative Perspective." Emes European Research Network, Working Paper no. 12/03.

Devereux, Stephen and J. Allister McGregor. 2014. "Introduction. Transforming Social Protection: Human Wellbeing and Social Justice." *European Journal of Development Research* 26: 296-310.

Esping-Andersen, Gøsta. 1990. *The Tree Worlds of Welfare Capitalism*. Cambridge: Polity

Press.

Esping-Andersen, Gøsta. 1985. *Politics Against Markets. The Social Democratic Road to Power*. New Jersey: Princeton University Press.

Etxezarreta, Enekoitz and Baleren Bakaikoa. 2012. "Changes in the Welfare State and Their Impact on the Social Economy: Contributions to the Theoretical Debate from a Systemic and Comparative Approach." *Annals of Public and Cooperative Economics* 8383: 259-280.

Evers, Adalbert and Helmut Wintersberger. 1987. "On the Future of the Welfare State, Or: Towards a Policy of Lifestyles." in Adalbert Evers, Helga Nowotny, Helmut Wintersberger: *The Changing Face of Welfare*. Aldershot: Gover, pp. 141-166.

Evers, Adalbert. 1988 [1990]. "Shifts in the Welfare Mix: Introducing a New Approach for the Study of Transformations in Welfare and Social Policy." in Adalbert Evers & Helmut Wintersberger. *Shifts in the Welfare Mix*. Frankfurt: Campus Verlag, pp. 7-30.

Evers, Adalbert. 1995. "Part of the Welfare Mix: The Third Sector as an Intermediate Area." *Voluntas* Vol. -6, No. 2: 159-182.

Evers, Adalbert & T. Olk. 1996. *Wohlfahrtspluralismus: vom Wohlfahrtsstaat zur Wohlfahrtsgesellschaft*. Opladen.

Fine, Ben. 2014. "The Continuing Enigmas of Social Policy." Working Paper 2014-10. UNRISD. Geneva: United Nation's Research Institute for Social Development.

Fiske, Alan. P. . 1991. *Structures of Social Life: The Four Elementary Forms of Human Relations*. New York: The Free Press.

Gerovska-Mitev, M. . 2016. "Welfare State Realities in Macedonia: Trends and Perspectives." *Challenges to European Welfare Systems*. Berlin: Springer.

Gough, Ian. 2001. "Globalization and Regional Welfare Regimes." *Global Social Policy* 1 (2): 163-89.

Habermas, Jürgen. 1989[1981]. *The Theory of Communicative Action. Vol II*. Cambridge: Polity Press.

Higuchi, Akihiko. 2012. "The Mechanisms of Social Exclusion in Modern Society: The Dilemma of Active Labor Market Policy." *International Journal of Japanese Sociology* 23: 110-124.

Hiilamo Heikki. 2012. "Rethinking the Role of Church in a Socio-democratic Welfare state." *International Journal of Sociology and Social Policy* 32 (7/8): 401-414.

Hustinx, Lesley & Els De Waele. 2015. "Managing Hybridity in a Changing Welfare Mix: Everyday Practices in an Entrepreneurial Nonprofit in Belgium." *VOLUNTAS: International Journal of Voluntary and Nonprofit Organizations* 26 (5): 1666-1689.

International Labor Organization (ILO). 2014. *World Social Protection Report* 2014-15: *Building Economic Recovery, Inclusive Development and Social Justice*. Geneva: International Labor Organization.

Jegermalm, Magnus and Eva Jeppsson Grassman. 2012. "Helpful Citizens and Caring Families: Patterns of Informal Help and Caregiving in Sweden in a 17-year Perspective." *International Journal of Social Welfare* 21 (4): 422-432.

Jenson, Jane. 2010. "Diffusing Ideas for After-neoliberalism: The Social Investment Perspective in Europe and Latin America." *Global Social Policy* 10 (1): 59-84.

Jenson, Jane and Denis Saint-Martin. 2003. "New Routes to Social Cohesion? Citizenship and the Social Investment State." *Canadian Journal of Sociology* 28 (1): 77-99.

Johnson, Norman. 1987. *The Welfare State in Transition: The Theory and Practice of Welfare Pluralism*. London: Harvester Wheatsheaf.

Johnson, Norman. 1990a. "Problems for the Mixed Economy of Welfare." in Alan Ware and Robert E. Goodin (Eds.), *Need and welfare*. London: Sage, pp. 145-164.

Johnson, Norman. 1990b. *Reconstructing the Welfare State, a Decade of Change: 1980-1990*. Hemel Hempstead: Harvester Wheatsheaf.

Johnson, Norman. 2014 [1999]. *Mixed Economies of Welfare: A Comparative Perspective*. London: Prentice Hall Europe.

Kamernan, Sheila & Kahn, Alfred (Eds.). 2014 [1989]. *Privatization and the Welfare State*. New Jersey: Princeton University Press.

Karsio, O., Anneli Anttonen. 2013. "Marketisation of Eldercare in Finland: Legal Frames, Outsourcing Practices and the Rapid Growth of For-profit Services." *Marketisation in Nordic eldercare*, normacare. net.

Kim, Yoon-Doo, Yoon, Seok, Kim, Heon-Goo. 2014. "An Economic Perspective and Policy Implication for Social Enterprise." *American Journal of Applied Sciences* 11 (3): 406-413.

Kokkinen, L, Muntaner, C, Kouvonen, A, et al. 2014. "Welfare State Retrenchment and Increasing Mental Health Inequality by Educational Credentials in Finland: A Multicohort Study." *BMJ Open* 5: e007297.

Leis-Peters, A. 2015. "Diaconial Work and Research about Diakonia in the Face of Welfare Mix and Religious Pluralism in Sweden and Germany." *Diakonia as Christian Social Practice: An Introduction*, 139.

Li. Dongyang, Ban, Xiaona. 2015. "Demand Analysis of Urban Empty Nest Elders for Community Care Services." *Business Economy* 2015-04 (in Chinese).

Matančević, Jelena. 2014. *Characteristics of the Welfare Mix Model in Social Services in Croatia*. http://thirdsectorimpact.eu/.

Morel, N., Palier, B. and Palme, J. 2011. *Towards a social investment welfare state? Ideas, policies and challenges*. Bristol: Policy Press.

Naldini, M., Wall, K. & Le Bihan, B. 2013. "The Changing Mix of Care in Six European Countries." In B. le Bihan, C. Martin & T. Knij (Eds.), *Work and Care under Pressure: Care Arrangements across Europe*. Amsterdam: Amsterdam University Press, pp. 171-194.

Ngok, King-Lun and Genghua Huang. 2014. "Policy Paradigm Shift and the Changing Role of the State: The Development of Social Policy in China since 2003." *Social Policy and Society*, 13 (2): 251-261.

Organisation for Economic Development and Cooperation (OECD). 1981 [1980]. *The Welfare State in Crisis: An Account of the Conference on Social Policies in the 1980s, OECD, Paris, 20-23 October 1981*. Paris: OECD.

Offe, Claus. 2000. "Civil Society and Social Order: Demarcating and Combining Market, State and Community." *Archieve Europeen de Sociologies* 41 (1): 71-94.

Offer, John. 2012. "Robert Pinker, the Idea of Welfare and the Study of Social Policy: On Unitarism and Pluralism." *Journal of Social Policy* 41 (3): 615-634.

Offer, John and Robert Pinker (Eds.). 2016. *Social Policy and Welfare Pluralism: Selected Writings of Robert Pinker*. Bristol: Policy Press.

Oosterlynck, S., Y Kazepov, A. Novy, P. Cool. 2013. "Complementary Insights on The Multi-level Governance Challenges of Local Forms of Social Innovation: Welfare Mix, Welfare Models and Rescaling." ImPRovE Working Paper 12.

Peng, Huamin. 2006. "Welfare Triangle: A Paradigm of Social Policy Analysis." *Sociological Studies* 2006: 04 (in Chinese).

Peng, Ito. 2009. "The Political and Social Economy of care: South Korea Research Report 3." Geneva: UNRISD, Working Paper.

Pestoff, Victor. 1996. "Den Tredje Sektor Og Civilsamfundet: Nogle Begrebsmæssige Overvejelser." Elisabeth Toft Rasmussen & Inger Koch-Nielsen (ed.) *Den tredje sektor under forandring*. Copenhagen: Socialforskningsinstituttet, pp. 17-50.

Pestoff, Victor. 1995. *Citizens as Co-Producers of Social Services in Europe*. Stockholm: School of Business, Research Report 1995: 1.

Pestoff, Victor. 1992. "Third Sector and Co-Operative Services—An Alternative to Privatization." *Journal of Consumer Policy* 15 (1): 21-45.

Pierson, Paul. 1994. *Dismantling the Welfare State? Reagan, Thatcher and the Politics of Retrenchment*. Cambridge: Cambridge University Press.

Pierson, P. 2001. "Introduction: Investigating the Welfare States at Century's End." in Paul Pierson (ed.) *The New Politics of the Welfare State*. Oxford: Oxford University Press, pp. 1-14.

Pinker, Robert. 2006. "From Gift Relationships to Quasi-markets: An Odyssey along the Policy Paths of Altruism and Egoism." *Social Policy and Administration* 40 (1): 10-25.

Pinker, Robert. 1995. "Golden Ages and Welfare Alchemists." *Social Policy and Administration* 29 (2): 78-90.

Pinker, Robert. 1992. "Making Sense of the Mixed Economy of Welfare." *Social Policy and*

Administration 26（4）：273-284.

Pinker, Robert. 1990. *Social Work in an Enterprise Society*. London：Routledge.

Rees, J., R. Taylor, C. Damm. 2013. "Does Sector Matter? -Understanding the Experiences of Providers in the Work Programme." epapers. bham. ac. uk.

Rein, Martin and Rainwater, Lee. 1986. *The Public-Private Mix in Social Protection*. Armonk, NY：M. E. Sharpe.

Rose, Richard. 1985. "The State's Contribution to the Welfare Mix." *Studies in Public Policy No. 40*, University of Stratchclyde.

Saito, Y. 2014 "Care Providers in Japan：Before and After the Long-Term Care Insurance." In *Eldercare Policies in Japan and Scandinavia*. Berlin：Springer.

Savard, Sébastien and Denis Bourque. 2014. "The Impact of Public-Private Partnerships on the Relationship Between the State and Third Sector Community Organizations in Health and Social Services in the Province of Quebec."

Shimmei, Masaya. 2016. *Coordinating Eldercare in the Community Care Management as a Mode to Implement Welfare Mix in Japan*. Tampere：Faculty of Social Sciences.

Spicker, Poul. 2008 [1995]. *Social Policy：Themes and Approaches*. Hemel Hempstead：Harvester Wheatsheaf.

Streeck, W. and Schmitter, P. 1985. "Community, Market, State-and Associations? The Prospective Contribution of Interest Governance to Social Order." *European Sociological Review* 1（2）：119-138.

Sun, Xiadong. 2014. "Chinese Workfarism：Logics and Realities of the Work-Welfare Governance Model." *Asian Social Work and Policy Review* 8（1）：43-58.

Taylor-Gooby, Peter. 2008. "The New Welfare State Settlement in Europe." *European Societies* 10（1）：3-24.

Teasdale, S., P. Alcock, G. Smith. 2012. "Legislating for the Big Society? The Case of the Public Services（Social Value）Bill." *Public Money & Management* 32（3）：201-208.

Theobald, Hildegard. 2012. "Combining Welfare Mix and New Public Management：The case of Long-term Care Insurance in Germany." *International Journal of Social Welfare*. 21, Issue Supplement s1：S61-S74.

Thatcher, Margaret. 1987. "Aids, Education, and the Year 2000." *Woman's Own*. October 31st.

Titmuss. 1987 [1972]. "Developing Social Policy in a Time of Rapid Change." in Brian Abel-Smith and Kay Titmuss（eds.）*Selected Writings of Richard M. Titmuss. The Philosophy of Welfare*. London：Allen & Unwin, pp. 254-68.

Van Hooren, Franca and Uwe Becker. 2012. "One Welfare State, Two Care Regimes：Understanding Developments in Child and Elderly Care Policies in the Netherlands." *Social Policy & Administration* 46（1）：83-107.

Wang, Yu-huan and Liu Su-xiang. 2012. "Long-term Care Policy Research for the Elderly under Welfare Pluralism Perspective." *Chinese Nursing Management* (in Chinese).

Wei Xinglin, Liu Jianyu. 2013. "Long-Term Care of the Elderly at Home and Abroad Advanced Experience." *Friend of Science Amateurs* 2013-06 (in Chinese).

Zhu, Xiao-hong. 2013. "Home Care Services in Dongguan: From the Perspective of Welfare Pluralism." *Journal of Dongguan University of Technology* 2013-02 (In Chinese).

征稿启事

社会政策究竟向何处去？这恐怕是任何一个人都难以给出满意答案的问题。当前，不仅中国处于社会政策体系构建的十字路口，欧美发达国家亦面临所谓新旧社会风险并存的困境。我们处于一个正在经历大变革的"大时代"，因为剧变而带来困惑，因为困惑而引发思考，正如春秋战国和文艺复兴时期，这将是一个产生深刻思想的百家争鸣的舞台。再具体到社会政策，它不仅仅是一种资源再分配的手段，其背后更隐含着人们对理想社会的理解。因此在全球化和信息化渗透到社会的各个角落的时候，我们需要对社会政策进行根本性反思。

我们关心养老金改革、新医改、教育公平性这些具体的社会政策话题，我们也关注对公平、平等、团结的理论探讨；在新形势下，我们特别感兴趣社会政策的核心概念正在经历怎样的发展与变迁，同样，我们也有兴趣了解传统的社会福利服务该如何持续；我们想知道在一个具体的环境中，社会政策和经济政策、政治政策是如何互动的，我们也想知道，对一项具体的社会政策该如何评估；从学科建设的角度，我们也希望看到关于学科规范和方法论的讨论；我们要记录正在发生的剧变，我们更要在剧变中创新。

《社会政策评论》正是致力于打造一个中外社会政策研究者的交流平台。我们每年都会出版两期，每期都会选择一个主题做焦点讨论，同时也会收录一些非主题文章。如果你关注社会政策，同时对上述问题有独到见解，欢迎给我们投稿，也欢迎给我们提出建设性意见。我们注重思想的火花，所有8000到20000字的相关学术论文、调查报告、书评、研究综述都在被考虑之列。但是投稿时也请遵守学术规范和学术道德，我们不接受已经发表的文章，也不欢迎过多重复他人观点的文章。

电子版稿件请发至 socialpolicy@ cass. org. cn。

图书在版编目(CIP)数据

社会政策评论.总第七辑,反贫困社会政策 / 王春光主编.－－北京:社会科学文献出版社,2017.12
ISBN 978-7-5201-2072-2

Ⅰ.①社… Ⅱ.①王… Ⅲ.①社会政策-研究-文集 Ⅳ.①C916-53

中国版本图书馆 CIP 数据核字(2017)第 315925 号

社会政策评论（总第七辑）
——反贫困社会政策

主　　编 / 王春光

出 版 人 / 谢寿光
项目统筹 / 谢蕊芬
责任编辑 / 赵　娜　杨　阳

出　　版 / 社会科学文献出版社·社会学编辑部（010）59367159
　　　　　地址：北京市北三环中路甲 29 号院华龙大厦　邮编：100029
　　　　　网址：www.ssap.com.cn
发　　行 / 市场营销中心（010）59367081　59367018
印　　装 / 北京季蜂印刷有限公司
规　　格 / 开本：787mm×1092mm　1/16
　　　　　印　张：13.75　字　数：231 千字
版　　次 / 2017 年 12 月第 1 版　2017 年 12 月第 1 次印刷
书　　号 / ISBN 978-7-5201-2072-2
定　　价 / 69.00 元

本书如有印装质量问题，请与读者服务中心（010-59367028）联系

版权所有 翻印必究